Volker Kühn
Das Kabarett der frühen Jahre

Volker Kühn

Das Kabarett der frühen Jahre

Ein freches Musenkind macht erste Schritte

QUADRIGA

CIP-Titelaufnahme der Deutschen Bibliothek

Kühn, Volker:
Das Kabarett der frühen Jahre : e. freches Musenkind macht erste
Schritte / Volker Kühn. – 2., unveränd. Aufl. – Weinheim ; Berlin :
Quadriga, 1989
   ISBN 3-88679-172-6

Dieses Buch entstand zu den 34. Berliner Festwochen 1984 mit Unterstützung der Berliner Festspiele GmbH

2., unveränderte Auflage 1989

© 1984 by Quadriga Verlag J. Severin
Verlagsbuchhandlung KG
© 1988 Quadriga Verlag · Weinheim und Berlin
Redaktion: Georg Habertheuer, Christoph Pauselius
Umschlaggestaltung: Manfred Manke
Printed in Germany
ISBN 3-88679-172-6

Inhalt

Max Reinhardt hat einem seiner Kleinkunststücke eine Vorrede vorangestellt. Sie besteht aus einem einzigen Satz: »Ein Spaß braucht keine.« Das klingt nach einer Pointe und ist auch eine. Aber zugleich blitzt dahinter etwas von dem auf, was Wesen und Wirken des Kabaretts ausgemacht hat und bis auf den heutigen Tag ausmacht: Die Lust am Paradox, der Spaß am Jonglieren mit dialektischen Wurfkeulen, die als Bumerang auch auf den Artisten selbst zurückschnellen können. Die Geschichte des Kabaretts ist voll von solchen Versuchen, sich selbst den Teppich unter den Füßen wegzuziehen, den Ast, auf dem man sitzt, eigenhändig abzusägen, Sprüche und Widersprüche auf einen genüßlich formulierten, prägnanten Nenner zu bringen, sich selbst in Frage zu stellen und dadurch zu einem Selbstverständnis zu finden. So stimmt denn fürs Kabarett alles und nichts zugleich. Alles ist richtig, hat Tucholsky einmal gesagt, auch das Gegenteil; nur das sowohl als auch nicht.

Der leichten Muse ist schwer beizukommen, auch im Nachhinein. Was nichts und niemanden so recht ernst zu nehmen bereit ist, auch sich selbst nicht, entzieht sich der Einordnung in Schubfächer und Karteikasten auch nach Jahren noch. Was für den Tag geschrieben ist, will nicht nach einem halben Jahrhundert noch Wirkung haben, nicht einmal belächelt werden. Was sich, wie das Kabarett, an der Zeit entzündet und je nach Lust, Laune und Anspruch zur Erheiterung, als Muntermacher oder einfach zum Spaßverderben an die Zeitgenossen wendet, will nicht nach Urzeiten noch Zeitvertreib bieten.

Nicht einmal über die Schreibweise ist man sich einig. Was dem einen das große C in CABARET, ist dem andern sein hartes K wie KABA-RETT mit dem doppelten t. Angesiedelt zwischen Kalauern und Kla-motten, Pfeffer und Pointen, Agitation und Amüsement, Zeitkritik und Augenzwinkern, paßt es weder ins Theater noch auf die Operettenbüh-ne. Seine Wiege stand in einer Pariser Künstlerkneipe, zwischenzeitlich gastierte es in Literatencafés, in Tingeltangelschuppen und Nepplokalen – heute hat es sich meist im Kleinkunstkeller etabliert: die Bühne ist ohne Pomp und Plunder, und es sitzt sich hart auf Holzbank und Souterrainstuhl. Kein Platz gerade für urgemütliche Besucher, aber einer fürs Überwintern in harten Zeiten, in denen sich's Warmanziehen heißt.

Inzwischen hat das, was vor mehr als einem Jahrhundert aus Frankreich zu uns herüberkam, zwar das Laufen gelernt, aber richtig erwachsen fühlt sie sich noch immer nicht, die große Kunst der kleinen Form. Zwar kam sie mit 18 in die Pubertät, verlernte bei Tucholsky, Kästner und Weinert das Lallen, aber das hielt nicht lange vor. Im »tausendjährigen« Hitler-Reich zum Schweigen verdammt, begann es nach 1945, wie schon 1918 nach dem ersten Weltkrieg, aus dem Nichts von Neuem. Und noch immer lernt das, was 1881 in Paris auf den Weg gebracht und zwei Jahrzehnte später bei uns heimisch wurde, täglich neu: sprechen, denken, und manchmal sogar, hier und da, tatkräftig handeln, den Protest leben, den es da allabendlich lauthals verkündet. Achtzig Jahre und kein bißchen leise. Ein medizinisches Wunder. Mehr noch: es geht um eine lebendige Leiche. Immer wieder totgesagt, ist es doch immer wieder da – das Kabarett.

Dabei weiß man nicht einmal genau, ob es sich dabei nun eigentlich um die zehnte oder bereits um die elfte Muse handelt, die, nach Friedrich Hollaender in »losen Liebschaften mit dem Theater, dem Varieté und der politischen Tribüne gezeugt« wurde. Sicher scheint inzwischen nur zu sein, was es mit dem Begriff auf sich hat. In französischen Wörterbüchern ist unter »Cabaret« von einer Schenke, einem Teebrett und der in Fächern eingeteilten Speiseplatte die Rede. Und offensichtlich haben die französischen Kabarettisten ihre Lokale, in denen sie diese attraktive Mischform aus Theater, Musik und Literatur praktizierten, deshalb Cabaret genannt, weil hier dem Feinschmecker geistiger Kost all die Chansons, Gedichte, Szenen, Tänze und Varietékunststücke in bunter Mischung verabreicht wurden wie die Speisen auf dem Cabaret, jener drehbaren Fächerschüssel.

Tucholskys Eindeutschung des Cabarets in Kabarett war überfällig, nachdem hierzulande wie anderswo halbseidene Anmachläden, mehr dem Nepp als dem Gag verpflichtet, den Cabaret-Begriff für ihre Kommerzgelüste zweckentfremdet hatten. Wer heutzutage ins Cabaret geht, den erwarten eher Fleischbeschau als Weltanschau, eher Bodenturnen und Bauchakrobatik als Seelenmassage und Gehirnstriptease.

Gemeinsam ist beiden der Hang zum Zwei- und Mehrdeutigen, auch wo's eindeutig zugeht; und eine lange Geschichte. Wenn die Geburtsstunde des Kabaretts auch auf den 18. November 1881 datiert wird, jenen Abend, an dem Rodolphe Salis seine Künstlerkneipe »Chat noir« eröffnete, so liegen die Anfänge doch viel weiter zurück. Scharfzüngiges in kleiner Form – das kannten bereits die vielberufenen alten Griechen, die auf dem berühmten Thespiskarren politische Spottgesänge vortru-

8

gen. Und selbst die Geschichte der frechen Muse, die um die Jahrhundertwende in Deutschland an der Hand des Freiherrn von Wolzogen das Laufen lernte, lehrt, daß es nichts gibt, was es nicht schon vorher gegeben hätte.

Das Kabarett der frühen Jahre ist die Geschichte seiner Gründer, deren Absichten so verschieden waren wie das, was sie da auf den Stolperpfad der Kleinkunst brachten. Es ist die Geschichte von unentdecktem Neuland, von krummen Wegen, Ungereimtheiten und Widersprüchen und hat nichts Gradliniges, auf das Fußnotenfetischisten und Germanistenspezis so gern abfahren. Es ist die Geschichte einer Multi-Muse zwischen Tingeltangel und Überbrettl, Bohemeklamauk und Theaterulk, Kommerzspäßchen und Literatentreff, Künstlervarieté und Revuegag, zwischen Zwerchfell- und Hirnkitzel – frisch, frech, fröhlich, frei.

Diese Geschichte der frühen Jahre soll hier erzählt werden.

V. K.

Vorspiel auf dem Montmartre

Wenn du dich nicht zuzuschlagen traust,
tritt wenigstens die Tür ein!

Bruant

Am Anfang war der Verein. Ein Kreis aus Bohemejüngern, Dichter, Maler und Musiker, die sich in der sogenannten »Académie des hydropathes«, dem Wasserapostel-Klub, zusammengeschlossen haben, unterhält sich mit selbstverfaßten Chansons und Gedichten. Vorherrschende Thematik ist lustiges Zigeunerleben, Künstlertum und Proletenkult, Freiheit und Lebensfreude; Zielscheibe des gemeinsamen Spotts: der Spießer. Nachdem das Café Voltaire des Quartier Latin, in dem man sich bisher getroffen hatte, auch nicht mehr ist, was es einmal war, beschließt man, den Montmartre zu besteigen, den Pariser Außenbezirk mit den schmutzigen Gassen, in denen sich noch Hühner und Schweine tummeln. Hier, im Armeleuteviertel, eröffnet der Maler Rodolphe Salis an einem Novemberabend des Jahres 1881 ein Stammlokal für die Künstlerfreunde: »Chat noir«, das erste Kabarett. Neben Bier, Wein, Tabaksdunst und den geistigen Genüssen – freche Lieder, Spottverse und Vortragsstückchen – gibt es sogar eine Absichtserklärung, die Gastgeber Salis, Wirt, Animateur, Ansager und Kellner in einer Person, am Premierenabend verkündet: *Wir legen ab heute unsere sämtlichen Manuskripte, Noten, Malereien, Gedanken und deren Splitter zusammen und bilden daraus eine Gesellschaft zur Veröffentlichung unserer bekannten Schöpfungen. Auf diesem Klavier werden unsere Vorträge begleitet werden, und diese Stelle, wo ich stehe, bildet das Podium, auf dem wir unsere Gedichte den Zuhörern, falls sich welche einfinden, vortragen werden. Wir werden politische Ereignisse persiflieren, die Menschheit belehren, ihr ihre Dummheit vorhalten, dem Philister die Sonnenseite des Lebens zeigen, dem Hypochonder die heuchlerische Maske abnehmen, und, um Material für diese literarischen Unternehmungen zu finden, werden wir am Tage lauschen und herumschleichen, wie es nachts die Katzen auf den Dächern tun.*

Es findet sich Publikum ein, bald mehr, als der Schwarze Kater verkraften kann. Die Bohemekünstler machen sich einen Spaß daraus,

Rodolphe Salis

Le Chat noir

Aristide Bruant

Yvette Guilbert

sich den zahlungskräftigen Gästen als die »Wilden« zu präsentieren, für die man sie hält; bald werden die Eklats und Sensatiönchen geliefert, die der Bourgeois für sein gutes Geld sehen will. Und der biedere Bürgersmann findet mehr und mehr Gefallen daran, elegant und geistreich an den Pranger gestellt und verhöhnt zu werden. Er klatscht sogar noch Beifall. Mehr noch: er schlürft genüßlich den Kakao, durch den man ihn da zieht. Das Salis-Konzept, im Kern ein kabarettistischer Gedanke, geht voll auf: es besagt, daß sich das frierende Genie an dem, was man da mit Herzblut zu Papier gebracht hat, die Finger wärmen kann. Man braucht die Blätter nur dem Feuer zu übergeben.

Im nußbaumgetäfelten »Chat noir«-Atelier mit den teppichbehängten Wänden, inmitten des Krimskrams aus zusammengesammeltem Kitsch- und Kunsttrödel, geht es an den Freitagabenden nun hoch her: unter den Gästen sieht man Émile Zola und Victor Hugo, den Freiheitsheld Garibaldi und den Napoleon-Neffen Jérôme. Claude Debussy dirigiert mit der Blechgabel einen Künstlerchor, Erik Satie setzt sich ans Klavier und Aristide Bruant, bald unumstrittener Star des »Chat noir«, singt das Hohelied der lockeren Boheme-Zunft: »Ich suche mein Glück rund um den Chat noir beim Mondenschein, des Abends am Montmartre.«

Rodolphe Salis, ein Mann von feinen Umgangsformen, schaut sich mit der Zeit nach größeren Räumlichkeiten und eleganterer Umgebung um. Sein Nachfolger am historischen Ort, Aristide Bruant, findet einen neuen Namen für sein Kabarett: »Le Mirliton«, zu deutsch: die Rohrflöte. Toulouse-Lautrec hat den Volkssänger der Nachwelt überliefert: den Rebell mit Knotenstock und knallrotem Schal, Samtwams und Pumphosen, mit Stulpenstiefeln, roter Schärpe und breitrandigem Schlapphut. Und der Vorliebe für ein kräftiges, deftiges Wort. Das führt er nicht nur in seinen Chansons vor, die sich zum Anwalt der Armen, Entrechteten und Wehrlosen machen, sondern auch in der Begrüßungsrede, die er für die zahlenden Spießer im Kabarett parat hatte. Er beschimpft sie als Schweine, ihren weiblichen Anhang als Nutten, und wenn es zu voll wird, läßt er Dampf ab und schafft Platz: *Na, ihr blöden Fressen! Dreckhaufen! Hierher, meine Damen, hierher. Neben den kleinen Dikken da. Das geht doch sehr gut, sitzen ja nur fünfzehn Mann auf der Bank! Was? Mein Gott, dann kneift ihr halt die Arschbacken noch'n bißchen zusammen . . .!*

In Yvette Guilbert findet das Pariser Kabarett schließlich die große Diseuse; auch sie ein Vorbild derer, die um die Jahrhundertwende die große Kleinkunst über den Rhein nach Deutschland bringen wollen. Der Pariser Montmartre, durchs Kabarett rasch zum Sammelplatz für Frankreichs Künstler, Komödianten und Käuze geworden, ist nun das Mekka der Brettlbesessenen aus München, Hamburg und Berlin. Alfred Kerr gehört zu denen, die dorthin pilgern und von der Fähigkeit der Chansonniers begeistert sind, in drei Minuten ein ganzes Welttheater abrollen zu lassen: *In diesen Liedern ist alles: Kot und Glorie, Himmlisches und Niederstes. Mit einem Wort: Menschliches, Menschliches, Menschli-*

ches... *In zwölf Zeilen spricht so ein Dideldumlied von den letzten Dingen.*Kerr bewundert an der französischen Kleinkunstkaschemme, daß man dort ohne Athleten und dressierte Schweine auskommt, daß der Geist weht: *Vor keiner Verwegnis schrecken sie. Kennen die Scham oder Ehrfürchtigkeit germanischer Völker nicht. In Deutschland weckte dergleichen Taifune der Entrüstung; in Frankreich Lachstürme. Wir sind gefestigter, drüben ist man schwebsamer, umlufteter.*

Immerhin. Die frische Pariser Luft gelangt ins benachbarte Deutsche Reich.

Die Welt als Überbrettl

Paris lebt.
Berlin funktioniert.
Mühsam

Die Guilbert auf Deutschlandtournee

Jahrhundertwende. Auf ein neues. Besonders in der Reichshauptstadt, die nun fast zwei Millionen Einwohner zählt, spürt man, daß es um mehr geht, als sich von einem Jahrhundertkalender zu verabschieden. Die »Berliner Illustrirte Zeitung« lädt ihre Leser ein, Bilanz zu ziehen. Mehr als 6 000 Abonnenten beteiligen sich an der Fragebogenaktion, die in Erfahrung bringen soll, »welche Personen auf allen Gebieten menschlichen Wirkens in diesen vergangenen neunundneunzig Jahren sie als die bedeutendsten bezeichnen, welche Ereignisse und Errungenschaften sie als die wichtigsten und hervorragendsten nennen« werden. Als erster Mann im Staate, als Deutscher Nr. 1, wird Fürst Bismarck ermittelt; noch mehr Stimmen erhält er in der Rubrik, in der nach dem größten Staatsmann gefragt wird. Menzel wird zum größten Maler des 19. Jahrhunderts gekürt. Im Rennen um den Titel des größten Musikers siegt Richard Wagner überzeugend vor Beethoven; ein einziger Leser votierte für Kanonen-Krupp aus Essen und begründete seine Entscheidung mit dem Hinweis darauf, daß mit dessen Instrumenten schließlich »die gewaltigsten Melodien« gespielt worden seien. Kaiser Wilhelm I. wird als »Held des Jahrhunderts« gesehen, Goethe rangiert als Deutschlands größter Dichter, Feldmarschall von Moltke als größter Denker auf Platz eins dieser Hitparade, die die Einführung der Eisenbahn als größtes wirtschaftliches Ereignis feiert und das Konversationslexikon vor der Bibel und den Schriften von Darwin und Marx als das Buch ermittelt, von dem der größte Einfluß ausging. Was sich der Zeitungsleser vom neuen Jahrhundert erhofft, ist eindeutig: den Weltfrieden. Die Abkehr von der Goldwährung, der Sieg des Sozialismus, der Wunsch nach dem täglichen Brot und die Einführung der Prügelstrafe haben gegen ihn keine Chance.

Ein neues Zeitalter steht vor der Tür, ungeduldig. Das Neue drängt unbändig nach vorn. Technische Entwicklungen kündigen sich an, Umwälzendes auf allen Gebieten ist in Sichtweite. Graf Zeppelin gelingt es, mit seinem starren Luftschiff sicher im Ziel zu landen, Berlin baut an der ersten Untergrundbahn, der zwanzigjährige Student Karl Fischer trägt sich in Steglitz mit dem Gedanken an eine »Wandervogel«-Bewegung. Man gibt sich fortschrittlich, wissenschaftsgläubig, technikbesessen und novitätensüchtig.

In den Boheme-Kneipen, in Dichterzirkeln und Theatervereinen, wo man lustig lebt und leben läßt, sich die Zeit mit poetischen Schnurren, Schüttelreimen und Nonsens-Sprüchen vertreibt, träumt man den Traum vom künstlerischen Tingeltangel, wird die Frage diskutiert, wie eine neue Kunst fürs Varieté entstehen kann.

Die Zeit ist reif für das, was man in Paris mit dem Begriff Cabaret verbindet. Erste Bekanntschaft schlossen deutsche Touristen mit dieser in Berlin noch unbekannten Brettl-Kunst, als sie im Jahre 1900 zu Tausenden zur Weltausstellung nach Paris kamen und allabendlich auf den Montmartre pilgerten. Auch Yvette Guilbert, die berühmte Diseuse, hatte mit ihren Auftritten im Berliner »Wintergarten« und im Berliner »Apollo« das Terrain bereiten helfen, und die Tournee, die das Pariser Kabarett »La Roulotte« 1899 in das Belle-Alliance-Theater an der Yorckstraße geführt hatte, ließ viele neu geworbenen Freunde der jungen frechen Muse zurück.

Aber noch ist es nicht so weit. Zuerst wird das Kabarett einmal auf dem Papier gegründet. In seinem Roman »Stilpe« läßt der Schriftsteller Otto Julius Bierbaum seinen Titelhelden, vier Jahre bevor das »Überbrettl« aus der Taufe gehoben wird, ein Literatur-Varieté-Theater eröffnen, das sich »Momus« nennt. Wenn die Sache auch nicht gut ausgeht – das Unternehmen scheitert und Stilpe erhängt sich auf offener Bühne – ist der Weg vorgezeichnet. Bierbaum schreibt: *Die Renaissance aller Künste und des ganzen Lebens kommen vom Tingeltangel her. In unserem Schlepptau wird alles hängen: Malerei, Poeterei, Musik und alles überhaupt, was Schönheit und genießendes Leben will. Zu uns, ins Tingeltangel, werden alle kommen, die Theater und Museen ebenso fliehen wie die Kirche. Und bei uns werden sie das finden, was ihnen allen fehlt: Den heiteren Geist, das Leben zu verklären, die Kunst des Tanzes in Worten, Tönen, Farben, Linien, Bewegungen. Die nackte Lust am Schönen, den Humor, der die Welt am Ohr nimmt, die Phantasie, die mit den Sternen jongliert und auf des Weltgeists Schnurrbartenden Seil tanzt. Wir werden eine neue Kultur herbeitanzen! Wir werden den Übermenschen auf dem Brettl gebären! Wir werden diese alberne Welt umschmeißen!*

Bierbaum betätigt sich noch mit einer weiteren Buchveröffentlichung als Schrittmacher für all die Literaten, Maler und Musiker, die es sich in den Kopf gesetzt haben, das Varieté zu »veredeln« und allerlei Pläne zur »Reformierung« des Tingeltangels aushecken. »Deutsche Chansons« nennt er die erste Sammlung zeitgenössischer Gebrauchslyrik, die zum Vortrag auf einer »künstlerischen Varietébühne« bestimmt ist. Da ist er, der Textfundus, aus dem all die großen und kleinen Kabaretts fortan

Bierbaum beantwortet Fan-Post:
. . . Es kann unsereinem nichts besseres widerfahren, als die Kunde, daß wir da oder dort gut aufgenommen worden sind. Es wird mich sehr freuen, wenn Sie auch meinen anderen, vorhandenen und kommenden Büchern ähnliche Empfänglichkeit entgegenbringen werden (16. 7. 96).

schöpfen werden: Verse von Rudolf Alexander Schröder, Ernst von Wolzogen, Arno Holz, Detlev von Liliencron, Ludwig Finckh und Alfred Heymel. Bierbaum selbst hat sich mit Gesängen eingebracht, wie er sie so und ähnlich schon seinem Willibald Stilpe in den Mund gelegt hatte: »Oheh! Oheh! Das Leben ist ein Kuhschwof, und Scheiden tut nicht weh!« In seinem »Lied in der Nacht« klingt das so:

Straßen hin und Straßen her
Wandr' ich in der Nacht,
Bin aus Träumen dumpf und schwer
Schluchzend aufgewacht,
Tränen, Sehnen, Lust und Schmerz,
Ach, wohin treibt mich mein Herz?
Ach, wohin treibt mich mein Herz?

Vom allgemeinen Wortgeklingel der modischen Goldschnitt-Lyrik setzen sich nur zwei Autoren deutlich ab – Frank Wedekind und Richard Dehmel, von dem man Zeilen wie diese lesen kann:

Wir haben ein Bett, wir haben ein Kind,
mein Weib!
Wir haben auch Arbeit und gar zu zweit,
und haben die Sonne und Regen und Wind,
uns fehlt nur eine Kleinigkeit,
um frei zu sein wie die Vögel sind: Nur Zeit!

Statt eines Vorworts leitet Herausgeber Bierbaum seine Chanson-Sammlung, die Bestseller-Auflagen von dreißigtausend Bänden pro Jahr erreicht, mit einem fiktiven *Brief an eine Dame* ein. Er bittet seine *liebe, teure und unbeschreiblich blonde gnädige Frau, Herrin und Gebieterin,* sich einmal vorzustellen, in einem mit himmelblauer Seide austapezierten Pavillon zu sitzen, im weißen Mullkleid, *das von rosafarbenen Schleifen gerafft, also kurz wäre, dazu einen Florentiner Strohhut, und links auf der Brust einen schwarzen Halbmond, rechts auf der Wange eine schwarze Scheibe: Schönheitspflästerchen; Ihre Schuhe, weiß atlassen, hätten hohe rote Stöckel, Ihre Strümpfe (oh, hm! hm!! hm!!!) wären fleischfarben und von veilchenblauen Zwickeln flankiert, und Ihre kleine, rosige, aber etwas bepuderte Hand hielte einen Hirtenstab.* Der Autor selbst sieht sich, in derlei Tändel-Träumen schwelgend, ihr zu Füßen aus seinem deutschen Chanson-Buch vortragen: *Ich läge die ganze Zeit vor Ihnen auf den Knien und genösse das holdeste aller Schauspiele: Wie sich die Schönheit an der Heiterkeit der Kunst erfreut, wie die Worte der Dichter von den Küssen des schönsten Mundes ins Leben getragen, durch die Berührung mit den Lippen einer schönen Frau erst recht lebendig werden...*

Der Dichter kommt dann aber doch noch zur Sache, wenn er fragt, wie sich Lyrik und Tingeltangel zusammenreimen: *Angewandte Lyrik –*

O. J. Bierbaum

*da haben Sie unser Schlagwort. Aus diesem Worte kann man die ästheti-
schen Gesetze des Chansons, wie wir es meinen, ziehen. Es müssen Lieder
sein, die gesungen werden können; das ist das erste. Das zweite und nicht
minder wesentliche aber ist, daß sie für eine Menge gesungen werden
können, die nicht etwa, wie das Publikum eines Konzertsaales, darauf aus
ist, »Große Kunst« kritisch zu genießen, sondern die ganz einfach unterhalten sein will.*

Bühne frei für den Freiherrn

Paris ist weit. Ernst von Wolzogen, ein berühmter Erzähler seiner
Zeit, der sich ebenfalls für diese »kleine Kunst für den verwöhnten
Geschmack« stark macht, hatte sich wie andere Kollegen seiner Zunft
auf dem Montmartre an Ort und Stelle umgesehen, um herauszufinden,
wie man am besten das von Bierbaum geforderte Kunststück zustande-
bringt, auf des Weltgeistes Schnurrbartenden Seil zu tanzen. Der Besuch
des deutschen Freiherrn im Pariser »Chat noir« öffnete ihm die Augen:
Der Eindruck, den ich von diesem mitnahm, berichtet er später, *war für
mich entscheidend, indem er mir deutlich zu Bewußtsein führte, wie mein
Überbrettl nicht aussehen dürfe. Ich mußte auf die wichtigste Betätigung
des französischen Cabarets, nämlich die politische Tagessatire, verzich-
ten, weil bei uns in Deutschland die Zensur solche kecken Verhöhnungen
der Regierung niemals durchgelassen und sicher auch die Dichter für
dergleichen gefehlt hätten. Und außerdem sträubte sich nach wie vor alles
in mir, neben dem Conférencier auch noch den Kneipwirt zu spielen und
mich mit meinen werten Gästen gewissermaßen auf den frère-et-cochon-
Fuß zu stellen, wie es jene französischen Brettlpoeten so leicht und
selbstverständlich fertigbrachten. Ich war nun einmal kein Bohemien. Die
Hemdsärmeligkeit widerstrebte zu sehr meinem Geschmack, und mein
aristokratisches Gewissen hatte mich von Kindesbeinen an verpflichtet,
der Masse gegenüber Distanz zu bewahren. Aus meiner Pariser Erfahrung und meinem eigenen Empfinden heraus gestaltete sich nunmehr
mein Überbrettl folgendermaßen: kein Bier- und Weinausschank und
Tabaksqualm, sondern regelrechtes Theater. Eine Rampe und ein gehöri-
ger Orchesterraum zwischen mir und dem Publikum; eine Kleinbühne für
anmutige Kleinkunst aller Art; kein Zugeständnis an den Geschmack des
Durchschnittspublikums; die Satire nicht verletzend und verhetzend,
keinem politischen Parteienstandpunkt dienend; keine Zimperlichkeit im
Erotischen, aber erst recht keine aufreizende Schwüle oder gar plumpe
Zote. Die Unterlagen für meine Darbietungen sollten mir ausschließlich
wirkliche Dichter liefern, keine gewandten Reimschuster.*
Seine wirklichen Dichter findet er zum großen Teil im Autorenregi-
ster von Bierbaums Chanson-Sammlung; sie biete, wie er meint, genü-
gend Stoff für mehrere Programme. In München trifft er zudem auf
Schriftsteller-Kollegen, die sich um das aufmüpfige Satire-Blatt »Simpli-

E. v. Wolzogen

17

cissimus« geschart oder im Akademisch-Dramatischen Verein zusammengefunden haben, wo man das Brettl-Projekt lebhaft diskutiert. Wolzogen prägt das Wort, das zum Begriff werden soll, auch wenn Freund Bierbaum es »als Witz« empfindet: »Überbrettl«. Ein Brettl also – in Süddeutschland versteht man darunter eine Varietébühne – auf höherem Niveau.

Der Wille und die künstlerische Potenz sind da, es fehlt nur noch am nötigen Kleingeld. Otto Falckenberg erinnert sich an die zahlreichen Versuche, es aufzutreiben: *Ich hatte bei einem bekannten steinreichen Kommerzienrat geläutet, als die Herrschaften gerade ausgehen wollten. So kam es, daß die gnädige Frau in Hut und Mantel selbst die Türe öffnete. Obwohl ich in der Boheme als Elegant verrufen war, muß sich der Zweck meines Besuches doch irgendwie in Haltung und Miene bei mir ausgeprägt haben, oder bei Frau Kommerzienrat war die instinktive Witterung reicher Leute für die Annäherung bettelnder Elemente ganz besonders ausgeprägt. Jedenfalls gelang es mir in diesem Falle nicht, meine Karte abzugeben, meinen Namen zu nennen oder gar mein Ersuchen vorzubringen und kunst- und kulturpolitisch zu begründen. Nur für einen flüchtigen Augenblick sah die Dame des Hauses aus der halbgeöffneten Türspalte über mich hinweg, sprach das in solchen Fällen übliche, hochherrschaftliche »Wir geben nichts« – und schon war die Türe dem lästigen Besucher wieder vor der Nase zugemacht.*

Ernst von Wolzogen, der Aristokrat mit dem sicheren Auftreten und den vollendeten Manieren, hatte da mehr Glück. Er fand es bei einer Anzahl *nur mäßig begüterter Kunstfreunde, die mir, zum Teil durch die Hoffnung veranlaßt, ihre eigenen dilettantischen Erzeugnisse in meinem Theater aufgeführt zu sehen, kleine Summen von 500 bis 1 000 Mark zur Verfügung stellten. Auf diese Weise brachte ich 10 000 Mark zusammen.*

Den Gedanken, sein »Überbrettl« in München zu starten, läßt der geschäftstüchtige Freiherr fallen, nachdem klar ist, daß die akademisch-dramatischen Vereinsbrüder an der Isar ihr eigenes Kabarett gründen wollen. Noch gibt es Zweifel, ob das Publikum den eingedeutschten Montmartre-Import annehmen wird. Aber »der Floh saß im Ohr und hörte nicht mehr auf zu krabbeln«. Wolzogen hält Ausschau nach einem günstigen Schauplatz, er faßt Wiesbaden ins Auge, später Darmstadts Mathildenhöhe, die Hochburg der jugendbewegten »Secessionisten«, entschließt sich endlich aber doch, in Berlin nach einer geeigneten Spielstätte zu suchen.

Sie findet sich in der Nähe des Alexanderplatzes, im Theater der »Secessionsbühne«. Wolzogen selbst mietet sich in der Burggrafenstraße eine »hochherrschaftliche Etage mit großen repräsentativen Räumen«, stellt ein Ensemble um die Diva des Unternehmens, Bozena Bradsky, zusammen und stößt auf der Suche nach einem versierten Pianisten auf den noch unbekannten Oscar Straus.

Was er von dem Musiker seiner Wahl erwartet, hatte Wolzogen bereits ein Jahr zuvor in der »Vossischen Zeitung« verkündet: *Die Muse*

des Überbrettls wird zwar in langem Gewande erscheinen und sich nicht scheuen, biswelen gar die tragische Maske vorzunehmen. Aber lieber noch wird sie den Saum lüpfen und ihr zierliches Füßchen sehen lassen, und durch die Musik unserer Überbrettl-Kompositionen wird das häufigst wiederkehrende Leitmotiv das Kling-Klang der Weingläser und das kecke Tralala sein.« Und weiter: »Es wird das Ziel meines Ehrgeizes sein, den Wirklichen Geheimen Rat ebenso in seinen Ansprüchen an eine amüsante, abwechslungsreiche Unterhaltung zu befriedigen, wie etwa den jungen Lebemann von verwöhntem Geschmack oder den jungen Künstler von eigensinnigen Idealen. Wir wollen versuchen, uns auf den freien ironischen Standpunkt des erfahrenen Weltmannes zu stellen.

Der Freiherr hielt sich selbst für diesen erfahrenen Weltmann, der ausgezogen war, sein Publikum in der Hohen Schule der gehobenen Unterhaltung zu unterweisen, ein Tingeltangel-Pädagoge mit Anspruch, der seine »lieben deutschen Barbaren zur Anmut, zur seelischen Leichtigkeit, zum beschwingten Tänzerschritt« erziehen wollte. Unter Berufung auf Nietzsche, dessen Übermensch bei Wolzogens Namensfindung »Überbrettl« Pate gestanden hatte, schwebte ihm, wie er einmal bekennt, die »Bändigung der blonden Bestie durch eine Kultur der Anmut« vor. Der Brettl-Baron als Oberlehrer der Nation, in der musischer Unterricht zum Pflichtfach erhoben wird? Mehr noch: »Der echte Künstler ist zu allen Zeiten Aristokrat nietzschischer Observanz gewesen, ein Hasser des profanum vulgus, ein Herrenmensch...«

Die Gründung des ersten deutschen Kabaretts – das kann ja heiter werden. Sie vollzog sich am 18. Januar 1901 mit der Premiere im »Bunten Theater«, genannt »Überbrettl«, zu Berlin, Alexanderstraße 40. Schon das Datum, auf das die Geburtsurkunde des deutschen Kabaretts ausgestellt ist, ist ein Stück Kabarett an sich, ein Stück Realsatire – nur gewollt war sie nicht. An jenem 18. Januar feierte man den 200. Jahrestag der Erhebung Preußens zum Königreich, das Ordensfest der Ritter vom Schwarzen Adler und schließlich – last not least – die 30. Wiederkehr des Tages, an dem im Spiegelsaal von Versailles das Deutsche Reich ausgerufen worden war und Wilhelm I. sich zum deutschen Kaiser hatte krönen lassen. Der frischgebackene Überbrettl-Direktor hatte sich zur Feier des Tages in Biedermeier-Schale geworfen: Hechtgraue Hose, pflaumenblauer Frack mit Goldknöpfen. Auch seine Gäste, eine erlesene Feine-Leute-Gesellschaft, die da vor dem Theater vorgefahren kam, hatte Robe gemacht: Die Damen lang, die Herren, in Erwartung der lockeren Muse mit der pikanten Note, den Zylinderhut pariserisch frech im Genick. So etwas hatte die Welt, Nähe Alexanderplatz, wo die armen Leute ihr Zuhause hatten, noch nicht gesehen.

Als sich der Vorhang hebt, ist ein Bühnenzimmer im Biedermeier-Look zu sehen: Rechts der Bechsteinflügel, daneben ein hellgelbes Ledersofa. Der Auftritt des Hausherrn erfolgt durch die Mitteltür. Er stellt zunächst den ersten Kapellmeister des Überbrettl vor, der als ein junger, überschlanker Mann mit kurzen Locken beschrieben wird –

Der Brettl-Baron beim Vortrag

Oscar Straus

Oscar Straus. Und dann kommt der Brettl-Baron, Kabarett-Gründer, Direktor, Autor und Ansager in einer Person, zur Sache: *Ich habe die Genugtuung, den verehrten Herrschaften hier wieder einen lebenden Dichter vorzuführen, der Ihnen selbst aus seinen Werken etwas vermitteln will. Es scheint also doch, als ob die Abneigung der Poeten gegen das Herabsteigen zum Brettl schon nachgelassen hätte...* Der also Annoncierte ist Hanns Heinz Ewers, sein Werk handelt vom Mistkäfer. Im Auszug liest sich das so:

Ein Mistkäfer hatte von seinem Papa
Den größten Misthaufen in Afrika
Und noch dazu einen Taler geerbt.
Der blinkte früher, jetzt war er gefärbt
Und lag nun schon seit manchem Jahr
Im Mist, da, wo er am dicksten war.

– Und doch! Sein armes Herz war krank
Reich war er wohl, doch ach – er stank!
Da weinte der Käfer früh und spat
Bis ihm ein Derwisch gab den Rat:
»Putz Deinen Taler, setz Dich darauf,
Da hört das Stinken für immer auf!«...

Er putzt' ihn blank und steckt' ihn fein
In seinen Misthaufen oben hinein,
Sich selbst aber setzt' er mitten darauf.
– O Wunder! Da kamen in schnellem Lauf
Von allen Seiten die schönsten Insekten;
Die Grillen sangen, die Bienen leckten
Ihm seine Flügel, – und der Skorpion
Sagte zu ihm: »Mein Herr Baron!«
Ja, selbst die stolzen Schmetterlinge
Machten die allertiefsten Bücklinge.

–Und eine Fliege, zart und traut,
Die nahm der Käfer sich zur Braut,
Da saß er, den Taler unterm Popo,
Und lächelte selig: »Non oleo!«

Mit anderen Worten: Was dem Geld recht ist, soll dem Mistkäfer billig sein – man stinkt nicht! Mit feuchten Händen, das Jugendstil-Herz in der Hechtgrauen, stand der Freiherr in der Kulisse: *Ein tiefer Atemzug – dann stürzte ich mich in das Abenteuer, mir der Worte kaum bewußt werdend, die ich den Leuten da unten an den Kopf warf. Aber ich hatte ja so viele Zeitungsaufsätze geschrieben, um meine Absicht klarzule-*

gen, daß ich mein diesbezügliches Sprüchl schließlich auch im Traume aufsagen konnte. Und als ich mich erst einmal ein wenig frei geredet hatte und wieder Feuchtigkeit im Gaumen spürte, da fiel mir auch plötzlich eine Beziehung zwischen dem Überbrettl und dem preußischen Königshause ein. Ich brachte etwas vor von der tieferen Bedeutung des mittelalterlichen Hofnarrenstandes und wünschte dem gekrönten Romantiker Wilhelm II. den nötigen biderben Humor, um sich von wohlmeinenden Dichtern und weisen Traumdeutern, die im lustigen Narrengewande auf meinem Brettergerüst ihr fröhliches Wesen treiben sollten, Wahrheiten sagen zu lassen. Das schlug ein und schuf mir einen guten Abgang. Die Stimmung war da.

Ernst von Wolzogen

Wolzogen, als Intendantensohn an Theaterluft früh gewöhnt, ist ein vielgelesener Schriftsteller. In den Berliner Salons raunt man sich zu, er sei um zwei Ecken mit Friedrich von Schiller verwandt. Na bitte! Für das Premieren-Programm steuert der Hausherr, der sich zuweilen auch als Komponist versucht, gleich mehrere, zumeist ältere Texte bei. Da ist einmal das »Lied von den lieben, süßen Mädeln«, die man nicht verachten soll. James Rothstein schrieb dazu, wie auch zur »Madame Adèle«, die Musik. Wieder geht es um ein »süßes Mädel«, das diesmal in fünf ausführlichen Strophen seine Karriere als verruchtes Luxusweibchen schildert: wie es den feinen Herren in die Taschen faßt, munter Motte auf Cocotte reimt, und schließlich recht halbweltdämlich zu dem Schluß kommt, daß es sich so ganz ungeniert leben läßt: »Trulala, trulala, was glauben Sie, wie das glücklich macht!« Die »Adèle« gilt als das erste deutsche Chanson, der dichtende Brettl-Baron hat es der berühmten »Madame Arthur« nachempfunden, der Glanznummer aus dem Repertoire Yvette Guilberts. Die Anklänge sind vom Autor gewollt. Aber das Augenzwinkern, mit dem hier die verlogenen Moralbegriffe der Zeit, der heuchlerische Spießer und die sogenannten feinen Leute aufs Körnchen genommen wurden, wirkt fast eher bestätigend als sozialkritisch. So verstanden es auch die Zuschauer im ausverkauften Haus, all die Geburts- und Geldadeligen, die Kommerzienräte und Kasinogänger von Stand, die derlei keckes Trulala begeistert beklatschten. Alfred Kerr zu Wolzogen: »Es kommt eben darauf an, Kunst ins Tingeltangel, nicht aber das Tingeltangel in die Kunst zu bringen.«

Die dritte Wolzogen-Nummer besingt – noch ein Mädel. Olga d'Estrée trägt sie vor, zur Musik Bogumil Zeplers: »Das Laufmädel«.

Platschepitsch – Spagatelregen –
Schokolad' auf allen Wegen.
Mädel unter Paraplü
Stiefelt tapfer durch die Brüh.
Pflastertreterl,
Armes Peterl!
Mädel, kleines Mädel laufe –
Aus dem Regen in die Traufe!

Kille, kille, Kleine,
Brauche deine Beine –
Trippeltrab treppauf und ab,
Stöckelstiefel klippeklapp –
Morgen kommt ein Herr Baron,
Oder ein Kommerziensohn!

Schleppe deinen Robes-Kasten –
Mädel lauf, sonst heißt es fasten!
Mutterl schimpft dich zünftig z'samm'
Und es grantelt die Madam'.
Krampft im Kröpferl
Tränentröpferl?
Schluck's hinunter – alles Plunder!
Wart, der Himmel tut ein Wunder!
Kille, kille, Kleine,
Brauche deine Beine –
Trippeltrab treppauf und ab,
Stöckelstiefel klippeklapp –
Herr, erbarm' dich deines Kind's –
Nächste Woche kommt ein Prinz!

Mädel, wie sie dich bepacken!
Schau, wie glühn dir bloß die Backen!
Kindel, hast du's auf der Brust,
Daß du gar so husten mußt?
Nebel schieben,
Flocken stieben –
Fasching kam mit Geigenklingen . . .
Warum magst denn du nicht springen?
Kille, kille, Kleine,
Brauche deine Beine –
Trippeltrab treppauf und ab,
Stöckelstiefel klippeklapp –
Bald ein End hat alle Not –
Frühling wird's – dann kommt der Tod!

Das Programm – es enthält Lieder, Rezitationen, Schattenspiele zu Liliencron-Balladen, dramatische Kurzszenen wie Arthur Schnitzlers »Anatol«-Episode und eine von Oscar Straus untermalte Pantomime »Pierrots Tücke, Traum und Tod« von Rudolph Schanzer – besteht überwiegend aus harmlos-unverbindlichen Gesängen meist erotischen Inhalts. Und dann Parodistisches. Zwischen dem Klingklang und Tralala diverser Tanzliedchen gibt es eine Szene: »Das Mittagsmahl«. Es handelt sich dabei um eine Parodie Christian Morgensterns auf den italienischen Modedichter Gabriele D'Annunzio. Schon die Regieanweisungen lesen sich wie ein Gedicht, wie ein Spottvers auf die exzentrischen Spät-Symbolisten jener Jahre:

Speisezimmer einer italienischen Villa. Die Luft zittert Ahnung kommender Genüsse. Der allgemeine Charakter des Saales ist Hunger, aber nicht der Hunger des Plattfußes, sondern die feine melancholische Sehnsucht des gewählten Schmeckers seltener Gemüse, erlesener Obste. Die Tapeten atmen den Geist gebackener Natives. Die Servietten bilden Schwäne wie zum Gleichnis. Die Kandelaber scheinen ihre Kerzen zu verzehren. Die Möbel krachen vor Begierde mit den Kiefern. Als die Türe geöffnet wird, tut sie einen tiefen Seufzer, und man hat die Vorstellung, als drehte sie ihren Kopf mit einem halb verzückten, halb gemarterten Augenaufschlag den prallen Amoretten der Decke zu. Herein tritt ein Gruß vom Meere in Gestalt eines blauen Rechtecks, welches den Türrahmen völlig ausfüllt.

Durch diesen Gruß hindurch, nach mehreren Sekunden, Melissa, die Nichte des Hausherrn. Ihre Zähne sind weiß wie die Brust der Diana und scharf wie ein Sonett von Stecchetti. Ihre Augen sind wie der Lago di Como und der Lago Bellaggio. Ihre Augenbrauen geschweift wie eine Liebeserklärung des unsterblichen Gabriele. Ihre Nase ist die der milesischen, ihr Mund der der medizäischen Venus. Die Bewegungen ihrer Glieder sind von der Anmut jener Tänzerinnen des Benozzo Gozzoli in der Hochzeit Jacobs und Rahels.

Nachdem sie einen schnellen Blick über das Zimmer geworfen, eilt sie mit dem Rufe »Olio! Olio!« nach links hinaus. Durch das tiefblaue Rechteck zieht langsam in weite Ferne ein rotes latinisches Segel.

Parodist Morgenstern setzt noch eins drauf: Nach der Pause finden die Besucher auf ihren Plätzen bereits die Kritik vor. Wolzogen verliest sie: wieder eine Parodie aus der Feder Morgensterns. Diesmal im Stil des Kritikerpapstes Alfred Kerr. Titel: »Der Hundeschwanz«.

Brüder! – Zeitgenossen! – Otto! – Paul! – Ludwig! – Geist! und ich erstaune das neue Jahrhundert–. – –. Es ist nichts. Es ist aber nichts. Es ist dreimal nichts. Es ist möglich. Es ist unmöglich. Kinder, Kinder! Mache. Matze. Platt. Matt, Patt. Unterbilanzisch. Kein Ewigkeitszug. Keine Ewigkeitsmomente, Beethoven? Schnitzler? Hauptmännisches? Nein, – Hundeschwanz, – – – –

Es gibt heute Maler in der Präraffaelitenweise. Es gibt Droschken mit Petroleum, aber auch mit Benzin. Es gibt aber auch noch Lampen in der Ölweise. Es gibt Tiergartenfrauen in der Aquarellistenweise. Es gibt Weise auf alle Weise. Wir haben Matkowsky. Es gibt aber auch Kohlenhändler. Mögen sie glücklich werden. Es gibt Leute von übermorgen wie aus vorgestern. Es gibt aber auch Leute von vorgestern wie aus übermorgen. Mögen sie glücklich werden. Es gibt schludrige Seidenpinscherschwänze in der verschnittenen Gartenweise des Quatorze. Es gibt plutarchisch vermittelte Hundeschwänze in der Alcibiadesweise. Mögen sie glücklich werden. Es gibt Pudel. Es gibt Faust. Es ist eine Rückkehr zum Primitiven. Es ist eine Abkehr. Es ist eine Einkehr. Es ist eine Auskehr. Es

Ernst von Wolzogen

23

DER LUSTIGE EHEMANN · FRLN. BRADSKY · HERR KOPPEL
GEDICHT von O·J·BIERBAUM · MUSIK v. O·STRAUS

Ringelringelrosenkranz,
Ich tanz mit meiner Frau,
Wir tanzen um den Rosenbusch,
Klingklanggloribusch,
Ich dreh mich wie ein Pfau.

Zwar hab ich kein so schönes Rad,
Doch bin ich sehr verliebt
Und springe wie ein Firlefink,
Dieweil es gar kein lieber Ding
Als wie die Meine giebt.

Die Welt, die ist da draußen wo,
Mag auf dem Kopf sie stehn!
Sie interessiert uns gar nicht sehr,
Und wenn sie nicht vorhanden wär',
Würd's auch noch weiter gehn:

Ringelringelrosenkranz,
Ich tanz mit meiner Frau,
Wir tanzen um den Rosenbusch,
Klingklanggloribusch,
Ich dreh mich wie ein Pfau.

Otto Julius Bierbaum

gibt die buddhistischen Hundeschwänze des Schopenhauer. Es gibt den Hund des Hebbel. Es gibt sogar einen Hundestern. Es gibt alles. Vom Drama bis zur nächsten Ecke. Vom Sozialismus bis zur schönen Helena. Von Kaspar Schmidt bis zu Max Stirner. Von Gott bis zu mir. Aber eins gibt es nicht: Die Möglichkeit, sich mit dem »Hundeschwanz« schlechtweg weiter zu beschäftigen. Indessen – – – – –

Was ist »Hundeschwanz?« Ein Drama in sieben Bildern. Was ist sieben? Drei mehr vier. Oder zwölf minder fünf. Oder eins mehr sechs. Oder dreiundsechzig durch neun. Warum gerade sieben? Warum nicht acht? Warum nicht zweiundzwanzig? Was sind sodann Bilder? Malt der Dichter? Zeichnet der Dichter? Kupfersticht der Dichter? Macht der Musiker Bilder? Macht der Gärtner Bilder? Er setzt. Er baut. Er düngt. Sonaten. Statuen. Beete. Und der Dichter schreibe Akte. Aufzüge. Abschnitte. Absätze. Teile. Stücke. Kapitel. Paragraphen. Wozu die Vermalischung? Wozu die Entdichterung? Es ist keine Erquickung. Es ist eine Verquickung. Es ist eine Kreuzung. Es ist ein Kreuz...

Die belesenen Bildungsbürger und ihre höheren Töchter amüsieren sich köstlich. Der anwesende Kerr dagegen macht böse Miene zum guten Spiel. Bei Wolzogen, spottet er, ist es vorläufig ein Unterbrettl. Das Überbrettl hat bloß Literatursatiren frei. Nächstens dicht' ich eine auf Wolzogen und überlasse sie ihm. Ich will seinen Stil parodieren; wenn er bis dahin einen hat...

Den Durchbruch aber bringt die elfte Programmnummer. Sie heißt »Der lustige Ehemann«, Bierbaum hat sie wortklingelnd in Ringelrangel-Reime gebracht, Oscar Straus hat sie als Opus 61 mit neckischen Noten versehen. Die beiden Stars des Unternehmens, Bozena Bradsky und Robert Koppel setzen das Ganze, biedermeierlich mit Hütchen, Bändern, Zylinderchen kostümiert, operettenselig in einen artigen Rundtanz um. Schon wenig später wird dieser Singsang-Schlager seinen Weg als Saisonhit gemacht haben. Das »Berliner Tageblatt« beschreibt die Wirkung so: »Die Herren im Frack, die abends aus den vornehmen Restaurants Unter den Linden treten, summten's leise vor sich hin, die Schusterjungen pfiffen's und die Taxameterkutscher in den Destillen sangen's beim Weißbier im Chor«: Ringelringelrosenkranz.

Freude kommt auf. Und mehr als das. Das Ringel-Liedchen muß dreimal wiederholt werden, der lustige Ehemann dreht sich wie ein Pfau – immer und immer wieder. Jubel, Trubel, Heiterkeit. Die feinen Leute unten im Parkett geraten außer sich. Den Herren fallen vor Begeisterung die Monokel aus dem Gesicht, die Damen vergessen in der Euphorie, sich Luft zuzufächeln: Das Parkett tobt. Der Hausherr überblickt die Situation, hat sie voll im Griff. Wolzogen, der Generalsenkel, gibt den Lagebericht preußisch knapp: »Die Schlacht ist gewonnen, der Sieg ist vollständig.«

Auch der Kassierer strahlt. Die Vorstellungen sind auf Monate im voraus ausverkauft, Direktor Wolzogen kann bereits nach wenigen Aufführungen seine Geldgeber mit Zins und Zinseszins auszahlen.

Ludwig Thoma

Die Protestversammlung

Saal im Gasthaus zum Weißen Adler, gefüllt mit Mitgliedern des Vereins Deutsche Eiche. Die Mitglieder haben womöglich altväterische Gehröcke an und dito Cylinder auf; die meisten haben Regenschirme bei sich. Rechts vorne ist das Rednerpult; daneben Präsidialtisch. An demselben sitzen der Vorstand, Privatier Röpke, Kaufmann Flosse und ein Schriftführer. Röpke besteigt das Rednerpult unter allgemeiner Unruhe. Der Schriftführer läutet, worauf Stille eintritt.

Ludwig Thoma

RÖPKE *sich öfter räuspernd.* Hochverehrte Vereinsmitglieder! Meine Herren! Wie Ihnen allen bekannt sein dürfte, ist die Lage der Burenfrauen und -kinder in Südafrika eine sehr mißliche. Wenn irgendwo, so wird diese Tatsache gerade in deutschen Herzen nachzittern. *Einzelne dumpfe Bravos! Sehr gut!*
Jawohl, meine Herren, nachzittern. Wir empfinden dies als Deutsche, wir empfinden dies als Familienväter – *Bravos!* – wir empfinden dies als deutsche Familienväter. *Lebhafte Bravos! Röpke wird pathetischer.* Als vor nunmehr zwei Jahren der Krieg in Südafrika entbrannte, da loderte in der Brust eines jeden deutschen Mannes das Feuer der Begeisterung auf, und es brannte fest, fest, meine Herren! *Bravo!* Soll ich Sie erinnern an die Festlichkeiten, welche wir begingen? Soll ich Sie erinnern an den Familienabend im Dezember 1899, an die Punschbowle im Januar 1900? *Bravo!* Mit der Geschichte unserer Vereinsabende sind die Namen Moderriver und Spionskop unauslöschlich verbunden. *Sehr starke Bravos.*
Niemals haben wir vergessen, daß diese tapferen Helden in Südafrika deutsches Blut in ihren Adern rollen lassen, daß sie Fleisch sind von unserem Fleisch, Bein von unserem Bein, daß auch sie die Enkel derer sind, die bei – – – die bei – – – die im Teutoburger Walde das Joch der Fremdherrschaft abschüttelten. *Lebhaftes Bravorufen.* Meine Herren! Nunmehr sieht das deutsche Volk die Weiber und Kinder seiner wehrhaften Stammesgenossen im Unglück verkommen. Soll die große sittliche Erregung auf einmal in verlegenem Schweigen ab – – – – – ab – – – abebben? Äh! Ja, abebben? *Bravo!*
Meine Herren! Ich bitte um Ihre Vorschläge, wie sich der Verein Deutsche Eiche zu der Sachlage, zu dem Unglücke der stammverwandten Frauen stellen soll. Ich schlage vor: Einlegung eines feierlichen Protestes, Absendung von Geldmitteln und Einberufung einer Volksversammlung, welche zu den Beschlüssen des Haager Friedens-Kongresses Stellung nimmt. Wollen Sie sich hierzu äußern.
KOMMERZIENRAT MEINECKE *erhebt sich rasch, bittet um das Wort.*

Meine Herren! Bevor wir uns mit der Lage der Burenfrauen befassen, möchte ich meinem Vorredner und unserem allverehrten Vorstande den Dank aller Anwesenden aussprechen – *Sehr gut!* – den Dank dafür, daß er, wie so oft, auch heute den rechten Ausdruck für unser deutsches Fühlen und Denken gefunden hat. *Dumpfes Bravo.* Seine kerndeutschen Worte klingen in unseren Herzen nach, wo sie freudigen Widerhall gefunden haben.

Nun, meine Herren! Zur Sache selbst! Nie und nirgends vergessen wir, daß Politik nicht unsere Sache ist, daß sie vielmehr uns nicht zusteht. Ich glaube also, daß unsere Kundgebungen sich in den weisen Grenzen halten müssen, welche einerseits ein Gebot der Vernunft sind, andrerseits den polizeilichen Verhaltungsmaßregeln entsprechen. Meine Herren! Wir Deutsche sind stolz darauf, daß die Ehre des deutschen Namens, der deutschen Flagge, äh, stolz im Winde flattert. *Bravo!* Jawohl, meine Herren, nach außen und innen, aber es muß uns ferne liegen, in blindem Enthusiasmus wie zum Beispiel die Franzosen zu verfahren. Wir sind, gottlob, eine in uns selbst gefestigte Nation. *Bravo!* Der deutsche Aar horstet sicher und fest, und wenn er seine Schwingen regt, so tut er es mit der weisen Mäßigung, welche unserem Nationalcharakter entspricht.

Meine Herren! Wir sind sittlich erregt über manche Vorkommnisse in Südafrika, aber, meine Herren, diese Erregung, ist sie eine gesetzmäßige? *Murmeln.* Darum, meine Herren, handeln wir echt deutsch, das heißt: handeln wir vorsichtig.

RÖPKE. Ich erteile Herrn Großhändler Flosse das Wort.

FLOSSE *Typus eines reichgewordenen Parvenü.* Meine Herren! Gestatten Sie – einem erfahrenen Kaufmann einige Bemerkungen. Ich bin Deutscher, durch und durch Deutscher –, aber ich bin auch Praktiker. Ich habe mir für mein ganzes Tun und Lassen einen Grundsatz stets vor Augen gehalten. Der Grundsatz heißt – *Wichtige Pause* – Was schaut dabei heraus? *Murmeln. Meinecke »Sehr gut!«*

Meine Herren, ich bin nicht schlecht gefahren bei dem Prinzip, wie Sie vielleicht wissen. *Beifall. Meinecke ruft wieder »Sehr gut!«*

Ich habe mich von unten heraufgearbeitet. Mit drei Leuten habe ich das Geschäft eröffnet, und heute folgen zweihundert meinem Winke.

RÖPKE *läutet.* Ich bitte um Ruhe! Ich bitte um Anstand!

FLOSSE *fährt fort.* Meine Herren! Ich frage mich, was schaut bei dieser Protestversammlung heraus? Antwort: Nichts. Gar nichts. *Unruhe. Oho!* Ich will Ihnen was sagen: es schaut doch etwas dabei heraus. Die Engländer werden uns boykottieren; ich spüre heute schon in meiner Branche den unheilvollen Einfluß des Krieges. Meine Herren! Im Privatleben hüten wir uns davor, einen einzigen Kunden zu vertreiben; warum soll es im öffentlichen Leben anders sein? *Murmeln. »Allerdings!«, »Er hat recht!«*

Gefühle sind schön, Gefühle sind gut, aber ... wir dürfen auch sie nicht überzahlen. Das Hemd sitzt uns näher als der Rock, zuerst kommt unser Interesse, und dieses Interesse erfordert gebieterisch, daß wir alles unterlassen, was den Handel schädigen könnte. *Bravorufe.* Ich bin gegen jede Kundgebung, welche in England verstimmen könnte. *Starker Beifall. Einige murren.*

RÖPKE *läutet sehr heftig.* Ich muß nochmals ganz energisch um Anstand bitten. Beleidigungen dulde ich nicht. Ich erteile das Wort dem Vertreter der Wissenschaft, dem Herrn Professor Dr. Wernhardt.

PROFESSOR WERNHARDT *Typus eines deutschen Philologen. Blonder Vollbart. Brille. Doppelreihiger Rock à la Dr. Jäger. Germane.* Meine Herren! Es war immer ein Vorrecht der deutschen Wissenschaft, daß sie mit dem nationalen Fühlen sich im Einklange befand. Wenn ich der heute angeregten Frage als Historiker näher trete, so möchte ich untersuchen

a) welchen Einfluß haben spontane Kundgebungen an sich,
b) überhaupt und
c) in dem gegebenen Falle?
Zu a) drängt sich uns sofort die Frage auf: Haben wir hierzu
d) überhaupt ein Recht? Und wenn,
e) worin besteht dasselbe?

Nicht immer, meine Herren, war sich die germanische Rasse ihrer Vollkommenheit so bewußt, wie sie dies nach den gegebenen Faktoren durfte, konnte und mußte. In dem großen Strome, welcher das Signum der indogermanischen Einwanderung ist, zu einer Zeit, deren genaue Feststellung noch heute die Gelehrtenwelt in zwei feindliche Lager spaltet, bildete sich ein fluktuierendes Moment, das bald hierin, bald dorthin die festen Linien der historischen Forschung ...
Lebhafte Unruhe. »Ruhe! Zur Sache! Schluß! Zur Sache!«

PROFESSOR WERNHARDT *weiterfahrend.* Meine Herren! Verzeihen Sie die kleine Abschweifung, aber sie ist notwendig zum Verständnis des Folgenden. Also, ich sagte, in dieser fluktuierenden Bewegung verwischten sich die Konturen allmählich so, daß es uns heute kaum möglich ist, mit der Genauigkeit, welche ein glücklicher und nie genug zu schätzender Vorzug der deutschen Forschung an sich und der historischen im besonderen ist, festzustellen, wo sich die Grenzen der einzelnen Nationalitäten befinden. Bald scheiden sie sich scharf voneinander, bald vermischen sie sich bis zur Unkenntlichkeit, und bald ...
Der Aufgeregte ruft »Und bald halten Sie hoffentlich das Maul!«
RÖPKE *läutet.* Äh – ah! Bitte fahren Sie fort, Herr Professor.
PROFESSOR WERNHARDT. Meine Herren! Ich wende mich also von der indogermanischen Periode zu der nicht minder merkwürdigen

Epoche der Völkerwanderung. Bei genauer Betrachtung zerfällt sie a) – – – *Lautes Murren. Schluß! Schluß!*

Meine Herren, Sie hindern die deutsche Wissenschaft, zu dieser Frage Stellung zu nehmen. Ich füge mich, aber ich will dies konstatieren.

RÖPKE *besteigt das Pult.* Verehrte Versammlung! Vereinsmitglieder! Wir alle sind dem Herrn Professor aus tiefstem Herzen dankbar für seine licht- und geistvollen Ausführungen. Es ist lediglich Mangel an Zeit, was einige Herren veranlaßte, um Schluß der Debatte zu bitten. *Gewiß! Sehr richtig!* Nehmen Sie also die Versicherung unserer aufrichtigen Bewunderung, welche dem glänzenden Vertreter der deutschen Forschung gebührt. *Verbeugung. Bravorufe.*

Meine Herren! Ich danke auch den übrigen Vorrednern, welche so trefflich in die Debatte eingegriffen haben. Es ist einer der vielen Vorzüge des deutschen Volkes, daß es der Belehrung zugänglich ist – *Bravo!* – daß es nicht starrköpfig auf seiner Meinung besteht. *Bravo!* Meine Herren, ich glaube, wir sind belehrt. *Lautes Bravo!* Ich möchte hier gleich konstatieren, daß es mir wie jedem Anwesenden durchaus ferne lag, irgendwie und irgendwo anzustoßen. Ich glaube, daß die von mir vorgeschlagene Kundgebung die Weihe der Genehmigung erhalten würde, der leiseste Zweifel, welcher in dieser Richtung geäußert wurde, hat in mir – und ich spreche hier wohl im Sinne aller – *Bravo! Bravo!* – ich sage, der leiseste Zweifel hat in mir eine Wandlung hervorgebracht. Ich gebe meinen Vorschlag auf; ich sehe ein, es handelt sich viel weniger darum, was wir tun wollen, als darum, was wir tun dürfen. *Sehr richtig! Bravo!* Und nun, meine Herren, ich glaube, daß wir uns darauf beschränken, den Unglücklichen unser Mitgefühl auszusprechen. Ich glaube nicht, daß wir damit Anstoß erregen – oder? – *Rufe »Nein, nein! Das geht schon!«*

Wir tun es in einer Form, welche den Gewohnheiten der deutschen Familie entspricht, ich meine, auf Ansichtspostkarten.

FLOSSE *springt auf und ruft.* Meine Herren! Ich rate auch davon ab. Ich kenne das englische Nationalgefühl. Es duldet nicht, daß man seinen Stolz verletzt.

RÖPKE. Auch wir sind stolz. Aber wenn Sie glauben . . .

FLOSSE. Ich glaube nicht, ich weiß.

KOMMERZIENRAT MEINECKE. Meine Herren! Lassen Sie mich einen Vermittlungsvorschlag machen. Etwas sollten wir tun, das erfordert die hohe sittliche Erregung, welche uns durchglüht, aber seien wir vorsichtig. Auch England hat geheiligte Rechte auf unser Gefühl. *Bravo! Sehr richtig!* Ich schlage Ihnen vor, wir schreiben Ansichtspostkarten, aber – *er blickt triumphierend umher* – aber mit unleserlichen Unterschriften!

Stürmischer, anhaltender Beifall.

Von jetzt an fließen die Einnahmen in die eigene Tasche. Bald bahnt sich ein Zusatzgeschäft an. Die Überbrettl-Texte werden vermarktet. Sie finden reißenden Absatz.

Aber nicht nur die Spitzweg-Gemüter kommen an diesem Abend auf ihre Kosten. »Zur Dichtkunst abkommandiert« nennt sich das Couplet, mit dem Peter Schlemihl das Banausentum und die militante Kunstfeindlichkeit Seiner Majestät (»Was Kunst ist, bestimme ich!«) aufs satirische Korn nimmt. Der Zensor merkt sich seinen richtigen Namen. Hinter dem Schlemihl-Pseudonym verbirgt sich nämlich Ludwig Thoma, der Bayer mit der spitzen »Simpl«-Feder, die nicht nur kitzelt, sondern auch piekt. Thoma haßt den Kaiser und alles, was für ihn steht, mit derber Direktheit: er nennt ihn den »Operettentenor«, einen »Kitschbruder«, »Trompeter von Säckingen« oder einfach den »jämmerlichen Wilhelm«. Mit dem Dichtkunst-Stück zielt er auf den poetischen Tatendrang des Artilleriemajors und Hofpoeten Josef Lauff, von dem zur gleichen Stunde im Königlichen Opernhaus aus Anlaß des Preußenjubiläums und unter Anwesenheit Wilhelm II. das Hohenzollern-Weihespiel »Adlerflug« über die Bretter geht. Hier aber, im »Überbrettl«, singt Robert Koppel schneidig zu einer zackigen Straus-Weise, daß ein Knaller draus wird:

Ich heiße Josef, war ein Offizier – äh,
Ein Glied von unsrer herrlichen Armee.
Ich stand ja bei des Königs Kanoniere
Und wurde nach und nach Major a.D.
  Wie klang es freudig
  Wie klang es schneidig,
  Batterie halt!
Feuer!
Daß es knallt
Mit Gewalt.

Als ich mich legte auf das Ruhekissen
Und dachte nicht mehr an des Dienstes Pflicht,
Da hat die schöne Muse mir jebissen
Und ich verlegte mich auf das Jedicht.
  Jetzt klingt es freudig
  Jetzt klingt es schneidig,
  Batterie halt!
Feuer!
Daß es knallt
Im Dichterwald.

Ich fahre ernsthaft in die Musenbande
Und schleif die Luder, bis sie Öl geschwitzt,

ERNST von WOLZOGEN

Weil ja die Kunst zu ihrer eignen Schande
Sehr wenig Ordnung und Respekt besitzt.
   Da klingt es freudig
   Da klingt es schneidig,
   Batterie halt!
   Feuer!
   Daß es knallt
   Im Dichterwald.

Des Volkes Hefe braucht man nicht zu loben,
Ich pfeife auf das and're Publikum,
Mein Augenmerk, es richtet sich nach oben,
Dort quillt der Segen. Fertig. Damit schrumm!
   Es klingt so freudig!
   Es klingt so schneidig!
   Batterie halt!
   Feuer!
   Daß es knallt
   Im Dichterwald.

Dieser »Schlager ersten Ranges«, die laut Wolzogen »einzige einigermaßen politische Nummer, die uns die Zensur durchgelassen hatte«, löst Presseberichten zufolge »satanisches Gelächter« aus. Aber die Freude darüber währt nicht lange. Der Zensor, einer der verläßlichsten Theaterbesucher jener Jahre, mag auf seinem Abonnementsplatz zuweilen einnicken, aber er ist da. Und die lauten Lacher, mit denen, wie im Berliner Tageblatt nachzulesen ist, vor allem die Textstelle »Batterie halt – Feuer! Daß es knallt im Dichterwald« quittiert wurde, mögen ihn aufgeschreckt haben. Schließlich ist die königlich-preußische Polizeibehörde nicht gekommen, um sich dem Kunstgenuß hinzugeben.

Das mußte Hausherr Wolzogen auch erfahren, als er das Couplet »Der Marschallstab« ins Programm aufnahm: Als er, wie er meinte, die *recht harmlose und sehr lustige Satire auf unseren berühmten Weltmarschall mit dem unvermeidlichen Marschallstab ins Repertoire aufnahm, an der niemand größeres Vergnügen hatte als die das Theater besuchenden höheren Offiziere, Diplomaten und Fürstlichkeiten, da wurde dies an oberster Stelle so ungnädig vermerkt, daß es mir beinahe die Konzession gekostet hätte.* Immerhin hatte Fritz Engel sich als Zielscheibe seiner Spottlust den soeben zum Feldmarschall beförderten Chef des Generalstabes Graf Waldersee gewählt, den der Kaiser hoch schätzte und der zum Zeitpunkt der Überbrettl-Spitze als Oberbefehlshaber der internationalen Invasionstruppen damit beschäftigt war, den chinesischen Boxeraufstand niederzuschlagen. Beziehungsweise, wie die scharfe Engels-Zunge höhnte, den frisch verliehenen Marschallstab zu halten und ihn unter keinen Umständen aus der Hand zu geben. Weder – noch.

Ward einstmals in den Krieg gesandt
ein Marschall hin nach fernem Land
und daß Respekt man hätte, gab
sein Fürst ihm einen Marschallstab,
den sollte, wo er ging und stand,
er halten stets in seiner Hand –
fest stets und treu den Stab in seiner Hand.

Frühmorgens wenn die Hähne kräh'n,
beliebt der Marschall aufzustehn.
Er strählt das Haar vor'm Spiegeltisch,
fährt in die Hose jünglingsfrisch,
und hält dabei gar imposant,
den Marschallstab in seiner Hand –
fest stets und treu den Stab in seiner Hand.

Dann frühstückt er und liest indes,
schon Zeitungen und Amtliches,
gibt Ordre aus für dies und das,
sieht nach dem Barometerglas,
und hält dabei gar imposant,
den Marschallstab in seiner Hand –
fest stets und treu den Stab in seiner Hand.

Jetzt nimmt er seinen Tropenhut,
ei, ei, der steht ihm gar zu gut.
Macht mancherlei Visite d'honneur,
bei Konsul und bei Gouverneur,
und hält dabei gar imposant,
den Marschallstab in seiner Hand –
fest stets und treu den Stab in seiner Hand.

Nun hält Parade er, herrjeh!
mit Eifer noch vor dem Diner,
dann nur für fünf Minuten knapp,
stiehlt er ein Nickerchen sich ab,
und hält dabei gar imposant,
den Marschallstab in seiner Hand –
fest stets und treu den Stab in seiner Hand.

Drauf wieder Arbeit bis zu Nacht!
Wenn alles schläft, schleicht er noch sacht,
an eine Stätte eng und still,
wo endlich er ein Mensch sein will,
und hält dabei gar imposant,
den Marschallstab in seiner Hand –
fest stets und treu den Stab in seiner Hand.

Repertoire: Ernst von Wolzogens Buntes Theater (Ueberbrettl.)

Der
Marschallstab
FRITZ ENGEL
Musik von
BOGUMIL ZEPLER.
Preis M 1,50

BERLIN, W.
A. GLAS, Markgrafenstr. 30, Ecke Französischestr.

Das öffentliche
Aufführungsrecht vorbehalten

Bogumil Zepler, der musikalische Tausendsassa des Überbrettl, der mit seinem Doktortitel zwischen sämtlichen Stilen saß und deshalb besonders gern Parodistisches zu Papier brachte, hatte die respektlose Zeile »Fest stets und treu den Stab in seiner Hand« noch dadurch verstärkt, daß er an dieser Stelle ungeniert die heimliche Nationalhymne des Kaiserreiches, die »Wacht am Rhein« intonierte. Schattenbilder, die die Schilderung vom Tageslauf des Marschalls illustrierten, sorgten für zusätzlichen Effekt.

Der konservative Aristokrat, aus Geschäftssinn wie dichterischer Neigung immer darauf aus, sich einen höheren Jux zu machen, wird durch den von »oberster Stelle« abgefeuerten Warnschuß schnell zur Raison gebracht. Herrenmensch Wolzogen, eingefleischter Monarchist und kaisertreu bis in die freiherrlichen Knochen, wollte zwar »frischfröhlich die morschen alten Zäune niederreißen« und die »alten verbrauchten Werte umwerten« – aber eben nicht zu sehr. Auch für die Zensurmaßnahmen seines obersten Herrn hat er Verständnis:

Die herrschenden Gewalten haben ja ohne Zweifel recht, wenn sie das Bestehende zu schützen und eine neue Gedankensaat zu vernichten trachten, die Unzufriedenheit mit diesem Bestehenden erzeugen könnte. Das ist einfach eine Pflicht, die der Selbsterhaltungstrieb auferlegt.

Die Haltung, die aus solchen Sätzen spricht, hat vermutlich auch Frank Wedekind dazu bewogen, eine Wolzogen-Bitte um Mitarbeit am »Überbrettl« abschlägig zu beantworten. Wedekinds Nein kam direkt von der Festung Königstein, wo er gerade mit dem »Simplicissimus«-Zeichner Th.Th.Heine wegen Majestätsbeleidigung inhaftiert war. Die Angst vor der eigenen Courage treibt jedenfalls den Brettl-Baron zu einem selbst für das Kabarett der frühen Jahre ungewöhnlichen Kniefall vor dem Fürstenthron: Eine Woche nach der Überbrettl-Premiere richtet der Freiherr eine hochnotpeinliche Ergebenheitsadresse an Seine Majestät: »Kaiser Wilhelm dem andern«. Aktueller Anlaß für diese untertänige Reimstellerei ist der Kaisergeburtstag am 27. Januar 1901, ein schulfreier nationaler Feiertag im Reich.

Herr Kaiser – wenn heut' zu des Thrones Stufen
Dein Volk sich drängt im hellen Jubelchor,
So zürne nicht, wenn keck und ungerufen
Der Schalk auch bittet um geneigtes Ohr.

Einst war der brave Bursch, der Lustigmacher,
Der größten Herrn verwöhnter Gutgesell –
Denn wer auf seiner Seite hat die Lacher,
der fürchtet nicht der Feinde Wutgebell!

Duckmäuser, die im Dunkeln düster grollen,
Das sind wir nicht. – Gelt, du wirst Spaß verstehn?
Und wenn wir mal ein Wörtlein wagen wollen,
So wirst du gern uns durch die Finger sehn.

Wir ballen nicht die Fäuste in den Taschen,
Wir wandeln frank und frei im hellen Tag –
Und wenn wir knechtisch nicht nach Beifall haschen,
Der starke Herr uns um so lieber mag!

Darauf vertrau'n wir Überbrettlleute –
Lieber Herr Kaiser, gelt, du sagst nicht nein?
's klingt zehnmal lauter, wenn dir zehn Gescheute,
Als 100 000 Esel hurra schrein!

Olga Wohlbrück

Die Frage, ob die Welt vom Kleinkunstkeller aus zu verändern ist, ob den Biß verlernt, wer immer nur lächelnd die Zähne zeigt, ist so alt wie das Kabarett selbst. Selten aber ist so schamlos und gezielt von seiten der Macher auf die bloße Unterhaltungsfunktion der Brettl-Muse hingewiesen worden, auf die unheilvoll »heilsame Kritik«, die Bestehendes festigen hilft, wie vom Gründer des deutschsprachigen Kabaretts persönlich. Was dieses Ventil bewirkt, durch das da Dampf abgelassen wird und der Druck abnimmt, beschreibt Wolzogen so: *Unpraktisch und unpsychologisch will es mich dünken, das freie Gelächter zu unterdrükken. Ein unterdrücktes Gelächter treibt allemal Galle ins Blut, während umgekehrt ein aufgestauter Galleüberschuß durch kein Mittel leichter entfernt wird als durch eine kräftige Erschütterung des Zwerchfells. Die weitgeöffnete Tatze, die sich lachend auf die Schenkel schlägt, ist weit harmloser als die in der Tasche geballte Faust . . .*

Das also hat man in Paris gelernt? Das Kabarett, das mit dem sammetweichen C, als Akklamationsorgan, als institutionalisierte Hofnarretei, als Amüsierbetrieb nach Herrscherhaus-Art? Die später so oft beschworene Krise des Kabaretts – sie ist dem frechen Musenkind bereits bei seiner Geburt mit in die Wiege gelegt worden.

Noch aber ist nicht aller Tage Abend. Wirtschaftlich geht's fürs erste bergauf. Wolzogen hat Großes vor. Er hat inzwischen einen respektablen Mitarbeiterstab für sein Unternehmen gewonnen: Bierbaum, Liliencron, Thoma, Engel, Pserhofer und Schanzer schreiben für ihn, er spielt Morgenstern, Schnitzler, Dehmel und Gumppenberg. Neben Straus, Zepler und Rothstein komponieren Waldemar Wendland, Victor Hollaender und Woldemar Sacks, der sich auch als Klavierhumorist betätigt und großen Erfolg damit hat. Schließlich das Ensemble, die Sänger, Schauspieler, Rezitatoren, die durch ihn zu Stars wurden: Bozena Bradsky, Olga d'Estrée, Elsa Laura Seemann, Olga Wohlbrück, Robert Koppel, der komödiantische Marcell Salzer und der dichtende Hanns Heinz Ewers. Und er hat sie alle fest im Griff. In einer eigenhändig verfaßten »Hausordnung für das Bunte Theater«, die er sich von seiner Künstlertruppe gegenzeichnen läßt, legt der strenge Direktor Punkt für Punkt fest, wie bunt es hinter den Kulissen zugehen darf:

Hausordnung für das

§ 1. Die weltlichen Mitglieder sind ausnahmslos verpflichtet um 7 Uhr Abends im Theater zu erscheinen und beim Inspicienten das Programm einzusehen.

§ 2. Diejenigen Mitglieder, welche in dem Abend-programme nicht beschäftigt sind, sind verpflichtet anzugeben, wo sie während der Vorstellung zu finden sind.

§ 3. Die Mitglieder haben sich strenge an das Pro-gramm zu halten, auch bezüglich der ihnen vorgeschriebenen Nummern. Begründete Gesuche um Abänderungen der vorgeschriebenen Nummern sind rechtzeitig an den Direktor, beziehungsweise an dessen Stellvertreter, in musikalischen Angelegenheiten an den ersten Kapellmeister, beziehungsweise an dessen Stellvertreter zu richten.

§ 4. Auf die strenge Einhaltung des Programms hat der Inspicient zu achten und jeden Verstoß gegen denselben zur Anzeige zu bringen.

§ 5. Jedes Mitglied hat mindestens zehn Minuten vor Beginn seiner Nummer zum Auftreten bereit zu sein. Der Inspicient hat die Mitglieder recht-zeitig mittelst Klingelzeichen auf die Bühne zu rufen

„Bunte Theater."

und falls sie nicht rechtzeitig auftrittsbereit sind, das im Programm nächstfolgende Mitglied hineinzuschicken, die versäumte Nummer entfällt und das betreffende Mitglied ist vom Inspicienten zur Bestrafung zu notiren.

6. Zur Vermeidung von störendem Geräusch werden die Mitglieder ersucht, sich hinter der Bühne jedes lauten Gespräches, unnöthigen Ein- und Herlaufens, Thüren-zuschlagens, u. s. w. zu enthalten und sich thunlichst nach Beendigung ihrer Nummer in den Garderoben oder sonstigen Vorräumen aufzuhalten.

7. Der Aufenthalt in den Damengarderoben ist den Herren, sowie der Aufenthalt in den Herrengarderoben den Damen nicht gestattet. Besuche, auch solche von Angehörigen, dürfen weder in der Garderobe, noch auf der Bühne empfangen werden.

8. Der Aufenthalt im Zuschauerraume kann nichtbe-schäftigten Mitgliedern gestattet werden, doch ist dabei jedes störende Ein- und Ausgehen, sowie überhaupt auffälliges Benehmen zu vermeiden.

Hamburg am 17. Oktober 1901.

gelesen:

Klingkling, bumbum und tschingdada,
Zieht im Triumph der Perserschah?
Und um die Ecke brausend bricht's
Wie Tubaton des Weltgerichts,
Voran der Schellenträger.

Brumbum, das große Bombardon,
Der Beckenschlag, das Helikon,
Die Piccolo, der Zinkenist,
Die Türkentrommel, der Flötist,
Und dann der Herre Hauptmann.

Der Hauptmann naht mit stolzem Sinn,
Die Schuppenketten unterm Kinn,
Die Schärpe schnürt den schlanken Leib,
Beim Zeus! Das ist kein Zeitvertreib.
Und dann die Herren Leutnants.

Zwei Leutnants, rosenrot und braun,
Die Fahne schützen sie als Zaun,
Die Fahne kommt, den Hut nimm ab,
Der sind wir treu bis an das Grab.
Und dann die Grenadiere.

Der Grenadier im strammen Tritt,
In Schritt und Tritt und Tritt und Schritt,
Das stampft und dröhnt
und klappt und flirrt,
Laternenglas und Fenster klirrt.
Und dann die kleinen Mädchen.

§ 1   Die verehrlichen Mitglieder sind ausnahmslos verpflichtet, um 7 Uhr Abends im Theater zu erscheinen und beim Inspicienten das Programm einzusehen.

§ 2   Diejenigen Mitglieder, welche in dem Abendprogramme nicht beschäftigt sind, sind verpflichtet anzugeben, wo sie während der Vorstellung zu finden sind.

§ 3   Die Mitglieder haben sich strenge an das Programm zu halten, auch bezüglich der ihnen vorgeschriebenen Nummern. Begründete Gesuche um Abänderungen der vorgeschriebenen Nummern sind rechtzeitig an den Direktor, beziehungsweise an dessen Stellvertreter, in musikalischen Angelegenheiten an den ersten Kapellmeister, beziehungsweise an dessen Stellvertreter zu richten.

§ 4   Auf die strenge Einhaltung des Programmes hat der Inspicient zu achten und jeden Verstoß gegen dasselbe zur Anzeige zu bringen.

§ 5   Jedes Mitglied hat ungefähr zehn Minuten vor Beginn seiner Nummer zum Auftreten bereit zu sein. Der Inspicient hat die Mitglieder rechtzeitig mittelst Klingelzeichen auf die Bühne zu rufen und falls sie nicht rechtzeitig auftrittsbereit sind, das im Programme nächstfolgende Mitglied hinauszuschicken, die versäumte Nummer entfällt und das betreffende Mitglied ist vom Inspicienten zur Bestrafung zu notieren.

§ 6   Zur Vermeidung von störendem Geräusche werden die Mitglieder ersucht, sich hinter der Szene jedes lauten Gespräches, unnötigen Hin- und Herlaufens, Thürenschlagens u.s.w. zu enthalten und sich thunlichst nach Beendigung ihrer Nummer in den Garderoben oder sonstigen Vorräumen aufzuhalten.

§ 7   Der Aufenthalt in den Damengarderoben ist den Herren, sowie der Aufenthalt in den Herrengarderoben den Damen nicht gestattet. Besuche, auch solche von Angehörigen, dürfen weder in der Garderobe, noch auf der Bühne empfangen werden.

§ 8   Der Aufenthalt im Zuschauerraum kann nichtbeschäftigten Mitgliedern gestattet werden, doch ist dabei jedes störende Ein- und Ausgehen, sowie überhaupt auffälliges Benehmen zu vermeiden.

Wolzogen hat, ermutigt durch die gute Presse, große Pläne. Ein neues Haus soll her, weniger Brettl, mehr Bühne – wie der Name schon sagt: »Buntes Theater«. Er findet es in der Köpenicker Straße. 650 Plätze hält der Zuschauerraum bereit, den namhafte Architekten zu einem Demonstrationsobjekt des Jugendstil umgestalten: eine Sinfonie aus gemalten, gewebten Ornamenten und geschmiedeten Eisengittern, eine Farbkomposition aus Hellweinrot auf Mattblau, Rosa, Lindgrün und Perlmuttsilber. Bierbaum witzelt, das Beste an diesem neuen Übertheater seien die Teppiche. Aber Wolzogen glaubt zu wissen, wofür das alles gut ist:

Das ist der Rahmen für eine raffinierte Salonkunst. Bühne und Zuschauerraum wollen sich hier zu einem Interieur vereinigen, wo man den Eindruck erhält, daß geborgene Damen und gebildete Herren vor einem auf der gleichen gesellschaftlichen und geistigen Stufe stehenden Publikum aus dem Stegreif spielen. *Man soll sich im Salon fühlen und den Eindruck des Improvisierten haben.* Im Foyer steht, unübersehbar, eine von Max Kruse gestylte Nietzsche-Büste.

Bevor es zur neuen Über-Überbrettl-Premiere kommt, geht Wolzogen erst einmal mit einem Teil des Ensembles auf Tournee, gibt Gastspiele in Hamburg, Leipzig und Breslau. Wo man auch hinkommt, die Überbrettl-»Schlager« sind immer schon da: die lieben süßen Mädel, das Klingklanggloribusch und das Tschingdarassabumm des Oscar Straus, das auf Musikwalzen und Grammophonplatten längst den Weg ins traute Heim der gehobenen Stände gefunden hat. Sogar Militärkapellen spielen diese Nummer rauf und runter, die unfreiwillige Parodie auf den kaiserreichsdeutschen Marschtritt jener Jahre. Detlev von Liliencron, der renommierte Schriftsteller, hatte die Zeilen ausnahmslos ernst gemeint, die ihm zu einer zweifelhaften Popularität verhalfen.

Auch in Wien kennt man bereits diese Paradenummer, als das Überbrettl-Team im Carltheater Station macht. Hier kommt es zu einer denkwürdigen Begegnung, als Straus seinem Direktor einen Musiker vorstellt, der ihn für einen Abend am Klavier vertreten soll. Der kleine Mann mit den harten Gesichtszügen und der dunklen Hautfarbe zieht als Probe seines Könnens mehrere Eigen-Kompositionen aus der Tasche, darunter eine mit dem beeindruckenden Falke-Text »Rechts Luischen, links Marie und voran die Musici«. Wolzogen engagiert den Mann, sein Name ist Arnold Schönberg. Er hat auch die Brettl-Vertonung zu Wedekinds »Galathea« geliefert, läßt sich aber nur vorübergehend mit der zehnten Muse ein. Und offenbar recht widerwillig. Wie Oscar Straus berichtet, soll sich Schönberg angesichts der »förchterlichen« Texte, die er zu feschen Liedchen machen soll, wiederholt mit der flachen Hand gegen die Glatze geschlagen haben.

Schönbergs Verzweiflung wird, je mehr die in Mode gekommene Überbrettelei grassiert, von namhaften Zeitgenossen geteilt. Karl Kraus, der gefürchtete Kritiker, nimmt das Wiener Wolzogen-Gastspiel zum Anlaß für einen seiner berühmt-berüchtigten Verrisse. In der »Fackel« vom Mai 1901 ist zu lesen: *ÜBERBRETTL ZUM RASENDEN JÜNGLING hatte es ursprünglich heißen sollen. Der rasende Jüngling aber war aus der Wiener Leopoldstadt. Feinsliebchen, das mit ihm tanzte, sah aus, als ob sie kochte – aber nicht von innerer, künstlerischer Glut. Selbst Herr v. Wolzogen begriff, daß die Sache nicht recht dionysisch sei. Er steckte den rasenden Jüngel und sich selbst in das philiströse Biedermeierkostüm, versprach, das Publikum seiner Singspielhalle für wenig Witz durch viel Behagen zu entschädigen, und ließ das Unternehmen als ‹Buntes Theater› protokollieren. In Berlin soll's einen Bombenerfolg gehabt haben: Snobs, die innerlich gute Berliner und äußerlich bloß schlechte Europäer sind, wähnten sich in Pariser Cabarets verpflanzt, schwelgten in ein paar Zötchenliedern und sahen im Philistertum der meisten Produktionen nur eine satirische Kontrastwirkung zu den*

Die Mädchen alle, Kopf an Kopf,
Das Auge blau und blond der Zopf,
Aus Tür und Tor und Hof und Haus
Schaut Mine, Stine, Trine aus.
Vorbei ist die Musike.

Klingkling, tschingtsching
und Paukenkrach,
Noch aus der Ferne tönt es schwach,
Ganz leise bumbumbumbum tsching,
Zog da ein bunter Schmetterling,
Tschingtsching, bum, um die Ecke?

Detlev von Liliencron

Hinter der Szene.
„Mach schnell, der Inspizient hat schon geklopft.“
„Dann ist's noch Zeit. Wenn es eilig ist, holt er mich selbst.“

Das Bunte Theater (Überbrettl)

Das Überlied

Ich liebe Botticellileiber,
Die wie Tiffanyglas so schlank;
Ich sterbe für die Überweiber
In Keller-Reiners Kunstausschank.
Ich buhle gleich verliebten Pagen
Um stilisierte Beletagen,
Im stilisierten Berlin W-:
Da wohnt sie, meine Überfee!
O Überweib, so reizerblüht,
Dir steigt mein Lied, mein Überlied!

Die stilisierte Überehe,
Die ist mein künstlerisches Ziel!
Mein Überweibchen schon ich sehe
Im Überheim – im Eckmannstil!
Von Leistikow die Wandtapeten,
Auf Pankokläufer soll man treten;
Um Mitternacht umfängt uns nett
Herrn van der Veldes Überbett. –
O Überbett, auch dir steigt müd
Mein Abendlied, mein Überlied!

Und muß ich stillos einst verlassen
die stilisierte Überwelt,
Sollt ihr als Grabschrift mir verfassen:
Hier ruht ein stilvergnügter Held!
Laßt, Freunde, noch um eins mich betteln:
Baut aus sechs kleinen Überbretteln
Dem Leib, der meine Seele barg,
Den stilisierten Übersarg.
Am Übersarge, wenn ich schied,
Singt mir mein Lied, mein Überlied.

Hans Brennert

prikelnderen Genüssen; der brave Berliner Bürger aber war ehrlich entzückt, wenn Männchen –kling, klang, gloribusch – sich wie ein Pfau vor Weibchen drehte, und Herr Oscar Straus im braunen Frack mit Goldknöpfen galt ihm so gut als echter Biedermeier, wie er ihm, wenn er eine rote Jacke mit Goldverschnürung anzöge, als echter Zigeuner gelten würde. Herr v. Wolzogen ist ein politischer Kopf; er erkannte, als er sein Repertoire in Berlin abgespielt hatte, welcher Nutzen sich aus den freundlichen Beziehungen zwischen Berlin und Wien ziehen lasse, und übersiedelte in das Wiener Carltheater. Hier hat jetzt das deutsch-österreichische Bündnis von Wiener und Berliner Schmocktum eine Woche lang Orgien der Begeisterung entfesselt; dem geschmackvolleren Zuhörer, der vom Bunten Theater naiv eine Veredelung des Varieté erwartet haben mag, war's nach einer halben Stunde zu bunt.

Daheim in Berlin steht inzwischen das »Bunte Theater« bezugsfertig. Die Erwartungen sind groß, die der Macher wie die des Publikums. Zu groß? Aus der Überbrettl-Idee ist, wie beim Jugendstil, eine Bewegung geworden. Überall, wohin man sieht, überbrettelt es. Otto Reutter hat diesem Trend im Gründerjahr ein Couplet gewidmet:

Schaut man jetzt mal in die Theaterzettel
So sieht man nichts wie lauter Überbrettl,
's Drama ist tot, jetzt triumphiert die Lyrik.
Die großen Dichter habens jetzt recht schwierig.
Auch Hauptmann muß zum Brettl sich bekehren,
Selbst Sudermann läßt sich den Vollbart scheren,
Denn sonst kann Wolzogen ihn nicht verwenden –
Kinder, Kinder, wie soll das noch enden!

Der Anfang vom Ende wird am 28. November 1901 mit der festlichen Eröffnung des neuen Hauses gemacht. Ludwig Thoma, den Wolzogen als Dramaturg nach Berlin geholt hat, war dabei: *Der erste und letzte große Abend im Berliner Norden. Equipagen fuhren vor, die wohl nie mehr durch die Straßen des Armenviertels kamen; geschmückte Damen stiegen aus und schritten als Vertreterinnen des gehaßten Kapitalismus an finster blickenden Gaffern vorbei...* Zur Begrüßung wartet die Presse mit Spottgedichten auf, die in der Regel witziger sind als ihre parodierten Vorbilder. Das »Berliner Tageblatt« veröffentlicht zur Feier des Tages Hans Brennerts »Überlied«.

Als Übersarg, weil eine Nummer zu groß, erwies sich auch das »Bunte Theater«. Wolzogen will im neuen Haus nur noch Einakter und ausgewachsene Szenen spielen; die Zeit der ohnehin spärlichen zeitkritischen Beiträge scheint ein für allemal vorbei zu sein. Und – Moden überleben sich. Was nicht brandneu ist, was heute schon ein bißchen nach gestern schmeckt, ist schnell vergessen. Wolzogens anfängliche Stärke, zwischen zwei Stühlen zu sitzen – Bierbaum nennt es »eine Kunst« – erweist sich in der Köpenicker Straße als Defizit: den Theatergängern mit

E. von Wolzogens
BUNTES THEATER
Überbrettl

Martini

Verlag: W. MANDEL, BERLIN,
Alte Jacobstr. 30.

Rosenopfer

Kind, das Bette ist bereit,
Lege dich nun nieder
Und thu ab dein schwarzes Kleid,
Rock und Hemd und Mieder.

Eva, Eva, Evalein,
Lasse dich beschauen!
Ist das wirklich Alles mein?
Darf ich michs getrauen?

Pst! Sie spielt die Schläferin.
Leise und verstohlen
Schleich ich mich zur Vase hin,
Rosen herzuholen.

Und ich überschütte sie,
Brust und Leib und Lenden,
Und ich sinke in die Knie
Mit erhobnen Händen.

Der noch nie ich am Altar
Eines Gottes kniete,
Meine Rosen bring ich dar
Dir, oh Aphrodite.

Gottlos lief ich kreuz und quer
Mit beschwerten Sinnen
Hinter leeren Schatten her,
»Wahrheit« zu gewinnen.

Nichts gewann ich und verlor
Meine besten Tage,
Denn sie raunten mir ins Ohr
Immer neue Frage.

Dir, die keine Fragen weiß,
Die nur lacht: ich gebe!,
Dir strömt meine Andacht heiß:
Schönheit, sieh, ich lebe!

Liebliche, oh nimm mich hin,
Daß ich neu erwarme;
Aphrodite, Schenkerin,
Nimm mich in die Arme.

Und mein süßes Mädchen lacht
Rosendüftetrunken.
In der schönsten Brüste Pracht
Bin ich hingesunken.

Otto Julius Bierbaum

Ernst von Wolzogen und Elsa Laura Seemann

Anspruch ist das »Bunte« zu tingeltangelig, dem Amüsierpublikum zu literarisch. Die augenzwinkernde Pose, das So-tun-als-ob, sie zieht nicht länger.

Kulissen-Kräche und diverse Querelen tun ein übriges. Nachdem sich Richard Dehmel verbeten hatte, zum Zwecke der »Varietémanie« ständig tändelnd übers Überbrettl geschleift zu werden, ziehen sich bald auch andere Autoren zurück. Ludwig Thoma gerät mit dem Freiherrn ob der ganzen Richtung überkreuz; der deftige Bajuware will Kabarett nach dem Motto »Dreinhauen, daß die Fetzen fliegen« und keine Satire, die in Gänsefüßchen daherkommt. Ein Teil der Presse, inzwischen singsang-müde, gibt ihm recht und haut in die gleiche Kerbe. »Bühne und Brettl« wörtlich: *Auch das Überbrettl könnte sich diese höhere und sittlichere Kunstgattung zu eigen machen: die soziale Satire. Sie soll nicht nur Sinne, sondern auch den trägen Verstand und das Gewissen des Publikums oder der Gesellschaft aufrütteln. Dazu war ihr die Peitsche gegeben. Nicht zum Kitzeln, sondern zum Dreinschlagen. Und diese ›Schlager‹ hat man bisher am Überbrettl vollkommen vermißt.*

Wolzogen selbst ist inzwischen auch künstlerisch nicht mehr ganz Herr der Lage: die Spekulanten, die ins »Bunte Theater« investiert haben, wollen mehr als nur Geldgeber sein. Es kommt zum Eklat. Thoma, ein Verfechter vom Biß ohne jeden Kitzel, dampft nach München ab, zieht sich zurück in die vertraute »Simplicissimus«-Runde.

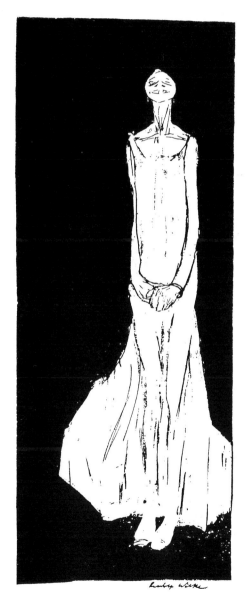

Und dann steht eines Tages auch noch ungeliebte Konkurrenz ins alte Haus in der Alexanderstraße: An historischem Ort macht nun das »Bunte Brettl« auf und zieht nach und nach die alte Überbrettl-Bande zu sich rüber. Erst geht Salzer, ihm folgen Ewers und Pserhofer, der geistreiche Conferencier, dem Wolzogen manch zündende Pointe verdankte. Auch Oscar Straus, die musikalische Seele vom Geschäft, scheidet im Streit und läuft zur neuen, alten Mannschaft über. In seiner Begleitung befindet sich Bozena Bradsky, mit der ihn inzwischen mehr als die Liebe nach Noten verbindet. Die Bradsky wiederum zieht ihren »lustigen Ehemann« von einst, Robert Koppel, nach. Der Schlußdialog zwischen Straus und Wolzogen ist überliefert.

Wolzogen: *Wissen Sie, Herr Straus, es tut niemals gut, wenn der Kapellmeister die erste Sängerin zu seiner Geliebten macht.*
Straus: *Wissen Sie, Herr Direktor, es tut noch weniger gut, wenn der Direktor seine Geliebte zur ersten Sängerin machen will.*

Schluß. Aus. Der Freiherr versucht zu retten, was zu retten ist: Er ehelicht Elsa Laura Seemann.

Auch Otto Bierbaum und Detlev von Liliencron hatten sich rechtzeitig verabschiedet, um eigene Kabarett-Pläne zu realisieren. Bierbaum gründet sein Liedertheater »Trianon«, das keine Zukunft hat: es stirbt am Tage der Geburt. Liliencron erhält das Angebot, seinen guten Namen für 1 000 Mark im Monat in die »künstlerische Oberleitung« des »Bunten Brettl« einzubringen. Edelleute wie er stehen hoch im Kurs, in

Detlev von Liliencron

Zeitungsanzeigen sucht man bereits »Graf oder Baron, der ein wenig dichten kann« für überbrettelnde Tournee-Truppen.

Der Vater des populären Tschingbumm-Hits, den Schulden drücken, fürchtet um seinen Ruf: Tingeltangel bleibt nun mal Tingeltangel. Aber Richard Dehmel rät ihm zu : »Du kannst vielleicht sogar noch retten, was für die ernstere Kunst dabei zu retten ist.« Der adelige Autor schlägt ein, soll sich aber ausgebeten haben, daß man ihm allabendlich die Stiefel spiegelblank zu wichsen habe. Wolzogen kommentiert ironisch: *Das war echt Liliencron! Die Freude darüber, daß der Leiter seines Überbrettls Bausenwein hieß und er diesen schönen Namen in Banausenwein umändern konnte, sowie die Genugtuung, seinen Brotherrn vertraglich zu seinem Stiefelputzer erniedrigt zu haben, half ihm über alle Gewissensnot hinweg!*

Liliencron, inzwischen fast 60, gibt noch mehr als seinen Namen her. Er will mit Rezitationen an die Rampe treten. Wolzogen sieht einen »Selbstmord« voraus und behält recht. Das Publikum zischt. Und Alfred Kerr zischt mit: *Man träumt die halbe Nacht von so was. Ein grauköpfiger Mann, der nicht sprechen kann, muß vortreten, zwei Gedichte sagen, deren Wortlaut niemand versteht. Das eine heißt ›Die zwei Löwen‹, das andere schließt ›Hoch Kaiser und Heer!‹ und sobald er das betreten runtergeklappert hat und abzieht, bezischt man ihn hintendrein. Woran dacht’ ich? An Freiligrath . . .* Aber auch der »Trianon«-Gründer wird vom gestrengen Kerr geschlachtet: *Von Bierbaum werden wir bald genug haben. Else Kosseg sang sein ›Sprach Mama … heisassa … Rosen sind zum Brechen da‹. O Klingklanglieder! Auch sie sind zum Brechen da.*

Eine Mode, so scheint es, hat sich überlebt. Oscar Blumenthal liefert, mit Blick aufs Wolzogen-Brettl, eine neue Begriffsbestimmung für die Kleinkunst des Jahres 1901:

Ein Cabaret heißt eine bunte Schüssel,
Auf der uns VIEL geboten wird.
Doch hat das Wort noch einen zweiten Schlüssel –
Und daß Ihr die Begriffe nicht verwirrt:
Ein Cabaret heißt jetzt auch eine Bühne,
Auf der uns NICHTS geboten wird.

Der Überbrettl-Vater ist ratlos. Finanzieller Ruin und künstlerisches Fiasko sind in greifbare Nähe gerückt. Ein gutes Jahr nach dem glanzvollen Start kommt das Ex. Wolzogen wird von seinen Partnern vor die Tür gesetzt. Er nimmt seinen Hut mit den Worten: »Ich bin der größte Idiot des Jahrhunderts!«, macht, Augenzeugen zufolge, »eine tadellose Verbeugung« und geht. Sein Resumee klingt bitter:

»Ich habe einmal, wie männiglich bekannt, den Versuch gemacht, einen Sektausschank für deutsche Schwerblütler zu eröffnen, auf dem Wege anmutiger Kleinkunst dem deutschen Spießer beizukommen, indem ich ein Brettl für Feinschmecker auftat. Man kennt die Folgen: Die

Animierkneipen zehren noch heute von meiner löblichen Absicht, und die Zote hat sich eine seidene Halblarve vorgebunden. Für den Vater des Überbrettls aber bedeutete die flüchtige Liebschaft mit der leichtgeschürzten Muse den schlimmsten aller seiner Selbstmorde.«

Es hagelt Nachrufe. Wer den Schaden hat, braucht für den Spott nicht zu sorgen. Die »Jugend« reimt ihm hinterher:

Ade, mein Überbrettl!
Ich hab die Sache dick.
In jedem Käseblättl
Zerzaust mich die Kritik.

Das macht mich ganz marode,
Drum sag' ich heut Valet;
Denn eh' man aus der Mode,
Ist's besser, daß man geht.

Nur eines ist mir bange:
Was tu ich armer Mann?
Ich glaube fast – ich fange
Das Dichten wieder an.

Allein die Selbstmordlust trieb ihn zu noch Höherem. Wolzogen wurde Intendant der nach ihm benannten Berliner Komischen Oper. Von dem, was er da aus der Taufe gehoben hatte, blieb nichts als eine Anregung. Als Operetten- und Singspieltheater unter neuer Leitung weitergeführt, wird das große Haus der kleinen Kunst ein Jahr später geschlossen.

Aber immerhin – der Anfang ist gemacht. Und es gibt inzwischen viele, die ihn weiterführen wollen.

Das Wolzogen-Ensemble

Der Name ist Schall und Rauch

Du hast ja den Schiller und Goethe,
schlafe, was willst du mehr?!
                                    Herwegh

Als erster betritt Max Reinhardt, ein junger Schauspieler am Deutschen Theater, die Kleinkunstszene. Er gehört zu einem Kreis von Mimen, Musikern und Malern, die sich zu einem Stammtisch zusammengeschlossen haben, den sie »Die Brille« nennen. In einem Berliner Vorstadtlokal wird zu nächtlicher Stunde gefeiert und gesungen, gebrettelt und gereimt, getratscht und getrunken. Man produziert sich oft und gern, setzt sich in Szene: schließlich ist man vom Fach. Stegreif-Sketche werden vom Stapel gelassen, Unsinns-Sprüche geklopft, oder einfach – wie das jetzt Mode ist – nach Pserhofer-Art munter drauflos geblödelt: »Es gehen mehr Leute ins Theater hinein als hineingehen. . .«

Man will sich, Nonsens und Nestroy im Sinn, einen Jux machen. Und führt ihn aus: Silvester 1900 inszeniert die Spöttermannschaft, allen voran Max Reinhardt, Friedrich Kayßler und Martin Zickel, ein »Jahrhundertwende-Weihenachtsspiel«, mit dem der eigene Theateralltag parodiert und zum Vergnügen aller mächtig auf die Bühnen-Pauke gehauen wird.

Da platzt in die fröhliche Brillen-Runde die Nachricht, daß Christian Morgenstern in einem Schweizer Lungensanatorium liegt und dort in Geldnöte geraten ist. Man beschließt, zu helfen. Mit einer Benefizvorstellung, deren Erlös dem Galgen-Poeten zukommen soll. Der Eintritt soll zehn Mark kosten; um die leidige Zensur zu umgehen, erklärt man das erste öffentliche Auftreten zur geschlossen Veranstaltung und gibt »personengebundene Billets« aus.

Im Kreis der Brillanten fühlt man sich dem kranken Dichter verpflichtet. Man kennt sich, man ist befreundet, wechselt mit ihm, wie der junge Reinhardt, vertraute Briefe, nennt sich »Danton« und »Robespierre«. Morgenstern war es auch, der einen Hauch jener geheimnisumwitterten Galgenbruderschaft mit an den Künstlerstammtisch brachte, die vor Jahren schon vor den Toren Potsdams den legendären Galgenberg entdeckt, dort düstere Sitzungen abgehalten und dazu eins von Jeremias Müllers Galgenlieder angestimmt hatte:

Max Reinhardt

O schauerliche Lebenswirrn,
wir hängen hier am roten Zwirn!
Die Unke unkt, die Spinne spinnt,
und schiefe Scheitel kämmt der Wind.

O Greule, Greule, wüste Greule!
Du bist verflucht! so sagt die Eule.
Der Sterne Licht am Mond zerbricht.
Doch dich zerbrach's noch immer nicht.

O Greule, Greule, wüste Greule!
Hört ihr den Ruf der Silbergäule?
Es schreit der Kauz: pardauz! pardauz!
da taut's, da graut's, da braut's, da blaut's!

Müller alias Morgenstern, ein Vorläufer und Wegbereiter des literarischen Kabaretts – dem Manne soll geholfen werden. Noch fehlt dem namenlosen Ensemble ein Aushängeschild, aber man findet nichts Geeignetes. Da zitiert Reinhardt Altmeister Goethe, für den Name Schall und Rauch war. Dabei bleibt es: »Schall und Rauch«. Am 23. Januar 1901, fünf Tage nach der »Überbrettl«-Gründung, ist es dann soweit. Was da mit Witz und Verve über die Bühne des Künstlerhauses am Potsdamer Platz geht, ist brillantes Feuerwerk aus witzigen Einfällen, herzerfrischender Spottlust und gekonntem Stegreifspiel – ein kleines Parodietheater für die Freunde der großen Szene. Und die sind in Scharen gekommen: Schauspieler, Regisseure, Intendanten, Opernstars, alles was am Theaterhimmel Berlins Rang und Namen hat, ist erschienen. Der Chronist des »Berliner Tageblattes« registriert »ein ganzes Parkett von Königen des Brettls«. Man sitzt an blumengeschmückten Tischen bei Bier und Wein.

Hauptakteure des »Schall und Rauch« sind wiederum Reinhardt, Kayßler und Zickel; sie sind »Verbrecher« und »Helfershelfer« in einer Person, nämlich Autoren und Darsteller. Das, was sie da treiben, bezeichnen sie als »Einbruch«. Und es kommt tatsächlich zum Einbruch – in die Gefilde der zehnten Muse. Zum Durchfall, zur Premieren-Pleite, kommt es nicht. Im Gegenteil: Schon als das Trio im Pierrot-Kostüm erscheint und in launigen Conferencen kräftig Theaterluft abläßt, kommt Stimmung auf. Beifallsstürme, als man dann »eine Reihe Parkett« vorführt, darunter den Premierentiger vom Dienst: man nimmt die Klassiker auf die Schippe, man verschaukelt die Modernen, man verscheißert den gesamten Theaterbetrieb, Publikum und Presse. Und zwischendurch Wagner-Tralala und Klavierkomik, die Woldemar Sacks noch als blitzdichtender Trambahnschaffner anreichert.

Zu den Glanznummern des Abends aber zählen vier Parodien auf Schillers »Don Carlos«. Vom Original ist so gut wie nichts mehr übrig geblieben, im Hauruckverfahren hat man den gewaltigen Fünfakter in

POSA *(er zeigt nach rechts)*
Hier ist er schon. (Posa ab.)

CARLOS *(von links)*
So ist er endlich da, der Augenblick!

KÖNIGIN
Stehen Sie auf, mein Hof ist in der Nähe.

CARLOS
Ich steh' nicht auf, hier will ich ewig knieen.

KÖNIGIN
Rasender.

CARLOS
Ein Augenblick, gelebt im Paradiese, wird nicht zu teuer mit dem Tod gebüßt.

KÖNIGIN
Fliehen Sie.

CARLOS
O, Gott! Ihr Gemahl –

KÖNIGIN
Abscheulicher Gedanke.

CARLOS
O, ich weiß, Sie haben nie geliebt! Sie haben nie geliebt? Verfluchter Sohn! O, meine Nerven fangen an zu reißen.

POSA *(kommt)*
Der König.

KÖNIGIN
Gott!

POSA
Hinweg!

CARLOS
Fort, fort, komm Roderich! Was darf ich mit mir nehmen?

KÖNIGIN *(gibt ihm ihr tränenfeuchtes Taschentuch)*
Diese Tränen aus den Niederlanden.

CARLOS *(jubelnd)*
Hahahahaha. (Carlos ab).

einer Viertelstundenfassung bis zur kabarettistischen Kenntlichkeit verzerrt. Und das gleiche viermal hintereinander. Zunächst erscheint »Carlos auf der Schmiere«, ein Kunstbanausen-Klamauk der finsteren Provinz, ausgeführt vom »Lauchstädtischen Theater-Ensemble, Direktion Maximilian W. Bims (vormals Witwe Tümpelhorz), als Benefiz des Souffleurs Gotthold Knispel«. Da wird mit Bildungsgütern gehandelt, mit altbekanntem Zitatenschatz gewuchert, da werden in diesem »schnellen Schiller« schlicht Gedanken gefordert, ein Bühnen-Baby macht Pipi, Königinmutter ist der Ohnmacht nahe und im Schlußbild werden bei bengalischem Licht noch einmal alle schillernden Leichen an die Rampe gezerrt.

In der zweiten Abteilung geht es Gerhart Hauptmann an den Kragen: »Karle – eine Diebskomödie«. Die Handlung wird von Spanien nach Schlesien verlegt, aus dem König wird der Fuhrmann Philipp Spanke, seine Frau ist krank und der Sohn bucklig: *Karle, Neurastheniker, 21 Jahre alt, durch und durch verwachsen, auf dem rechten Auge etwas weitsichtig, zwerchfelleidend. Er hat das moderne, nervöse Reißen im Antlitz, leidet an habitueller Verstopfung und besitzt Plattfüße und einen Kahlkopf von hydrocephaler Formation. Sein Gesicht blaß mit roten Pickeln. Grünlich schillernde Augen, sinnliche Lippen und große lasterhafte Hände. Er spricht stoßweise und abgerissen und zwar durch die Nase. Er pfeift auf alles. Nur manchmal ludert es unheimlich in ihm auf. Im übrigen spaziert er auf der Grenze zwischen Genie und Wahnsinn.* Immer wenn's dramatisch wird, haut Bogumil Zepler Gassenhauer in die Klaviatur, immer wenn ihm was spanisch vorkommt, »Auf in den Kampf, Torero . . .«

Und wieder muß der Carlos dran glauben, in einer verballhornten »Überbrettl«-Fassung mit Klingklang-Couplets und biedermeierlichem Hopsassa. Und die Diva ist natürlich in Wahrheit ein Kerl. Mit »Carléas und Elisande« wird schließlich der theatralische Symbolismus-Muff jener Jahre zur Hinrichtung geführt, sehr frei nach Maeterlinck. Max Reinhardt läßt den Pathos-Poeten, der bei ihm nun Ysidore Mysterlinck heißt, in einem Vorspruch zu Wort kommen: *Der Vorhang falle langsam, ohne daß man es merke. Die Musik verhalle. Das Licht erblasse. Das Publikum sitze tief ergriffen da und gehe nach einer stillen Weile lautlos auseinander.* Und weiter: *Man versuche nicht, MICH aus meiner Einsamkeit in das grelle, tödliche Licht der Rampen zu zerren. Auch nicht zur hundertsten Aufführung. Ich beuge mich nicht und Ich hasse das mißtönende Klatschen. Die Tantiemen möge man mir senden. 7 %. Sage Prozent: Sieben. Der Dichter.*

Der Jubel ist groß, man beklatscht euphorisch diesen »tollen Ulk«, diese »Orgie des Unsinns, der Methode hat«, wie es dazu in der Presse heißt. Und man merkt sich den Autor: Max Reinhardt. Als die »nächtlichen Einbrüche« der »Schall und Rauch«-Gesellschaft, zu der auch Else Heims, Richard Vallentin und Berthold Held zählen, wenig später gedruckt auf dem Buchmarkt erscheinen, schränkt Reinhardt seine

Alleintäterschaft etwas ein: *Bei der ursprünglichen Fassung, bei dem eigentlichen Einbruch also, haben noch andere Verbrecher das Licht gehalten.* Um der Mit- und Nachwelt jeden Zweifel über die gesamte Urheberschaft zu nehmen und um den Anforderungen einer hohen Polizei zu genügen, bemerke ich, daß auch die bereits vorbestraften Einbrecher Kayßler und Zickel ihren Senf dazu gaben, daß ferner die Männer Vallentin, Ziener und Geisendörfer, der Inspizient Noster, der Friseur Zimmermann, die Garderobiers Busch und Falkenthal und namentlich der Souffleur Franke helfershalfen. Das alles klingt nach Theater-Klamauk auf Insider-Art und genau das ist es auch. Die Persiflage in eigener Sache bringt jene Ehrlichkeit über die Rampe, die Kritiker am »Überbrettl« so vermissen. Im »Regiekollegium« wird ein drastisches »Stimmungsbild aus einer Theaterprobe« auf die Bühne gebracht, Freud und Leid des Dramaturgen wird in einer »Durchfallstragödie« abgehandelt, die sich »Diarrhoesteia« nennt, und in der »Interieur«-Parodie geht es um Leute, die es nicht lassen können, ein »Intimes Theater« in der Manier des Überbrettl zu gründen. Ein Theaterstückchen mit einem »Innen- und einem Außenvorgang«, das ganz offensichtlich Thalias Jüngern gewidmet ist. Die Besetzungsliste verzeichnet fünf »Erscheinungen«: drinnen den Direktor, den Kassierer und die Garderobiere, draußen den alten Dienstmann und den Fremden. Keine Frage, daß Autor Max Reinhardt sich nicht nehmen ließ, im »Schall und Rauch« die Paraderolle, den alten Dienstmann, zu spielen.

Die Bühne stellt einen großen leeren Platz dar. Im Hintergrunde befindet sich der Eingang zu einem Theater. Durch ein großes Fenster sieht man den Kassenraum, welcher hell erleuchtet ist, während auf der Vorderbühne nächtliches Dunkel herrscht. Im Kassenraum erblickt man die Gestalten des Direktors, des Kassierers und der Garderobiere, welche mit müder Erwartung ins Leere blicken. Der Platz vor dem Theater bleibt öde und vereinsamt. Nach einer kurzen Pause treten auf: Der Fremde und der alte Dienstmann.

Dienstmann: *Da wären wir nun. –*

Der Fremde: *(sieht sich um und hört dem Dienstmann schweigend zu)*

Dienstmann: *Hierher kommen sie nie . . . Das ist nämlich die »Intime Bühne!« – da kommt sonst niemand hin . . . – Es ist ein Glück, daß sie uns nicht hören. – Da sitzen sie nun. Sie warten auf den, der da kommen soll. – Es ist der Direktor, der Kassierer mit den vielen Billets, – der sitzt immer so und wartet – – wartet – – wartet – – –. Die Garderobiere sitzt auch immer so – sie bewegt sich nicht. Die Uhr in der Ecke schlägt eben halb acht – jetzt ist der Kassierer eingeschlafen . . . Wenn man ihn nur aufmerksam machen könnte! Was meint Ihr, soll ich hineingehen und das Billet vom Direktor holen? Schließlich muß es doch einer von ihnen zuerst erfahren. – – Man muß sehr, sehr vorsichtig sein! – – Das hat so gar nichts mit dem Gewohnten zu tun! – – – Ich habe nie ein glücklicheres Theater gesehen! – Man muß es ihnen möglichst einfach beibringen*

– – als wenn es wirklich nichts Außergewöhnliches wäre . . . sonst würden sie sich gar nicht zu fassen wissen . . . – Oder kommt mit. Es ist doch besser, bei einer solchen Sache nicht allein zu sein! – – – Wie es scheint, ist Euch kalt? Da drinnen ist es auch sehr kalt! – – – Saht Ihr, wie die Garderobiere sich bewegte? Ich sprach vielleicht zu laut? – – – Ich weiß gar nicht, warum ich allen Mut verliere? Man weiß ja nicht – – – und was weiß man denn? Eben lächeln sie in der Stille. Sie sind ruhig, sie erwarten niemanden mehr! – – An alles haben sie gedacht, woran ein Mensch nur denken kann – – und doch – – . . . Man wird es ihnen doch schließlich sagen müssen – das mit dem Billet. – – – Sonst kann einer kommen und es ihnen auf einmal plump heraussagen! Da dacht' ich mir nun so, es gäbe weiter nichts zu tun, als ganz einfach an die Tür zu klopfen, ganz einfach hineinzugehen, ganz einfach ein paar Redensarten zu machen – – – aber da sehe ich sie nun schon so lange da sitzen. – – – Es ist Zeit! Die da drinnen schauen und horchen! Die könnten Ewigkeiten lang herausschauen und würden doch nichts sehen . . . die Armen. Sie lächeln nicht mehr . . . Jetzt ist die Garderobiere auch eingeschlafen! – Der Direktor beobachtet die Uhr! Man hört dumpfes Schnarchen. Es scheint, sie lauschen auf ihre Seelen . . .
(Pause)

Der Fremde: *(gibt dem Dienstmann einen Taler)*

Dienstmann: *Hol' ich es lieber heute Abend nicht?! Ich wußte es ja, lange hinsehen darf man da nicht. – – – Ich bin nun fast 83 Jahr, aber es ist das erste Mal, daß mich des Daseins Anblick heimsucht. – – Sagt doch, warum auch Ihr so bleich seid!? – – Ja, sie ahnen nicht, daß ihr Dasein nur an einem Faden hängt – – – und jeder hat schließlich in sich mehr als einen Grund, um nicht mehr zu leben! Am Ende sieht man ja auch nicht in die Kasse hinein, wie man in diesen Flur da blickt! – – – – Ich habe nicht gewußt, daß etwas im Leben so schlimm sein kann, daß es sogar denen Angst macht, die bloß Zuschauer sein wollen . . . Die haben zu viel Zutrauen zum Irdischen und wissen nicht einmal, daß ich altes, armes Geschöpf zwei Schritte von ihrer Tür ihr ganzes kleines Glück in meinen alten, zittrigen Händen halte . . . (blickt auf den Taler in seiner Hand) Es könnte doch besser sein, es heute zu lassen. – Aber es würde so aussehen, als hätten wir ihnen etwas wegnehmen wollen! Es ist auch übrigens keine Zeit mehr! Jetzt muß ich es ihnen sagen. Seht nicht hin, bis sie alles wissen. – Ihr seid zu jung, Ihr würdet nicht mehr vergessen können . . . (Der Dienstmann macht einige Schritte) Jetzt schläft der Direktor auch! – Ich weiß nicht, wie ich mich benehmen soll – – ich habe doch keinen Mut . . .*

Der Fremde: *(nimmt ungeduldig den Taler wieder an sich und geht schweigend hinein zur Kasse. Man sieht ihn drinnen. Bange Pause)*

Der Dienstmann: *(zitternd) Jetzt hat er es gesagt – – jetzt hat er es ihnen gesagt – – – und der Kassierer ist nicht einmal aufgewacht!*

– – –

(Er geht kopfschüttelnd ab)

DAS THEATER

Die Sache wird ein Bombenerfolg. Die »Berliner Illustrirte« begeistert sich: *Schall und Rauch – wie soll man schildern, was diese ›heiteren Künstlerabende‹ bieten? Wer kann erzählen, was Champagnerschaum und Rosenduft ist? Alle guten Geister des Humors und seiner altjüngferlichen Schwester, Fräulein Satire, geben sich hier ein tolles Stelldichein. Es ist das wahre Über-Überbrettl, weil es an Geist, Geschmack und Witz, weil es vor allem in der neuen Art des Sichgebens dem Überbrettl weit über ist; es sind studentische Bierulke ins Künstlerische übersetzt und so gleichsam salonfähig geworden. Diese Spottdrosseln von Zigeunern pfeifen und flöten auf alles und allem: auf den Dichter, auf den Kritikus, auf das Publikum, auf die Kollegen, auf sich selbst, mit einem Wort auf alles, was andern Menschen hoch und teuer ist. Vor diesen ›Verbrechern‹ ist nichts sicher, nicht Aeschylus, nicht Schiller, nicht der Klassizismus, nicht die Sezession, nichts, nichts, garnichts; mit den schellenklingenden Peitschen ihrer Narretei prügeln sie und ihre ›Helfershelfer‹ alles tot. Die ganze Welt ist ihnen eine Bühne nur, und alle Frauen und Männer bloße Spieler. Mit Voltaire erklären sie alle Kunstgattungen für erlaubt, nur die langweilige nicht.*

Das Programm muß wiederholt werden, immer und immer wieder, bis endlich eine Serie daraus wird. Die Schauspieler mit den festen Bühnenengagements spielen, wann es irgend geht – morgens, nachmittags, zu mitternächtlicher Stunde. Man gastiert sogar in Prag und Wien. Und am 22. Mai steht ein »Heimspiel« auf dem Terminplan: Reinhardt, Kayßler und Zickel treten an die Rampe des Deutschen Theaters und singen, als Pierrots verkleidet, ihr Opening:

Wir kommen ins Deutsche Theater
Und machen Schall und Rauch
Und wenn Sie sich dabei amüsieren
Amüsieren wir uns auch.

Amüsement – und sonst gar nichts? In dieser Nachmittagsvorstellung wird zum erstenmal der Schritt auf politisch-satirisches Terrain gewagt. Von der Loge aus verfolgen und kommentieren »Serenissimus und Kindermann« das Programm. Die Figuren, der senile, dümmliche Tattergreis von Stand und sein Hofmarschall, der servil-ignorante Freiherr von Kindermann, sind damals schon sprichwörtlich. Otto Erich Hartleben hat sie Mitte der neunziger Jahre in der »Jugend« eingeführt, bald nahm auch der »Simplicissimus« die beiden Dünkelmänner in ihre Spalten auf und transportierte über sie ätzende Kritik an der kaiserlichen Kunstpolitik. Im »Schall und Rauch« verkörpert Victor Arnold, der Komiker vom Deutschen Theater, diesen Serenissimus, der wie sein Adjutant, dargestellt von Gustav Beaurepaire, überall geistigen Unrat wittert und das Bühnengeschehen sofort unterbricht, wenn ihm etwas nicht geheuer ist. Der Duodez-Fürst unterbricht ununterbrochen.

Diese Polit-Sketche, von Arnold und Partner auf Strecken aus dem Stegreif vorgetragen, sind eine Herausforderung an die Zensur. In einer Sondervorstellung vor Serenissimus werden beispielsweise Hauptmanns »Weber« gegeben, jenes Sozialdrama, das Wilhelm II. veranlaßt hatte, aus Protest seine Loge im Deutschen Theater zu räumen. Die Anspielungen auf den Hofpoesie-Geschmack des Hohenzollernhauses sind nicht zu übersehen, wenn nun ein neuer, salonfähiger Hauptmann präsentiert wird, bei dem es kein Elend mehr, nur noch heile Welt gibt. Aus den Proleten von einst sind brave satte Bürgersleute geworden. Kindermann zu Serenissimus: *Es ist mir zu meiner großen Freude gelungen, die Schärfen des Stückes abzuschleifen, alles Grobe und Häßliche auszuscheiden und die wenigen poetischen und moralischen Stellen zu verstärken und herauszuarbeiten, das Ganze gewissermaßen hoffähig zu gestalten, so daß Serenissimus gewissermaßen nur den Extract, das Beste daran zu sehen bekommt.* Presse und Publikum jubeln. Zum gekonnten Ulk der fröhlichen Theaterwissenschaft hat sich die scharfzüngige Satire gesellt. Die Spott-Spots werden zum festen Bestandteil der »Schall und Rauch«-Programme.

Und zum kalkulierten Risiko. Es gibt Ärger mit der Obrigkeit. Als für eine neue »Serenissmus«-Szene unmittelbar vor Beginn der Vorstellung immer noch kein Positiv-Bescheid der Zensur vorliegt, erklärt die Reinhardt-Mannschaft die Premiere kurzerhand zur öffentlichen Generalprobe und spielt den Sketch so wie er ist. Auch ohne offizielle Genehmigung.

Inzwischen gibt es Pläne. Und Geld. Schauspiel-Kollegin Louise Dumont treibt 100 000 Mark auf, man schaut sich nach einem eigenen Haus um. Man findet es im stillgelegten Arnim-Hotel. Es hat eine gute Adresse: Unter den Linden 44. Endlich ein eigenes Theater! Max Reinhardt wird künstlerischer Leiter des Unternehmens, sein Regiekollege Hans Oberländer Direktor. Die Kleinkunststätte wird ganz groß herausgeputzt, der Innenraum nach Reinhardts Plänen umgebaut: ein Zeltdach, Masken und Rauchschwaden an den Wänden und ein griechischer Tempelgiebel über der Bühnenöffnung. Am 9. Oktober 1901 eröffnet Friedrich Kayßler das erste Programm im neuen Haus mit einem Prolog, in dem er versichert, man werde auch »künftig Laune, Witz und stachlige Satire« bieten.

Wie stachlig die Satire ist, geht aus einem anonymen Brief hervor, der im November der Kaiserin ins Schloß flattert: »Quassel-Wilhelm tritt jeden Abend als Serenissimus . . . in Schall und Rauch auf und erheitert das Publikum mit seinen ›geistreichen‹ Reden nach berühmten Mustern, weshalb wir uns erlauben, den ›Hof‹ höflichst einzuladen. . .« Majestät übergab den Schmierzettel dem Polizeipräsidenten; es wurde nie geklärt, ob da am Ende nicht sogar Profi-Spötter am Werk waren.

Der Zensor jedenfalls hatte alle Hände voll zu tun, Majestätsbeleidigung war schließlich nicht das einzige Delikt, über das zu wachen war. Wann immer Serenissimus auf seinen Kindermann traf, war alles mög-

Serenissimus und Kindermann

lich, kam es auch zu anderen »Exzessen«. Einen machte der theaterkundige Zensurbeamte Dr. Possart – sein Vater war ein berühmter Schauspieler und Regisseur – gleich am ersten Abend im neuen Theater Unter den Linden aus: es ging um vier Buchstaben. Mit Datum vom 30. November 1901 schickte der Polizeipräsident, Abteilung VI, Tagebuch-Nr. 7582/U/10-1901, dem Direktor Hans Oberländer die folgende Verfügung ins Haus: *Sie haben in Ihrem Theater Schall und Rauch geduldet, daß der Schauspieler Gustav Beaurepaire das von der Censurbehörde gestrichene Wort ›Popo‹ am 9. October d.Js. zum Vortrag brachte. Die Übertretung wird bewiesen durch das Zeugniß des Herrn Assessors Dr. Possart und durch Ihr Zugeständniß. Auf Grund der Polizei-Verordnung vom 10. Juli 1851 (§ 13) wird deshalb gegen Sie eine Geldstrafe von fünfzehn Mark, an deren Stelle, wenn sie nicht beizutreiben ist, eine Haft von zwei Tagen tritt, hierdurch festgesetzt.*

Serenissimus bleibt die Hauptattraktion im »Kleinen Theater«, wie das »Schall und Rauch« jetzt heißt. Wenn mit der Zeit das Kabarettistische hinter der Schauspielszene immer mehr zurücktritt, so liegt das an Max Reinhardt, der mehr und mehr Einakter auf die Bühne bringen will. Die Begegnung mit der frechen Muse ist für ihn nur ein kurzer Flirt, eine Episode. Im kleinen Theater beginnt der Regisseur, seinen Traum vom großen Theater zu realisieren. Gegen Ende des Jahres 1902 ist der Name »Schall und Rauch« auf dem Programmzettel verschwunden. Ein Goethe-Wort wurde Wirklichkeit. In der Münchner »Jugend« erscheint zum Abschied dieses »Nachtlied«:

Bald haben vorm Brettl wir Ruh.
Nicht mehr spürest Du
Seines Gesichtes Hauch.
Sein Ruhm ist hin - er verhallte.
Wart nur, balde
Ist's Schall und Rauch.

Der Polizei-Präsident.

Abtheilung VI.

Berlin C. 25, Alexanderstr. 3-6. den 30 ten *November* 1901.

Tageb.-№ 7582 u. | 10 1901

Kassenb.-Blatt 6645 u. 51

Verfügung.

Sie haben *in Ihrem Theater Krall und Rauch gefüllt, daß der Schauspieler Gustav Beaurepaire das von der Censurbehörde gestrichene Wort, Pöpo am 9 ten Oktober d. J. zum Vortrag brachte.*

Quittung.

Mark Pf.

sind gezahlt.

Berlin, d. . 190

Receptur der Königlichen Polizei-Haupt-Kasse.

Die Uebertretung wird bewiesen durch das Zeugniß *des Herrn Assessor Dr. Poßarth und durch Ihr Zugeständniß.*

Auf Grund *der Polizei-Verordnung vom 10 ten Juli 1851 (§ 13)*

wird deshalb gegen Sie eine Geldstrafe von *fünfzehn* Mark, an deren Stelle, wenn sie nicht beizutreiben ist, eine Haft von *zwei Tagen* tritt, hierdurch festgesetzt. Diese Geldstrafe haben Sie unter Vorzeigung dieser Verfügung an die Receptur der Königlichen Polizei-Haupt-Kasse, Alexanderstraße, III. Eingang, Zimmer Nr. 67, parterre, **in den Vormittagsstunden von 9 bis 1 Uhr,** zu zahlen, oder unter vollständiger Angabe der obigen Tageb.- u. Kassenbuchnummern an die Receptur der Königlichen Polizei-Haupt-Kasse, Alexanderstraße, **portofrei** durch Postanweisung direct einzusenden.

Sollten Sie sich durch diese Straffestsetzung beschwert halten, so können Sie innerhalb **einer Woche,** von Zustellung dieser Verfügung an, bei der obenbezeichneten Behörde schriftlich oder zu Protokoll, oder bei dem zuständigen Amtsgerichte schriftlich oder zu Protokoll des Gerichtsschreibers auf gerichtliche Entscheidung antragen. Erfolgt binnen dieser Frist ein solcher Antrag nicht, oder wird der bei Gericht gestellte Antrag zurückgenommen oder durch das Gericht als verspätet zurückgewiesen, so wird die festgesetzte Strafe durch das Polizei-Präsidium vollstreckt.

Gegen die Versäumung der Antragsfrist kann Wiedereinsetzung in den vorigen Stand beansprucht werden, wenn der Beschuldigte durch Naturereignisse oder durch andere unabwendbare Zufälle an der Einhaltung der Frist verhindert worden ist. Der Antrag muß binnen einer Woche nach Beseitigung des Hindernisses unter Angabe und Glaubhaftmachung der Versäumnißgründe bei der Polizei-Behörde oder bei dem Amtsgerichte angebracht werden.

An

den Director
Herrn Dr. Hans Oberländer,
Hier.

Form. No. 291.

57

Die Kabarett-Seuche

Kinder, Kinder –
wie soll das noch enden!
Reutter

In Berlin geht ein Bazillus um. Bereits ein halbes Jahr nach dem Paukenschlag, mit dem Ernst von Wolzogen in der Alexanderstraße die Geschichte des deutschsprachigen Kabaretts eingegongt hatte, wird man der Seuche kaum noch Herr.

Wer kennt sie alle, nennt ihre Namen – all die Ober-, Über- und Unterbrettl zwischen Potsdam und Bernau? Schauspieler, Sänger, Vortragskünstler, Dichter und alle, die sich dafür halten, dilettantische Profis wie Profi-Dilettanten, sie alle versuchen ihr Glück mit dem Sprung auf die Brettl, die das Geld bedeuten. Immerhin hat Max Reinhardt, bereits fünf Tage nach dem Wolzogen-Auftakt am Ball, bewiesen, wie schnell man bei etwas Glück, Verstand und Handwerk zu einem eigenen Haus und festen Einnahmen kommen kann.

Das Beispiel spornt an. Umsatzgierige Budikenbesitzer, kunstliebende Kneipiers und gutmütige Künstlermuttis begreifen die Zeichen der Zeit und gewähren der frechen Muse Einlaß. Arbeitslose Mimen legen sich rasch ein paar Texte aus dem Wolzogen-Stall zurecht, die man jetzt überall kaufen kann, angeln sich einen Pianisten und gehen auf Tournee, die Provinz zu beglücken. In Zeitungsanzeigen wird nach dichtenden Baronen gefahndet, die Führungsqualitäten und den Gotha-Nachweis mitbringen sollen, damit im Musenstall der Rubel rollt. Da gibt es die »Bucklige Anna«, die »grüne Minna« und das »Blaue Wunder«, den »Grauen Zylinder«, die »Drehorgel« und die »Prärieauster«, das »Gesindel«, das »Selterwasserbüdchen« und den »Nachtomnibus«. Im »Jenseitsbrettl« bietet man jungen Dramatikern die Möglichkeit, ihre Erstlingswerke von Geistern vortragen zu lassen, Witzblätter und Humor-Gazetten haben Hochkonjunktur. Als Geheimtip gilt auch Traudchen Hundgeburth, die »Kuhmagd aus dem Rheinlande«, die auf ihren Eid nimmt, nie zuvor jemals als Chansonnette eine Bühne betreten zu haben. Ein Spruch macht die Runde:

Die Maid, die einst Kotlettl briet,
die dichtet heut' ein Brettl-Lied.

Wo ein Wille ist, so scheint es, sind auch ein Podium und die neue Muse nicht weit. Bis Jahresende gehen beim Berliner Magistrat zweiundvierzig Anträge auf Erteilung einer Kabarett-Konzession ein. Alexander Otto Weber, selbst vom Fach, beschreibt sie, die Kabarett-Seuche:

Hast du nur einen Sommeranzug,
Trotzdem der Winter in der Näh',
Zerriss'ne Stiefel, nichts zu essen,
So gründe schnell ein Cabaret.
Zunächst suchst du 'nen Weinbudiker,
Der teils'n Saal hat, teils Kredit,
Und dem allein die Gäste fehlen,
Den fragst du höflich: »Tun Sie mit?«
Bist nun Baron du oder Wurstmax,
Bist Martens, Hickel oder gar
'n and'rer, der nicht freigesprochen,
Ein Anwalt, der 'mal einer war,
Mit einem Wort, du heißt nicht g'rade
Nur Meier mit dem weichen ei,
So ist wohl in den meisten Fällen
Der Herr Budiker gleich dabei.
Jetzt kommt das Schwierigste der Gründung,
Denn du brauchst nötig fünfzehn Mark,
Dieweil dein Frack versetzt für sieben,
Auch ist dein Hunger mehr als stark;
Und schließlich am Eröffnungsabend
Ist selbst das Feinste nicht zu fein,
Man muß sich doch rasieren lassen,
Auch möchte man ein Vorhemd leih'n.

Man einigt sich zuletzt auf zwölfe
Und zweimal freien Mittagstisch,
Den ersten ißt man auf der Stelle,
Dann geht man an die Arbeit frisch.

Ein Freund, der dreimal stand im »Satyr«,
Mit je zwei Zeilen Geistesblitz,
Muß stolz im Cabaret verkörpern
Der neuen Richtung Überwitz.
Ein andrer, der sich einst in Sorau
Einmal als junger Held versucht,
Wird schnell noch zum Premierenabend
Vermittelst Polizei gesucht.
Und Frau Direktor Else Schultze,
Des alten Schultze junge Frau,
Wird gratis an dem Abend tingeln,
Denn sie gehörte ja zum Bau.

Na, schließlich werden von den Gästen
Doch einige so eitel sein,
Paar Geistesfunken loszulassen;
Man ladet deshalb mutig ein
Ins »Cabaret zur blinden Henne«,
Weinzwang und eine Mark Entrée,
Der Wein ist schlecht, doch nicht das Schlechtste,
Dafür ist man im Cabaret:
Das ist nicht da zum Amüsieren,
Das findet allein dazu statt,
Damit der »literar'sche Leiter«
'n Frack und was zu essen hat.

Die bösen Buben

Rudolf Bernauer und Carl Meinhard, zwei Schauspieler-Kollegen Max Reinhardts, hätten das so vermutlich nicht unterschrieben. Aber auch sie hat das Brettl-Fieber gepackt. Sie sind jung, trauen sich etwas zu. Die Rollen, die man ihnen am Deutschen Theater anbietet, sind ihnen zu klein. Sie glauben an sich, sie wollen den Durchbruch. Jetzt.

Meinhard hat sich bereits ein Repertoire für einen eigenen Kabarettabend zusammengestellt. Bernauer bringt einige Erfahrungen mit Laiengruppen ein, er hat Unterhaltungsabende für betuchte Kunden im Familienkreis inszeniert. Außerdem gibt es einige Couplets von ihm, dem 21jährigen, die nicht ganz erfolglos sind. Eins ist dem »fidelen Hauslehrer« gewidmet, ein anderes handelt von Albertine, die nicht zur

Bühne soll, weil das, wie die Eltern meinen, kein anständiger Beruf sei. So wird sie Tippse, fährt mit dem Chef nach Büroschluß öfter mal ins Grüne, und obwohl das Mädchen nun Abend für Abend reichlich spät nach Hause kommt, sind die Eltern zufrieden und heiter: »Einmal war sie bei Mieze Pief, und dann bei Frieda undsoweiter. . .«

Und dann erleben Bernauer und Meinhard aus nächster Nähe den Jubel, der dem »Schall und Rauch« entgegenbrandet. Bernauer hat nichts davon, er steht als Wurze im letzten Glied, rangiert unter »ferner liefen«, wird gar nicht wahrgenommen. Den beiden Freunden wird klar: es geht nur mit der eigenen Truppe. Sie scharen Gleichgesinnte um sich, Brettlbesessene wie Paul Schweiger, der ein komisches Talent ist. Als »Mann mit Verbindungen« wird Dr. Leopold Wulff, Redakteur der »Lustigen Blätter«, für das Projekt interessiert. Nun sind es schon vier. Und Meinhard hat auch schon einen Namen: »Böse Buben«.

Die Arbeit kann beginnen. Bernauer macht sich auf die Suche nach einem Musiker, klappert die Profis ab. An Oscar Straus traut er sich nicht heran, Zepler sagt aus Rücksicht auf Reinhardt ab, mit dem Meinhard in Fehde liegt, Rudolf Nelson meint, er habe nur Schlagermelodien drauf, nichts Parodistisches. Ein Namenloser bietet sich an, ein massiger Glatzkopf, dritter Kapellmeister am »Metropol«, einen vierten gibt es nicht. Bernauer weiß nicht so recht.

Aber dann wird man sich doch noch einig. Auf der Herrentoilette des Künstler-Cafés, beim Händewaschen. Der Musiker war dem künftigen Brettl-Chef nachgegangen: »Glauben Sie mir, ich bin Ihr Fall.« Ein Mann für alle Fälle sozusagen. Er komponiert ein Bernauer-Stück zur Probe. Der Autor ist sofort überzeugt: Leo Fall ist sein Mann. Das Couplet, das den Ausschlag gibt, wird in Kürze ganz Berlin vor sich hinsummen, Droschkenkutscher wie Dienstmädchen, die nicht mal wissen, was das eigentlich ist – ein Cabaret.

Leo Wulff sorgt für Überraschungen. Seine Texte sind nicht das, was sich Bernauer und Meinhard für das böse Buben-Stück vorgestellt haben. Frech will man sein, mutig auch, aber nicht um jeden Preis; Erfolg will man haben. Und den reichen Koofmichs vom Westend an die Geldsäcke. Witzig und spritzig also – lecker, locker, nicht zu schwere Kost. Man beschließt, Wulff eher an der PR-Front einzusetzen; er soll sich um seine »Verbindungen« kümmern.

Bernauer schlägt noch einmal kräftig als Autor zu, schreibt nach dem »Schall und Rauch«-Muster eine »Nora«-Parodie in fünf Versionen; wieder sind Maeterlinck und Hauptmann dran, ferner Wedekind und der Schwankautor Bisson, zuletzt ist der von Ludwig Thoma bereits arg gebeutelte Hohenzollern-Poet Lauff an der Reihe. Der aktuelle Bezug zum Herrscherhaus ist offensichtlich, auch wenn vom skandinavischen König die Rede ist: Preußens Gloria, Fahnen, Hochrufe, Kirchenglocken, Salutschüsse. Ibsens Nora hat das letzte Wort: »Das walte Gott!«

Der eifrige Wulff nimmt seine neue Aufgabe ernst. Er hat Einladungen an alle verschickt, die für einen spektakulären Brettl-Start wichtig

Und Meyer sieht mich freundlich an

Ich sitze in der Kneipe trüb',
um meinen Schlund zu taufen.
Das Geld, das mir noch übrig blieb,
das will ich heut' versaufen.
Der Teufel hol's, was liegt daran?
– Und Meyer sieht mich freundlich an.

Der Meyer ist Kapitalist,
kein Debet und viel Credit,
und was das allerfeinste ist:
es sitzt bei ihm die Edith.
Ich fang' mit ihr zu äugeln an.
– Und Meyer sieht mich freundlich an.

Er kennt mich vom Theater her,
von dorther kennt auch sie mich;
man lädt mich ein, mein Glas ist leer,
prost, prost! – in Wonne schwimm ich,
weil ich mit Edith fußeln kann. –
– Und Meyer sieht mich freundlich an.

Ich bin sehr bald auf du und du
mit allen beiden Teilen,
mit Edith bin ich's immerzu,
mit Meyer nur zuweilen.
Sie sagt, ich sei ein netter Mann.
– Und Meyer sieht mich freundlich an.

Der Meyer zahlt, der Spaß ist aus;
sie spricht mit leisem Munde:
»Besuche mich bei mir zu Haus
in einer halben Stunde!«
Ich helf' ihr in den Mantel dann.
– Und Meyer sieht mich freundlich an.

Es wohnt die Edith hoch tipptopp,
wie meistens solche Damen;
und Meyers dicker Wasserkopp
hängt an der Wand im Rahmen.
Ich tue, was ich tuen kann – – –
– Und Meyer sieht mich freundlich an.

Rudolf Bernauer

61

Die Bösen Buben: Carl Meinhard, Leo Wulff, Rudolf Bernauer, Paul Schweiger

sein könnten: zahlungskräftige Bankiers, Industrielle, namhafte Künstler. Auf seiner Adressenliste stehen Hermann Sudermann und Gerhart Hauptmann, Engelbert Humperdinck und Richard Strauss, Otto Brahm und die Hart-Brüder. Kleiner hat er's nicht.

Es gibt kein Zurück mehr. Anfang November erscheint in den Berliner Zeitungen eine Notiz: »Unter dem Namen ›Die bösen Buben‹ haben sich einige lustige Gesellen zusammengetan, um am 16. November 1901 im Künstlerhaus, Bellevuestraße, einige tolle Streiche vor geladenem Künstlerpublikum aufzuführen . . .« An diesem Abend fahren die »Bösen Buben« nach Vorstellungsschluß des Deutschen Theaters in Richtung Bellevuestraße. Ihr Fahrtziel, das Künstlerhaus, ist eine Adresse, die verpflichtet – von hier aus hat Max Reinhardts »Schall und Rauch« seinen Siegeszug angetreten. Rudolf Bernauer erinnert sich:

Dichte Flocken fielen vom kalten Winterhimmel, als wir, bereits im Kostüm für die erste Nummer unseres Programms, mit unseren Siebensachen und dem Garderobier in einer Droschke schweigend durch den nächtlichen Tiergarten fuhren. Die Räder rollten lautlos dahin, und die schneebedeckten Hohenzollern-Standbilder in der Siegesallee standen, weißbehangenen Gespenstern gleich, zu beiden Seiten des Weges aufgepflanzt. Es war wie eine Spukfahrt durch Reihen unheimlicher Geister. Manche schienen uns zu verhöhnen, andere zu drohen. Wir waren in einer Stimmung, wie sie ein verzweifelter Spieler haben mag, der sein letztes Goldstück auf den Tisch geworfen hat und weiß, daß er im Verlustfalle sich draußen eine Kugel vor den Kopf schießen wird. Auch wir wußten, daß wir im Falle einer Blamage für immer erledigt waren.

Szenenwechsel: Im Künstlerhaus. *Der Vorhang teilte sich. Die vier ›bösen Buben‹ Carlchen Meinhard, Rudelchen Bernauer, Paulchen Schweiger, Leo Wulff traten in Kniehöschen und mit Etonkragen vor die Rampe. In ulkigen Knittelreimen stellten sie sich selber und den klavier-*

Leo Fall

paukenden Leo Fall dem Publikum vor. Dann entstand ein Streit, wer den Prolog sprechen sollte. Da keiner den Mut dazu hatte, wurde nach Kinderart ausgezählt. Der Abzählvers bestand im Herunterleiern aller Überbrettl von Berlin und erregte ziemliche Heiterkeit. Er lautete:

Überbrettl – Sezession,
Wolzogen und Liliencron,
Bügeleisen – Musenstall,
Siebnter Himmel – Rauch und Schall,
Höhenkunst und Rhapsodie,
Trianon – Charivari
Und so geht es weiter furt
Bis zum Traudchen Hundgeburth!
Lose Blätter – Pegasus,
Böser Bube macht den Schluß.

Nun steht die abgedroschene Überbrettl-Nummer »Der lustige Ehemann« auf dem Programm. Es kommt zu einem peinlichen Auftritt. Aus dem Publikum kommt ein Zwischenruf, mitten ins musikalische Vorspiel pöbelt einer, das sei doch nun wirklich nicht sehr originell, da wäre er doch lieber zu Hause geblieben. Unruhe entsteht, man gibt ihm vereinzelt recht, es gibt Buhs und Pfiffe. Die Schauspieler auf der Bühne geben sich ratlos, versuchen die Situation zu retten. Erst die »Ehemann«-Parodie, die jetzt folgt, macht deutlich, daß der Zwischenfall inszeniert war und der aufgebrachte Zwischenrufer getürkt: Der »böse Bube« war Schauspieler Franz Iwald. In der Maske des Kunstprofessors Lenbach und der Star-Tänzerin Saharet treten nun Meinhard und Schweiger an die Rampe und greifen das Klatschthema der Saison auf. Seit Wochen zerreißt man sich in den Salons die Mäuler über die Liaison zwischen Maler und Modell, die Boulevard-Presse ist voll davon. Das Duett, in dem die beiden nun, sehr frei nach Bierbaum, nicht die Ehe, sondern ihre »lustige Freundschaft« besingen, kommt ganz groß an. Im Parkett amüsieren sich die Lenbach-Kollegen Max Slevogt, Lovis Corinth und Max Liebermann wie Bolle.

Leo Fall, der Mann am Piano, ist nervös. Wenn er vom Klavierhocker aus ins Publikum schielt, wird ihm heiß und kalt. So viel Prominenz auf einem Haufen hat er noch nie zu Gesicht bekommen: Da sitzen berühmte Schauspieler, Maler, Musiker; Schriftsteller wie Ludwig Fulda und Hermann Bahr, dazu Albert Bassermann und Maximilian Harden, Ernst von Wolzogen und Max Reinhardt. Rudolf Bernauer berichtet später, Leo Fall habe sich buchstäblich vor Angst ins Hemd gemacht und in der Pause die Hose wechseln müssen . . .

Dabei ist ein Durchfall gar nicht in Sicht. Spätestens nachdem Tiny Senders die »Triller-Camilla« abgeliefert und Mia Werber mit Meinhard ein ziemlich albernes Kinderduett geplärrt haben, ist das Eis gebrochen. Die »Nora« und der Auftritt Josef Giampietros tun ein übriges. Mit

Die Minderwertigen

Ganz kolossal ist unsere Freude,
wir sind vergnügt, so wie man sieht;
wir kommen nämlich alle beide
geradenwegs aus Moabit.
Wir haben neulich eingebrochen
und ausgeraubt ein Kassenspind,
und dennoch sind wir freigesprochen,
weil wir minderwertig sind.
  Du guter Himmelsvater,
  beschütz die Psychiater!
Ist wer frech, verkloppen wir'n,
haun ihn lahm und taub und blind.
Uns kann keinem nischt passiern,
weil wir pathologisch sind.

Fünf Ärzte maßen unsre Schädel
drei Wochen täglich zwanzigmal
und sagten, ich und dieses Mädel
sind zweifelsohne anormal.
Der eine schützt mit der Vernunft sich,
der andre schützt sich mit Gewalt,
uns schützt § 51
und jede deutsche Irrnanstalt.
  Du guter Himmelsvater,
  beschütz die Psychiater!
Ist wer frech, verkloppen wir'n,
haun ihn lahm und taub und blind.
Uns kann keinem nischt passiern,
weil wir pathologisch sind.

Und wenn sie uns nach Dalldorf schicken,
da machen wir uns auch nischt draus.
Wir tun, was alle tun, wir rücken
am nächsten Tage einfach aus.
Wir sind zwei Irre, treu und bieder,
ein Einbruch reißt uns immer raus,
und kommt der Dalles, fahrn wir wieder
Elektrische ins Irrenhaus.
  Du guter Himmelsvater,
  beschütz die Psychiater!
Ist wer frech, verkloppen wir'n,
haun ihn lahm und taub und blind.
Uns kann keinem nischt passiern,
weil wir pathologisch sind.

Rudolf Bernauer

gekonnter Nonchalance serviert dieser Wiener mit dem Preußen-Touch überlegen das eindeutig Zweideutige im »Meyer«-Chanson. Lied und Interpret werden schnell zum Begriff für die Berliner; Giampietro ist wenig später der gefeierte Revue-Star mit den Höchstgagen im Reich.

Auch Bernauers Versuch, mit derber Komik das Schlierseer Bauerntheater auf die Hörner zu nehmen, löst laute Lacher aus. Vor allem, wenn die depperte Trachtengruppe und ihr »Zuwiderwurzensepp« plötzlich mit Nietzsche-, Kant- und Schopenhauer-Sprüchen um sich schlagen oder Einblicke in die höhere Mathematik so vermitteln:

a quadrat plus b quadrat plus 2 a b
is a plus b ins Quadrat, Duliöh!!

Die Presse spricht von zeitweise »tumultarischem« Beifall. Der gefürchtete Vergleich mit dem »Schall und Rauch« fällt nicht schlecht aus, man bescheinigt den »Bösen Buben« eine eigene Note, persönlichen Stil. Der Erfolg liegt in der Mischung aus gekonnter Theaterklamotte, burlesker Wortakrobatik und den frechen, schmissigen Liedern, die so gar nichts vom gewohnten Überbrettl-Schwulst an sich haben. Zudem: Die bösen Parodien und Buben-Stücke sind auch für die von Bernauer besungenen fidelen Hauslehrer und die neureichen Meyers, für Helene und Waldemar verständlich, also keine reinen Insider-Späße mehr.

Und viele der Couplets haben das Zeug zum Gassenhauer, die sich, einmal im Künstlerhaus an der Bellevuestraße unter die Leute gebracht, selbständig machen und zum Ohrwurm werden. Das gilt besonders auch für das Chanson »Die Minderwertigen«, den Jubel-Hymnus, mit dem sich Ede und Rieke, die beiden Knastologen mit der Macke, als frisch geheilt aus Moabit zurückmelden. Die zerlumpte Rieke ist neu im Buben-Team. Es ist die Nachwuchs-Mimin Tilla Durieux.

Die Blödelnummer mit dem zeitkritischen Hintergrund: moderner Strafvollzug um die Jahrhundertwende. Aber auch der Appetit auf den neuen Klatsch wird im Künstlerhaus gestillt. Hier ist Platz für das Vergnügen des lachenden Dritten, der sich schadenfroh die Hände reibt, wenn zwei sich streiten – im Programm der »Bösen Buben«, das man bald das »Witzblatt auf Brettern« nennt, hält man sich auf dem laufenden, was in der »Szene« läuft. Bald gilt es als schick, von Bernauer und Meinhard in die Pfanne gehauen und durch den Kakao gezogen zu werden. Das Publikum beklatscht dankbar den literarischen Einfall, mit dem Tagesereignisse glossiert und die Größen der Gesellschaft von ihren Sockeln geholt werden. Die Pointe, die auf Lacher zielt, entzündet sich leichter am aktuellen Bezug, am Hier und Heute, am »Hamseschonjehört«. Schlitzohrige Bosheiten, wie sie bei den »Bösen Buben« über die Rampe kommen, haben keinen Ewigkeitswert. Das ist ihre Stärke.

Das gilt auch für das »Witzblatt auf Brettern«, das bald schwarz auf weiß erscheint, ein Druckerzeugnis für den engeren Freundeskreis. In dieser Gag-Gazette, die ebenso unregelmäßig erscheint wie die »Bösen

Buben« vor ihren geladenen Stammgästen, wird Jux groß geschrieben. Ätzende Kritik gibt es in der vornehmlich von Julius Klinger illustrierten frisch-frech-fröhlich-freien Hauspostille kaum. Da dominiert schon eher ein witziger »Bierzeitungs«-Stil, wie denn auch die vom Bernauer-Meinhard-Gespann veranstalteten »Kinderbälle« für Erwachsene eher Atelierfeste mit Faschingsfrohsinn sind. Für die maskierte Gesellschaft gibt es eine Ulk-Zeitung, in der manch lockerer Nonsens-Spruch und respektloser Spottvers zu finden ist.

Aber nicht nur Kleinbürgerliches wird, aus aktuellem Anlaß, von Bernauer aufgespießt, auch Personen und Institutionen des wilhelminischen Staates werden dann und wann auf die Schippe genommen. In ihrem Januar-Programm erscheinen die »bösen Buben« als Kadetten auf der Bühne und werden vom Sergeanten Kulicke erst mal richtig zusammengestaucht und ausgerichtet; eine Szene, die, wie »Das kleine Journal« bemerkt, »dem Charakter unseres Staatswesens entsprechend dem Kommißdrill gebührend Rechnung trägt«. Auch der Reichskanzler muß dran glauben und mit ihm die Obrigkeit, wenn zu Silvester der Staatsanwalt auf der Szene erscheint und den Kabarettisten, zum Vergnügen des Publikums, in einer flammenden Anklagerede kräftig die Leviten liest.

Der Staatsanwalt kommt dann noch ein zweites Mal, diesmal ohne Scheinwerfer und offenen Vorhang. Anmelden ließ er sich durch eine Notiz im »Berliner Tageblatt«. Da heißt es: *Gegen Rudolf Bernauer, einen der »Bösen Buben«, und den Maler Julius Klinger ist auf Verlangen des Königs von Sachsen eine Untersuchung wegen Majestätsbeleidigung eingeleitet worden. Klinger ist bereits vernommen. Bernauer wird von den Behörden gesucht.* In der »Bösen Buben«-Ball-Zeitung hatte Bernauer einen gereimten Bericht aus dem königlich sächsischen Königshaus, in dem seit einiger Zeit der Haus- und Hofsegen schief hängt, veröffentlicht. Der angeklagte Spaßvogel berichtet über die Hintergründe des Falles: *Die wegen Ehebruchs geschiedene Königin Luise, kurz darauf mit dem Komponisten Toselli wiederverheiratet, hatte mit Hilfe des Italieners Giccardini und des französischen Sprachlehrers Giron ihr jüngstes Töchterchen Monica aus der Obhut des sächsischen Hofes nach Italien entführt. Die erheiternden Umstände dieser raffiniert angelegten Entführung und die vergeblichen Versuche des Königs um die Herausgabe des Kindes, dessen legitime Geburt von der königlichen Mutter geleugnet wurde, forderten zu einer Satire geradezu heraus. Ich hatte mir Mühe gegeben, den König nicht zu erwähnen. Es gab in dem Monica-Heftchen nur einen Vers, durch den er sich gekränkt fühlen konnte. Er stand unter einem Bilde, das drei blondgelockte Knaben und einen Storch darstellte, der mit einem schwarzhaarigen Mädchen im Schnabel dahergeflogen kam. Die vier Zeilen lauten:*

Kinder kriegte die Mama.
Adebar – was tat er?!

Drei davon sind vom Papa,
das vierte ist vom Vater.

Bernauer, der »böse Bube«, sitzt gehörig in der Klemme; als gebürtiger Ungar muß er sogar mit der Ausweisung rechnen. Aber er hat Glück. Die Anklageschrift aus Sachsen landet schließlich in preußischen Papierkörben.

Auch sonst klappt alles nach Plan. Der eifrige Leo Wulff sorgt noch einmal für eine letzte Überraschung, als er sich von der Truppe lossagt. Er ist, das glaubt er seinem Ruf als »böser Bube« schuldig zu sein, im Streit gegangen. Aus seinem Racheakt, das Konkurrenz-Kabarett »Die bösen Mädchen« aufzuziehen, wird nichts: Die Bruchlandung erfolgt unmittelbar nach dem Startversuch.

Die »Bösen Buben« machen dagegen ihren Weg, und Bernauer macht Karriere. Seine »Lieder eines bösen Buben« erreichen hohe Druckauflagen, er ist bald ein gefragter Bühnenautor und erfolgreicher Schlagertexter. Seine Parodien, »Nora« und das ins Jahr 1925 vorverlegte »Nachtasyl«, werden vom »Schall und Rauch« nachgespielt. Und sieben Jahre nach dem ersten Buben-Streich haben Bernauer und Meinhard, die beiden »Aristophanesse von Berlin«, ihr eigenes Theater. Genau wie Max Reinhardt. Das Ende der »Bösen Buben« kam nicht mit einem Donnerschlag, das »hervorragendste Cabaret Berlins«, wie es noch 1904 im »Kleinen Journal« genannt wird, gibt, unbemerkt von der Öffentlichkeit, auf einem der extravaganten Maskenbälle den Geist auf. Das Sterbedatum ist nicht genau zu ermitteln, aber der Weg für ein Unterhaltungskabarett mit Pfiff ist geebnet.

RUDOLF BERNAUER

LIEDER EINES BÖSEN BUBEN

Brettl, Brettl, nichts als Brettl

*Wer sich getroffen fühlt
ist gemeint.*

Finck

Man schreibt Oktober 1901. Seit der Überbrettl-Gründung sind keine zehn Monate vergangen, und doch hat das »Bunte Theater« längst Geschichte gemacht. Ein heißer Herbst beginnt. Wohin man sieht, schießen die Kleinkunstschuppen wie Pilze aus der Erde: in den Hinterzimmern von Kaschemmen und Kneipen, in Kegelbahnen abbruchreifer Hotels, in verlassenen Tante-Emma-Läden, in den Salons gutbürgerlicher Restaurants – überall macht sich die Brettl-Muse breit, die zehnte, wie man sie auch nennt. Operettensoubretten, die bislang von keiner Agentur zu vermitteln waren, wittern ihre Bühnenchance, die Hamlets von Czernowitz, Komotau und Kyritz an der Knatter fiebern dem lang ersehnten Auftritt entgegen, junge, hoffnungsvolle Talente, die sich für die Dramatiker von morgen halten, üben verzweifelt ein paar Gitarrengriffe. In Berlin gibt es längst mehr Theater als Kirchen; vor allem aber gibt es einen neuen Beruf: Cabaretier – Kabarettunternehmer. In der Mehrzahl sind das all die Weinbudiker und Kneipenbesitzer, die im Brettl-Fieber ihre Stunde für gekommen halten, mit der Brettl-Ambition der Künstler ihren Umsatz zu steigern. Jeder Wirt, der die Nase vorn hat, schnuppert: da liegt was in der Luft. Hier sind selbst schlechtgezapfte Biere und saurer Wein an den Mann zu bringen.

Und das Publikum zieht begeistert mit. Der gutsituierte Bürger läßt es sich etwas kosten, sich bei Schampus und Zigarrenqualm die Berliner Boheme oder das, was er dafür hält, aus der Nähe zu betrachten. In privaten Zirkeln wird aus dem Stand gesungen, getanzt, gepfiffen, gezaubert und gekalauert. Im Maleratelier und daheim bei Geheimrats im Salon, bei Zitzewitzens Festgelage wie auf der Soirée derer von Piefkes, haben neuerdings die Operntenöre und Zweit-Dusen ausgespielt – nun wird dort nach Kräften gebierbaumt und geliliencront, gegumppenbergt und gepserhofert, Reime geschüttelt und auf Zuruf gedichtet. Die modische Boheme weiß, was sie sich und ihrer Klientel schuldig ist: je länger die Haare, je zerlumpter die Aufmachung, je

ausgefallener der Auftritt – umso reichlicher klingelt es im herumge-reichten Pennerhut. Ein Spruch macht die Runde. Sagt der Maler zum Dichter nach der überstandenen Show: *Mensch, dir kann man ja nirgends mit hinnehmen. Wie du dir aufjeführt hast – du bist nich ordinär jenuch!*

Die Parole heißt: Raus aus der guten Stube. Jeder, der auf sich hält, will neuerdings unter die Leute. Und nicht nur den Assessor zieht's zu den Künstlern, auch der kasinoerfahrene Gardeleutnant hat Sinn fürs gewisse Etwas, für det Ding mit'n Avec, für den Hauch von Verrucht-heit. Für alle, denen die Oper zu hoch und das Tingeltangel zu fad ist, gibt es jetzt eine Adresse: Kabarett. Man macht einen Bummel, führt die Verwandtschaft, den Besuch aus der Provinz aus, läßt ihnen die Augen übergehen und sie anschließend die saftige Rechnung für den schlechten Schaumwein bezahlen. Die Cabaretiers machen in der Regel ihren Schnitt, oft haben sie bereits nach einer Saison ausgesorgt. Die »künstle-rischen Leiter«, die sie unter Vertrag haben, sind am Umsatz beteiligt. Das Beispiel macht Schule: Brettl, Brettl, nichts als Brettl. Weißbier-lokalbesitzer Bohnekamp hat Augen im Kopf. Er stutzt, kiekt und wundert sich. Und dann schreibt er einen Brief an das abonnierte Witzblatt. Zu Händen: Die Redaktion.

Die Freundlichkeit, mit der Sie mein Weißbierlokal früher besucht haben, flößt mir die Hoffnung ein, keine Fehlbitte bei Ihnen tun zu dürfen, indem es wirklich so nicht mehr jeht. Von Tag zu Tag wird der Besuch bei mir geringer, denn am letzten Sonntag hatten wir schon 23, sage mit Worten dreiundzwanzig Theater hier bei uns, davon 17 auf die eine Seite Theaterzettel, auf die andere Seite Speisezettel, so daß es nicht lange dauern wird, und sie werden in die Soda-Buden Kommödie spielen.

Und so kommt denn ooch jestern Abend einer zu mir, bestellt sich eine kleine Weiße und fragt mich: Wat jibt es denn? Ick denke natürlich, er meint zu essen und sage: Sauerbraten und Klöße! Nee, sagte er, ich meine, was heute Abend bei Ihnen gespielt wird? Schaafskopf, sag' ich, und Sechsundsechzig. Unsinn! sagte er, ich meine ja nicht gejeut, ich meine gespielt, jejaukelt, gemimt! – Das ist bei mir noch nicht! sag' ick. Na denn dank' ich! sagt er, nimmt seinen Hut und verduftet.

Zuerst lachte ich darüber, aber nachher, – wie's einem ja oft beim Theater jeht, – ärgerte ich mir, daß ich jelacht hatte, und konnte die janze Nacht nicht schlafen, bis ich meinen Plan fertig hatte, welchen ich mir, einem sehr jeehrten Herrn Doktor! zu unterbreiten die Ehre gebe, und um Ihre gütige Unterstützung bitte. Indem mir nämlich ebenfalls jetzt nichts übrig bleibt, als in meinem Lokal eine Bühne zu errichten. Suez cuique! sagt der Lateiner.

Nu hör' ich Sie allerdings in Jedanken sagen: mein lieber Herr Direktor Bohnekamp, wie steht es mit die Bildung? So dürfen Sie aber nich verjessen, daß es heutzutage heißt: was ich nicht habe, haben andere! Indem jetzt der Mensch bloß ein Jahr dienen will, und bis Secunda jeht, und ein Laufbursche von mir beim Messerputzen seinen Zähsar de Bello Caliko list, meine Köchin Auguste aber neulich im Kutscherkränzchen vor'n Frankfurter Dor den Viehkommt von Lettojöhr verarbeitet hat, propper sag' ich Ihnen, objleich es eine Hosenrolle ist!

Also bin ich auf die Idee gekommen, daß ich mir jar keine Schauspieler angaschiren werde, sondern mit meinen Kellnern und Lehrjungen Kabarett spielen werde.

Denn erstens, die juten Künstler sind nicht zu bezahlen und werden von Theateragenten immer weggeräubert, und bei die schlechten Pajazküs wirft das Publikum mit Jänseknochen oder Mostrichtöpfe, weil das Material dazu vorhanden ist, wodurch aber die Illusion sehr leidet! Aus diesem Jrunde soll bei mir auch während die Vorstellung nicht jejessen werden, einmal weil ich die Leute auf die Bühne brauche, durch die lauten Bestellungen bei den Kellnern Vieles von der Handlung verloren jeht, und zarte Scenen durch »Kalbsnieren mit Kartoffelsalat« oder »Pökelfleisch mit Erbsen und Sauerkohl« gestört werden.

Was nun mein Repertoire betrifft, so werd' ick mir natürlich mit das Klassische nicht einlassen. Sondern vielmehr wollt ick hierin, sehr jeehrter Herr Doktor, um Ihren erjebensten Rat bitten, indem ich, unter uns jesagt, jlaube, daß so 'ne Stücke, wie sie heute jeschrieben werden, jeder dumme Junge schreiben kann, und ich daher die Idee habe, mir manches selbst zu machen! Denn was jehört denn eijentlich dazu? Da nehm' ich mir so 'n armen Literaten, setz' ihn hinten auf meine Kegelbahn, da stört ihm Keiner nicht, weil es jetzt zu kalt für die Jäste wird, futtere ihn mit Hülsenfrüchten, weil die nach Liebig das Jehirn am Besten erjänzen sollen, und sage ihm: »Nu machen Sie mir mal 'n Stoff, wie Eine in Moabit einjemauert wird, und denn besucht ihr der Pfaffe. Titel: Die Herrschaft des Mönchs. Da rennen ja die Berliner vier Wochen nach! Das sieht sich sogar der Hof an! Und nu lassen Sie mir nur erstmal einen Prinzen drin jehabt haben, denn zieht sich det janze Proscöniums-Publikum von det Opernhaus und Schauspielhaus zu mir, und die Tingeltangels und det Victoria werden Erbbejräbnisse! Aber es schlummert noch eine janz andere Idee in mir: Ich lass' die Jäste mitspielen, det Publikum. Von die weiblichen Zuschauer wird die Schönste ausjeloost, und an die Kasse jesetzt, um det Eintrittsjeld nach Belieben einzunehmen.

Wer doppelt Angtrö bezahlt, kann auf die Bühne rauf und mitmachen. Et jiebt ja zu viele Menschen, die gern mal 'n paar Ritterstiefeln anziehen möchten, und nu erst die Frauenzimmer. Panem et Circus Ciniselli! sagt der Lateiner, also bitt' ich Sie um Ihre Ansicht davon, und ob Sie mir, geehrter Herr Doktor, einen Prolog leisten wollen, weil ich doch gern mit einem Namen anfangen möchte, und ich mir gewiß dafür bei Ihnen zu Weihnachten dankbar erzeigen würde, indem er in Versen sein kann, und Sie ja darin sagen könnten, daß es mir nur um die Kunst zu tun ist, indem dieses nämlich das ganze Geheimnis der Dramatik sein soll, daß immer was Anders kommt, als man erwartet, was jedoch in bezug auf Ihr Honorar gewiß nicht der Fall sein soll.

Der ich bin Hochachtungsvoll
Bohnekamp

Die Dame mit den durchbrochenen Strümpfen.
Ein Capitel in 4 Briefen.

1.

Bodo von Schneidheim-Rasselsporn, Leutnant im Xten Husaren-Regiment „Königin von Tohuwabohu", an seinen Freund

Ottokar von Strampelbein, Assessor am Kgl. Landgericht, Berlin.

Baden-Baden,
21. Aug. 19....
Hotel Messmer.

Liebster Ottokar!

Hast Wette glänzend verloren. Legtest Odds, dass bereits am ersten Tage meines Hierseins bessere Sache finden würde. Wie gesagt, hast Wette verloren. Habe nämlich absolut tipp-toppe Sache bereits auf Fahrt hierher, — Schnellzug Frankfurt—Oos — entdeckt. — Höre. Sitze da im Coupé mit offenbar 1) Handlungsreisendem, richtiger besserer Reiseonkel, 2) Finanzgrösse semitischer Abkunft und 3) Weib! Aber sage Dir: Weib! Einfach Weib! Todtchic! Colossal distinguirt! Scheint süddeutscher Adel. Sass kerzengrade, nicht mit Wimper gezuckt. Trotz eminenter Anstrengungen meinerseits: Augen gradeaus. Costüm einfach, aber einfach: Sache. — Sah einen Moment mal linken Strumpf. Nur centimeterweise. Einfach: Bild! durchbrochen. Spinngewebe. Schleier. Weisst, bin Kenner darin. Allererste Garnitur. Konnte absolut nicht wegsehen. — Werde bleiben, bis Dame kennen gelernt. Eventuell Urlaubsüberschreitung. —

Grüsse!
Bodo.

2.

Casimir Knacker, Vertreter der Wollwaaren-Fabriken Emanuel Seidenkamm Söhne, Chemnitz

an Jeremias Wampel in Berlin.

Baden-Baden, 21. Aug. 19....
Hotel 3 Könige.

Liebster Wampel!

Antwortlich Deiner gefl. Zeilen vom 16. ds. theile Dir mit, dass ich vorerst 8—14 Tage in Baden-Baden bleibe, und bin ca. am 10. Septbr. dort. — Ich habe übrigens heute im Coupé eine Dame kennen gelernt, d. h. nur vom Ansehen, die sogar mir altem Reiseonkel direkt imponirt hat. Höchst vornehmes Exterieur, aber dabei eine ausgesuchte, feine Eleganz. Du weisst, ich habe mir im Laufe der Jahre angewöhnt, bei allen Frauen auf gewisse Einzelheiten zu achten. So gewahrte ich bei der schönen Unbekannten — allerdings nur eine Sekunde — ein Stückchen des linken Strumpfes. Ich kann Dir nur sagen: prima-prima. Natürlich durchbrochene Seide. Wir führen diese Dessins selbst. Im Einkauf stellt sich das Dutzend auf Mk. 60,— netto. — Ich will mal sehen, ob ich erfahren kann, wer das ist.

Besten Gruss
Dein Casimir.

P. S. Unter uns: Man spricht über Wollenspinner & Co. Die Leute sollen schlecht in Baumwolle gemacht haben. — Seid Ihr gedeckt?

Gruss
C.

3.

Jsaac Löwenthal, Fondsmakler,
an seinen Freund Nathan Baruch, Berlin.

Baden-Baden, Hotel „Tannhäuser", 21./8. 0.
Mein lieber Nathan!

Du weisst, ich hab' geschworen: nach der miesen Geschichte mit der Schikse vom Belle-Alliance-Theater vorigen Winter guck' ich osser'n Weib wieder an. Ich kann Dir nur sagen: Ich hab' doch wieder eine angeguckt. Warum? Ich weiss selbst nicht warum. Heute im Coupé. Ich sag' Dir: Chein von A—Z. Und dabei 'n durchaus bekoweten Eindruck. Kein Tinnef. Da waren noch so'n paar faule Jungens im Coupé, — irgend etwas 'n Leutnant und 'n Reisender. Aber meinst Du, — sie hätt' auch nur coquettirt mit den Jungens? Osser'n Blick. — 'n Moment mal hab' ich 'n Stück von ihrem Strumpf gesehen. Ich sag' Dir: Alle jüdischen Hühner! Butterkuchen. — Du weisst: so Strümpfe mit Löcher. Sonst sind ja Löcher in de Strümpf' nicht schön. Aber die Löcher: Ihnen gesagt, Herr Lehrer. — Sie machte ja 'n sehr bekuchten Eindruck. — Aber heutzutage! Ich soll wissen. — Telegraphir' mir morgen den Lauracours und denk' an meine zehn Discontos. — Ich möcht' wissen, wo die Schikse wohnt. Dein Jsaac.

4.

Baden-Baden, Restaurant „Zum Krokodil". 21. 8. 00....
Jeliebte Lotte!

Da wären wer ja! Wo ick wohnen werde, weess ick noch nich, det hängt von de bejleitenden Umstände ab. Bis jetzt is noch nichts Ernsthaftes an mir 'ranjetreten. Im Coupé sassen drei so 'ne Kaffern, die mir anjlotzten wie det siebente Weltwunder. — Um se 'n bisken ufzufrischen, zeigt' ick, diskret wie ick mal bin, — für'n Jroschen von meine neuen Durchbrochenen, — Du weisst, von Wertheim für 2,78. — Jehuppt sind se. Na, ick konnt' mer beherrschen. — Wenn hier nischt los ist, — jeh' ick übermorgen nach Ostende. — Wat jiebt's Neies in Berlin? Jriess' mer die Amorsäle! Deine Lulu.

Kabarettisten in eigener Sache. Der Überbrettl-Dichter Hanns Heinz Ewers bekommt während der Wintermonate Besuch aus Paris. Er führt den befreundeten Maler aus, der Abend endet in einem der neuen Kabaretts. Es heißt »Zur buckligen Anna«. Der Franzose sitzt und schweigt. Nach einer Weile fragt er verwundert: »Und das nennen Sie in Deutschland Cabaret?« Sein deutscher Freund errötet.

Der hungrige Pegasus

An einem Samstagabend hätte Ewers seinen Gast in die Markgrafenstraße schleppen können, in Max Tilkes »Kabarett zum hungrigen Pegasus«, das dort Anfang Oktober aus einem Künstlerstammtisch in Dalbellis italienischer Weinstube entstanden ist. Tilke ist Maler, kann Gitarre spielen, ist in der Welt herumgekommen und kennt Paris wie seine Westentasche. Wenn man den »Pegasus« betritt, glaubt man, auf dem Montmartre zu sein: Gedränge wie bei Salis, Bistro-Atmo ohne viel Chi-chi, an den Wänden Bilder vom Meister und Karikaturen von Edel und Léandre, dicke Luft aus Tabaksqualm und Bratenduft. Den Presseleuten gefällt das: *Auf einem Podium, das nicht größer ist als zwei Meter im Geviert, steht ein altersschwaches Pianino, dessen Tasten an Gelbsucht leiden, und das trotzdem bemüht ist, sich unter den Händen echter Künstler von der vorteilhaftesten Seite zu zeigen. Kopf an Kopf, Hand an Hand, Bein an Bein sind die Besucher gedrängt; keine Johannisbeere, geschweige denn ein Apfel könnte zur Erde fallen, eine graue Wolkenschicht aus dem Rauch von Havannas, Zigaretten und Virginias gebildet, lagert über den Häuptern – und durch das ganze Milieu weht der Hauch der echten, heiligen, göttlichen Boheme.*

Hier kann jeder mitmachen, der Lust dazu hat, jeder Talentverdächtige wird von Max Tilke eigenhändig aufs Podium geschleift. Das hat er in Paris gelernt. Auch sonst macht er nicht viel Umstände. Er redet einfach drauf los, genau so, wie ihm der Schnabel gewachsen ist: *Herrschaften – es ist ja schön, daß Sie gekommen sind, aber zu zahlreich, viel zu zahlreich. Denken Sie doch an die Hitze und den Qualm. Und dann – was erwarten Sie eigentlich von uns? Wir können ja garnichts. Na, Sie werden ja sehn! Da ich hier so viele neue Gesichter sehe, muß ich Ihnen noch sagen, was wir hier wollen. Das sagt man ja meistens, wenn es auch nicht stimmt. Aber bei uns stimmt's. Wir machen Ihnen bloß was vor, damit Sie Ihren Wein nicht so stumpfsinnig heruntertrinken. Das ist wirklich mein Ernst... Ich weiß jetzt noch nicht, wie die Karre heute abend laufen wird. Wenn Sie sich zuviel von uns versprechen, ist es besser, Sie gehen wieder nach Hause. Also gut, auf Ihre Verantwortung. Wenn Sie durchaus wollen, dann fängt's jetzt an. – Aber zunächst mal Prost!*

Dann greift Tilke zur Gitarre, singt andalusische Volkslieder, erzählt von seinen Streifzügen durch Europa, erklärt, was es mit seinem Spitznamen »Passepartout« auf sich hat. Die Kunst-Stücke, mit denen der

Im Cabaret zum
hungrigen Pegasus.

Herrschaften, es ist ja schön, dass Sie gekommen, aber zu zahlreich, viel zu zahlreich. Denken Sie doch an die Hitze und den Qualm. Und dann: Was erwarten Sie eigentlich von uns? Wir können ja gar nichts. Na, Sie werden ja sehen. Also, wenn Sie wollen, fängt's jetzt an. Aber zunächst mal Prosit!

hungrige Pegasus einmal die Woche gefüttert wird, werden verabreicht, wie es sich gerade ergibt. Einen festen Menü-Plan gibt es nicht. Jeder, der etwas auf der Pfanne hat, tritt zum Klavier und gibt's zum besten.

Guten Abend, Herr Meyer!
Alter Krämer, wie gehn die Geschäfte?
Machst du bald Pleite?
Und die erschreckte Krämerseele
Fährt in die Höhe und starrt
Mit großen angsterfüllten Augen
Ins dunkle Zimmer.
War das ein Dieb?
O Gott, mein Gott
Mein schönes Geld!
Doch nein, es ist nur der Wind,
Der verdammte Wind!

Er zieht sich die Zipfelmütze
Über die langen und viel zu kurzen Ohren,
Legt sich um und –
Schnarcht wieder.

Anschließend geht ein Teller herum, das gesammelte Geld wird, wenn man's nicht gleich gemeinsam verjubelt, unter den Mitwirkenden der »Fütterungen« aufgeteilt. Georg David Schulz bekommt jede Woche seinen Anteil. Der »Dichter Schmalz«, wie man ihn liebevoll nennt, kann so ziemlich alles, was hier bei Tilke gefragt ist: dichten, komponieren, tanzen, zur Laute singen und den Damen schöne Augen machen. Wenn er zur Melodie des Hauspianisten Vittorino Moratti süße Lieder zu flehen beginnt, etwa das vom süßen Kind, für das er leben und sterben möchte, beben die Mieder. Die Herren kommen anschließend auf ihre Kosten, wenn Maria Eichhorn ihren Auftritt hat. Sie nennt sich Dolorosa, erscheint im langen Weißen, trägt eine Chrysantheme im Haar und Lyrik aus eigener Feder vor. Entrückt und in monotonem Singsang gesteht sie:

Früh hat sich meine Seele
der Sünde zugewandt.
Die Blüten meines Lebens
traf ein unreiner Brand.

Meine Liebe ist vergiftet
von sündiger Leidenschaft,
meine großen traurigen Augen
glänzen lasterhaft.

Max Tilke

73

Lumpenlied

Kein Schlips am Hals, kein Geld im Sack.
Wir sind ein schäbiges Lumpenpack,
auf das der Bürger speit.
Der Bürger blank von Stiebellack,
mit Ordenszacken auf dem Frack,
der Bürger mit dem Chapeau claque,
fromm und voll Redlichkeit.

Der Bürger speit und hat auch recht.
Er hat Geschmeide gold und echt.
Wir haben Schnaps im Bauch.
Wer Schnaps im Bauch hat, ist bezecht,
und wer bezecht ist, der erfrecht
zu Dingen sich, die jener schlecht
und niedrig findet auch.

Der Bürger kann gesittet sein,
er lernte Bibel und Latein. –
Wir lernen nur den Neid.
Wer Porter trinkt und Schampus-Wein,
lustwandelt fein im Sonnenschein,
der bürstet sich, wenn unserein
ihn anrührt mit dem Kleid.

Wo hat der Bürger alles her:
den Geldsack und das Schießgewehr?
Er stiehlt es grad wie wir,
bloß macht man uns das Stehlen schwer.
Doch er kriegt mehr als sein Begehr.
Er schröpft dazu die Taschen leer
von allem Arbeitstier.

O, wär' ich doch ein reicher Mann,
der ohne Mühe stehlen kann,
gepriesen und geehrt.
Träf' ich euch auf der Straße dann,
ihr Strohkumpane, Fritz, Johann,
ihr Lumpenvolk, ich spie euch an –
Das seid ihr Hunde wert!

Erich Mühsam

Nun atmen die Männer schwer. Und zücken das Portemonnaie, um bereitwillig die zwölf Mark hinzublättern, für die die »dolle Rosa« an Ort und Stelle ihren Gedichtband »Confirmo te Chrysmate« verscherbelt. Da kann es dann schon mal passieren, daß Erich Mühsam aufspringt und mit seinem Bohemeruf dazwischengeht: *Schnatterating – schnatterating – schnatterating ting ting ting! Schnatterating – schnatterating – U-äh!!!*

Auch Elsa Laura Seemann, die Wolzogen-Gefährtin, und Hanns Heinz Ewers treten hier gelegentlich auf. Und zwischendurch manch lockerer Spruch, ein Serenissimus-Witz und Ernst »Molly« Griebel, der lange Maler, der zu Gitarre, Banjo und Mandoline so eindringlich »O Susanna« und ähnliche »Niggersongs« vorträgt, daß man ihn für einen waschechten Amerikaner hält. Folkloristisches ist Trumpf in der Markgrafenstraße. Einigen Journalisten gefällt das nicht. So fragt sich der Korrespondent der »Freisinnigen Zeitung«, warum nicht kräftiger in den »Wurstkessel der Politik« gegriffen wird: *Die Stoffe dieses Kabaretts sind wieder einmal allzu ängstlich beschränkt auf die Geschichte von den kleinen Mädchen. Nur ganz schüchtern wagt sich ein sozialkritischer Zug oder eine Verulkung des Polizeistaates hervor.* An der nötigen Gesinnung scheint es Max Tilke nicht gefehlt zu haben – die Polizeiakten führen ihn als Mitglied eines sozialdemokratischen Wahlvereins . . .

Im siebenten Himmel

Noch bevor Maler Tilke dann im Frühjahr 1902 die samstagabendlichen Fütterungen einstellt und seinen hungrigen Pegasus damit zum Sterben verurteilt, geht »Dichter Schmalz« eigene Wege. Sie führen ihn ins Theater des Westens, Kantstraße 8. Hier, in Colsters Weinstube, macht er seinen eigenen Laden auf, das Poetenbänkel »Im Siebenten Himmel«. Er weiß ja nun, wie's gemacht wird. Er führt eine »Garderobengebühr« von drei Mark ein und schafft eben jene gediegene Atmosphäre aus Montmartre und Berlin-W-Eleganz, in der sich Bankdirektoren, Diplomaten, Militärs und Industrielle wohlfühlen. Außer Talent und Gewerbssinn bringt er noch eine Straßenbekanntschaft mit: eine rassige, dunkelhäutige Schönheit, die sich bisher ihr Geld als Schneiderin verdient hat. Damit ist es nun aber vorbei. Schnulz-Sänger Schulz fragt nicht lang, wie sie heißt, steckt sie in eine elegante Theaterrobe und gibt ihr einen wohlklingenden Namen: Marietta di Rigardo. Als »spanische Tänzerin« wird die kastagnettenklappernde schöne Unbekannte zur Hauptattraktion des Nachtkabaretts. Unter den zahlreichen Männern, die ihr zu Füßen liegen, findet sich auch der Maler Max Slevogt, der hier, zwischen Brettl-Plüsch und Plunder, sein berühmtes »Marietta«-Gemälde malt.

Georg David Schulz, der frischgebackene Kabarett-Chef, sorgt dafür, daß seine attraktive Zufallsbegegnung von der Potsdamer Straße bald ihren klangvollen Namen wieder einbüßt – am Ende wird schlicht eine Frau Schulz aus ihr. Er selbst singt Parodistisches (»Wigela wei-eih-weih«), Minnigliches (»Bandala dandaladeia«), Romantisches (»Walpurgisnacht, Walpurgisnacht«), Schlagerliederliches (»Therese, Therese, bist du denn immer noch böse?«) und natürlich seinen Erkennungshymnus, der vom Lieben und Leben des Künstler-Genies im stillen Kämmerlein berichtet und in den Refrain mündet: *Ob auch die strenge Bourgeoisie entrüstet uns verfeme – Jeanette, dich vergeß ich nie: Vive la Boheme!*

Nachdem Tilke seinen Pegasus-Stall dichtgemacht hat, zieht auch der Rest der Dalbelli-Runde in die Kantstraße um. Plötzlich ist Molly Griebel wieder da, der singende Maler, und mit ihm kommt die Boheme-Bande um Peter Hille mit den unstopfbaren Löchern in den Vagantenfracktaschen. Erich Mühsam schüttelt, gegen ein Festhonorar von fünf Mark pro Abend, die Reime, wie sie fallen: »Sie würden mir große Freude bereiten, wenn Sie meinen Hund von der Räude befreiten« oder noch literarischer: »Das wär ein rechter Schweinehund, dem je der Sinn für Heine schwund!« Hier trifft er auf neue Freunde, auf Johannes Cotta und Roda Roda, den k. u. k.-Geschichtenerzähler. Und obwohl Mühsam es strikt ablehnt, vor Amüsierpublikum dieser Art je Gehaltvolleres als »Wortspiele und andere Gleichgültigkeiten« von sich zu geben, überrascht er eines schönen späten Abends mit Versen wie dem »Lumpenlied«.

Das »Lumpenvolk« tut amüsiert und klatscht. Es ist das Publikum, das man als »tout Berlin« bezeichnet: Geschäftsleute, hohe Beamte, Bänker. Typen, wie sie der »Simplicissimus« Woche für Woche an den Satire-Pranger stellt und die, so erinnert sich Mühsam, alle »gut bei Kasse waren, und das war notwendig, denn was die Weinpreise anlangte, war auch Schulz nicht kleinlich«. Das Programm ist bunt. Um der Zensur zu entgehen, werden die Abende im »Siebenten Himmel« wie auch bei Tilkes »Pegasus« als »geschlossene Veranstaltung« deklariert, Eintritt wird nicht erhoben. Die Besucher brauchen eine persönliche Einführung oder eine schriftliche Einladung, die sie an der Kasse gegen eine Schutzgebühr erwerben können. Aber der geschäftüchtige Schulz, dessen Blick auf die Geldbörsen seiner Besucher gerichtet ist, gibt der Obrigkeit keinen Grund zu Beanstandungen. Die Zensurbeamten in ihrer »Acta des königlichen Polizei-Präsidii zu Berlin betreffend Cabaret im siebenten Himmel« über das »ziemlich harmlose« Unterneh-

Eintrittskarte für den Siebenten Himmel
Links das Pegasus-Team: Tilke, Madeleine, Schulz, Griebel, Horning, Moratti, Hamann

Marietta di Rigardo

Das Poetenbänkel im "siebenten Himmel"

men: ...*hat zu polizeilichem Einschreiten bisher noch keinen Anlaß gegeben; sonstige Tendenzen, z. B. politische, antireligiöse etc. werden nicht verfolgt.*

Man nimmt die schnorrenden Literatur-Stadtstreicher nicht sonderlich ernst, wenn sie sich gelegentlich bei Schulz sehen lassen, um ein paar schnelle Markstücke zu verdienen. Heimisch sind sie woanders. John Höxter, der mit Mühsam, Wedekind-Bruder Donald, mit Dichter Dehmel und Maler Munch durch die Berliner Cafés zieht, vom »Vierzehntel-Topp« am Potsdamer Platz bis zum »Schwarzen Ferkel«, vom »Größenwahn« bis ins »Café Austria«, berichtet, was sie da suchen und finden:

> *...zu der Einsamkeit vollem Genuß*
> *brauch ich Widerspruch und Lob der Menge,*
> *Larven und Lärm im Cafégedränge,*
> *neues Redewenden alter Einfallsfetzen,*
> *Turniere des Witzes und Zungenwetzen,*
> *und verstehend-stumm von Zeit zu Zeiten*
> *den Freundesgruß eines Geistgeweihten.*
> *Da lächelt man, wenn die Journaille zehrt*
> *von dem, was man selber vom Tische kehrt.*
> *Und aus Märchen, die Liebe und Haß verbreiten,*
> *zieht man als Mythos in die Ewigkeiten.*

Trinken ist Leben, und Leben ist Trinken, sagt Höxter-Freund Mühsam. Und noch direkter: *Wein her! Wir wollen im Leben versinken! Das Leben her!* Die da das Leben in vollen Zügen schlürfen wollen, sind nicht nur Männer. Die schöne Marietta di Rigardo fühlt sich ihnen verbunden, auch Carla Lingen, die im »Siebenten Himmel« mit Chansons zu hören ist. Und eine 25jährige, dunkelhaarige Frau, deren Ideal es ist, »eine Tippelschickse zu werden«: Margarete Beutler. Jedem, der es hören will, gibt sie bereitwillig Auskunft: *Geboren bin ich am 13. Januar 1876 zu Gollnow in Pommern. Eine Liebe zu meinen Blutsverwandten habe ich nie gefühlt, deshalb ist es unnötig, sie zu nennen. Erzogen bin ich durch die treueste aller Kinderfrauen: die Sonne. Was in mir reifte, reifte durch sie. Eines Tages lockte sie mich aus meinem Elternhaus. Ich ging ohne umzuschauen. In den böhmischen Wäldern ließ ich meinen Mädchenleib durchsonnen, bis er reif zur Liebe ward. Meine Augen wurden scharf, ich erkannte in trostlosen Dunkelheiten tausend und abertausend gequälte, verhetzte Wesen, die nicht wie ich den Trieb zur Sonne hatten. In dieser Zeit ward mein Knabe empfangen in reiner, freier Liebe, denn ich bin meiner Veranlagung nach nicht für eine Ehe geschaffen.* Anders ausgedrückt und in Verse gebracht, klingt das so:

> *Auf meiner Seele liegt ein grauer Herd,*
> *Ein schwerer grauer Herd mit vielen Töpfen.*
> *Auf meiner Seele liegt ein breites Schwert,*

Am Griff verziert mit runden Knabenköpfen
Und einer Inschrift: »Weiber müssen dulden!«
Auf meiner Seele liegt ein Sack voll Schulden,
Und auf ihr liegt – o Gott! – ein Männermagen!
Ja, kann denn eine Frau so viel vertragen?

Otto Julius Bierbaum findet das »zu emanzipiert« und läßt die Beutler
in seiner Chanson-Sammlung unerwähnt. Auch in der Bestseller-Antho-
logie »Die zehnte Muse«, für die Maximilian Bern 1901 »Dichtungen
vom Brettl und fürs Brettl« zusammenstellt, ist sie nicht vertreten. Aber
sie befindet sich in guter Gesellschaft. Schon Mühsam hatte abgewinkt:
Lassen Sie man, Herr Bern. Ich entdecke mich selbst.
Marietta di Rigardo verhilft der Früh-Emanze zu einem Auftritt im
»Siebenten Himmel« ihres Mannes. Margarete Beutler, die eine »Revol-
vermieze« besingt, »die'n Kaffern erwischt – noch ziehtse, die Mieze!«,
schlägt andere Himmelsfreuden an, als sie in der Kantstraße üblich sind:

Sie lag auf den Stufen am Kirchenportal –
nun endlich ein Schauer von Glück einmal,
nun endlich die Ruhe, die sie gesucht –
keine Kinder toben, kein Raufbold flucht.

Ein Heißes küßt sie, ein Sonnenschein –
da reißt eine Hand sie empor: Du Schwein,
du verkommenes Stück, am Gotteshaus
schläfst du von schmutzigen Nächten aus?

Dann schüttelt ein Schutzmann sie hin und her –
sie bricht in die Knie schlaff und schwer.
Sie wimmert ... ihr fällt das Tuch vom Kopf,
es löst sich ein winzig brauner Zopf –

den mageren Hals umtanzt das Haar –
sie möchte schreien: es ist nicht wahr!
Ein Leben lebt' ich voll Durst und Qual,
heut griff ich zur Flasche – zum ersten Mal! –

Die Kehle ist ihr vom Branntwein wund –
es gurgelt und lallt nur der arme Mund.
Sie schleppen sie vorwärts – auf Schritt und Tritt
drängt eine johlende Rotte mit –

Ihre Röcke schleifen den Damm entlang –
zur Kirche lädt heiliger Glocken Klang.
Und fromme Frauen weichen scheu
und schauern zusammen und hasten vorbei.

Margarete Beutler

Die letzte Nacht

Verdammt, nu sitz ick in det Loch
Schon fast'n Jahr un janz in Eisen.
Un een Jeständnis hat ma doch
Bisher keen Richta konnt' entreißen.
Es wa doch mitten in de Nacht...
Wer weeß et denn, det ick die Olle
Mit meinen Schneitling rot jemacht,
Daß mir det Blut spritzt an die Tolle?

Un trotzdem wa die Sache jlatt.
Et hieß, ick hätte ihr jeschlachtet. –
Der Pebel, der dabei saß, hat
Det Dodesurteil ooch awachtet...
Mir jab et doch 'n mächt'jen Stoß,
Ick dhat man so, als mißt' ick lachen...
Na, un heit morjen jeht et los –
Bejnadjung? – Is ja nich zu machen!

Janz schön wa jestan dis Suppeh:
Zuerscht bestellt' ick »falschen Hasen«,
Denn Bier un ooch Zihjarren – zwee –
Ick kann so scheene Ringe blasen.
Zwee Uffsichtsräte wa'n dabei,
Den eenen, 'n jewissen Werder,
Den utzt' ick noch, wie ick ma frei'
Uff morjen: da jibbts »kalten Merder«.

Un nachher wollt' ick schlafen jehn,
Ick leechte mir uff die Matratze.
Da hab' ick allerhand jesehn:
Die Olle... och! Jeblutet hat se
Wie'n Schwein. Denn fiel se uff mir druff.
Ick schrei' un lieje an de Erde –
Selbst der Beamte schreckte uff.
Ob ick wohl noch mal schlafen werde?

Mein Jott, ick bin doch noch so jung!
Se kenn' ma ja wat dun, die Affen!
Ick mecht' bloß vor de Hinrichtung
Nochmal bei meine Mieze schlafen...
Ob die woll ooch jetzt an mir denkt?
Se hette doch mal kennen kommen!...
Det Armband, wat ick se jeschenkt,
Det ham's ihr wieder abjenommen.

Wie kleen der Jas uff eenmal brennt!
Da Morjen kraucht schon durch die Jitta...
Na, Maxe, nu man nich jeflennt!
Jetzt heeßt et: Mut! un keen Jezitta...
Se kommen – Wat? – Is denn schon Zeit?
– Na ja, det is for die so'n Futta!
Wat?... ick?... Jawoll, ick bin bereit...
...Herr Paster... meine Mutta!... Mutta!!!

Hans Hyan

Wie sie sich vorstellt, was die Kirchenglocken da beläuten, hat die Boheme-Beutlerin in einer kleinen Prosaskizze beschrieben, die sie »Das Himmelskabarett« nennt. Das erste, was Emanuel Lautenreisser, dem Kabarettautor, da oben auffällt: es gibt nicht mal moderne Plakate. Nur heilige Madonnen und Murillo-Madonnen. Es gibt also noch viel zu tun, bis das Jenseits endlich der wohnliche Ort ist, an dem es sich leben läßt wie unten auf dem Kiez. Er weiß auch schon, wie er zu seiner Attraktion kommt: *Herr, du weißt, wie ich mit dir stehe. So mach nun das Maß deiner Güte voll und gib ein Gastspiel in meinem Kabarett!*

Ihre Straße, sagt sie, sei ihr vorgeschrieben: »Ich muß möglichst häufig lieben und das Fasten andern überlassen.« Ein neuer Brettl-Ton kündigt sich an: Kabarett von unten. Aber noch geht es »oben« hoch her. Der »Siebente Himmel« kann sich länger halten als andere Unternehmen dieser Zeit. Als er sich vier Jahre nach seiner Gründung dann verflüchtigt, verliert Schmalz-Dichter Schulz allerdings mehr als sein Kabarett mit dem wohlklingenden Namen: die schöne Marietta verläßt ihn und wird Ludwig Thomas Lebensgefährtin.

Die silberne Punschterrine

Und dann ist da endlich einer, der mitten in Berlin, in der Steglitzer Straße ein Stück Montmartre aus dem Boden stampft. Von Mutterns Seite her fließt ihm französisches Blut in den Adern, er ist Schriftsteller und Journalist, heißt Hans Hyan, und man nennt ihn bald »den deutschen Aristide Bruant«. Wenn ihm auch die Popularität des großen Pariser Volkssängers versagt bleibt – es gibt Gemeinsamkeiten. Wie Bruant zeigt auch Hyan eine unverkennbare Neigung zur Darstellung des Lumpenproletariats. Im Mittelpunkt seiner oft in waschechtem Berlin-Argot abgefaßten Lieder stehen die Entrechteten der Gesellschaft – Verbrecher, Landstreicher, Luden, Besitzlose, Arbeitssuchende: »Verdammt nochmal! Wir wollen wissen, warum ihr satt seid und wir hungern müssen!« Wie Hans Ostwald, der Sammler von Lumpenliedern, Bänkelsongs und Rinnsteinlyrik, hat auch Hyan in seiner »Silbernen Punschterrine«, die kurz nach dem Tilke-Pegasus am 26. November im hinteren Saal eines Restaurants ihre Saaltüren öffnet, das Ohr am Gossenton der Großstadt. In seinem »Ludenlied« beschreibt er den Zuhälter, für den »det Birjapack und die Beamten der reene Mist« sind, im »Bestohlenen Kommerzienrat« machen der feine Herr und der Ganove gemeinsame Sache; da wird der eigene Safe geknackt, um dem drohenden Konkurs zuvorzukommen: »Da sagte ganz vergnüglich: ›Die Pleite war vorzüglich!‹, der Herr Kommerzienrat.« John Gay und Villon lassen grüßen. Auch wenn es den »schweren Jungs« nach getaner Arbeit dann in der »Letzten Nacht« an den Kragen geht.

Begleitet wird Hyan dabei von seiner Frau, die seine Verse vertont. Für viele ist sie die eigentliche Entdeckung in der »Punschterrine«, wenn sie, im seidenen Rüschenkleid, kunstblumengeschmückt zur Laute greift und die Moritat vom Staatsanwalt zum Besten gibt, der in der Gefahr, in die er sich begibt, am Ende von amtswegen umkommt: »Darob brach ihm sein Männerherz – die Seele, die floh hinterwärts . . .« Stürmische Lachsalven kommen auf, wenn sich Käthe Hyan dann ums Frauenherz kümmert und vom »Einbruch bei Tante Klara« berichtet. Achtundvierzig lange, bange Jahre verbrachte die Jungfrau allein im Bett – dann steht ein Bösewicht vor ihr, um von ihr Geld und Gunst zu fordern: *Daß sie nicht in Ohnmacht fiel, blieb ihr ewig unverständlich; und sie sagte zu dem Kerl nichts als: Ach, da sind Sie endlich!*

Das Publikum ist bunt gemischt. Der Berliner Börsen-Courier hat »den Publikus« beschrieben: *Damen in Reformkleidern und Cléo-de-Merode-Scheiteln, Jünglinge mit riesenhaften Stehkragen, die ihr Weiß schämig unter noch riesigeren Sezessionskrawatten bergen, junge Juristen und Kaufleute, Schriftsteller, Maler, Bildhauer, würdige ergraute Familienväter mit Weib und Töchtern – das sitzt alles bunt durcheinander, pokuliert und fraternisiert und ist gleich von Anbeginn in der besten und lautesten Stimmung.*

Bei den Hyans trifft sich auch die kleine Welt des Tingel-Kabaretts: Dolorosa, die im großen Berlin-Führer als »Sängerin der Perversität« geführt wird, Johannes Cotta, Donald Wedekind mit seinen Bänkelliedern. Angesagt werden sie ohne viel Umschweife vom Chef des Hauses, der sein Handwerk beim »Wahren Jacob« gelernt hat. Er ist ein Mann des einfachen, ungekünstelten Wortes, der direkten Pointe. Da kann es schon mal passieren, daß er seine Gäste, die es an der nötigen Aufmerksamkeit fehlen lassen, als »Sie Dussel« oder »olle Eule« bezeichnet. Ohne Übergang geht er dann gleich auf eine seiner Geschichten los: *Stehe ick doch neulich in de Ackerstraße, und da kommt mit eenmal so'n Wagen von de Fischräucherei, un wie er so um de Ecke biejen will, fällt da so 'ne Tonne mit Heringe runter und platzt, det die janzen Salzhasen uffn Asphalt liejen. Der Kutscher merkt nischt und fährt stieke weiter. Nu stand da ne janze Masse Leute rum und hätten jerne ne kleene Lese jehalten, trauten sich aba nich, weil ne Pickelhaube dastand. Der Mann des Jesetzes aba wa janz vanünftich, un sobald der Wagen außer Sicht war, sacht der: ›Na Leute, denn langt man zu. Der Wagen mit die Pellkartoffeln kommt jleich nach!‹*

Auch Hanns Heinz Ewers, der gelegentlich in der »Silbernen Punsch-terrine« mit Rezitationen sein Taschengeld aufbessert, hört ihm zu. Er fühlt sich an Paris erinnert: *Hans Hyan ist eine glänzende Parallele zu Bruant, er ist Bruant ins Berlinische übersetzt. Wohl verstanden, er ahmt diesen nicht nach, kennt wohl kaum seinen Namen. Aber er ist seiner innersten Natur nach, wie Bruant, Revolutionär und Sozialist, ohne doch irgend einer Partei anzugehören, frei, unabhängig und feind jeder Fessel und jedes Drucks. Seine Berliner Lieder haben eine eigene Note, die so leicht kein anderer singen kann, eine urwüchsige, echt volkstümliche Kraft. Man glaubt ihm, was er sagt.*

Georg David Schulz

79

Viele der Texte Hyans sind Kabarett im eigentlichen Sinne, wie es zwanzig Jahre später verstanden und betrieben werden wird: Zeitkritik aus aktuellem Anlaß, getragen vom Willen zur Veränderung, Satire aus der Reibung zwischen Anspruch und Wirklichkeit, der Witz als Waffe im Kampf um eine bessere Welt. Hyans Geschichten sind Alltagsgeschichten, oft sind sie die in eine kabarettistische Form gebrachte Nachricht vom Tage: Skandalaffairen der königlich-preußischen Beamtenschaft, Übergriffe der Staatsgewalt, die Kraftmeierei der ganzen wilhelmischen Glanz- und Gloria-Gesellschaft. Denjenigen, die darüber zu wachen haben, daß sich das Volk zerstreut, nicht aber sammelt, bleibt das nicht verborgen. Die Zensurbehörde ist der Ansicht, daß Hyans Kabarett »einer besonders scharfen Controle unterzogen werden muß«. Und so wacht denn das Auge des Gesetzes über das Leben und Treiben der »Silbernen Punschterrine«. Da hier, wie bei Tilke und Schulz, mit Einladungen zu »geschlossenen Veranstaltungen« gearbeitet wird, versucht man mehrfach den Nachweis zu erbringen, daß es sich bei den Darbietungen um »öffentliche« Abende handelt. Aus dem Polizeibericht vom 28. August 1902 geht auch hervor, wie die Künstler zu ihrer Gage kommen: Die Tellersammlungen sind, so steht es im Beamten-Protokoll, bei »dem die Vorstellungen besuchenden gut situierten Publikum stets reichlich ausgefallen.« Die gute Beobachtung beruht auf Gegenseitigkeit. Hyan wird beäugt und guckt zurück. Und was er da sieht, die »Blauen«, den Dienstmann Wunderlich, den Schutzmann Müller – das schildert er.

Ick heeße Milla un bin Schutzmann
un bin mit neunzig Mark bezahlt
un stehe jeden Tach zehn Stunden
hier in Ballin uff den Asphalt.
Vor den Verkehr bin ick sehr wichtig
un bin ooch sonst nich etwa dumm,
un scheint ma irjend wat nich richtich,
so sag ick zu det Publikum:
Jehn Se ausenanda! Blei'm Se hier nich stehn!
Sonst muß ick mit Ihnen nach de Wache jehn!

Bevor ick nemlich Schutzmann wurde,
hab ick jedient bei't Millether,
stand sechzehn Jahre bei de Jarde,
da hab ick meine Bildung her.
Det is nich etwa wie so'n Fatzke,
der iebahaupt nich wa Soldat!
Wat meen' Se woll, wenn wir nich weren,
wir machen schließlich doch 'n Staat.
Jehn Se ausenanda! Blei'm Se hier nich stehn!
Sonst muß ick mit Ihnen nach de Wache jehn!

Un nebenbei hab ick als Schutzmann
'ne eijene Spezialität:
Se wissen doch, daß bei de Kinstla
jetzt so 'ne neie Richtung weht;
da kiek ick denn so in de Fensta,
un wo 'ne Schweinerei drin licht,
da jeh ick rin und konfiszier se,
die janze Richtung paßt ma nich!
Jehn Se ausenanda! Blei'm Se hier nich stehn!
Sonst muß ick mit Ihnen nach de Wache jehn!

So is't ooch mit de Übabrettel
un mit de faulen Cabarets,
wenn ick da Polizeichef were,
denn inhibierte ick den Feetz.
Da stellt so'n Junge sich uff't Podium,
der nebenbei sich Dichta schimpft,
und reißt hier seine Übazoten
un is vielleicht nich mal jeimpft.
Jehn Se ausenanda! Blei'm Se hier nich stehn!
Sonst muß ick mit Ihnen nach de Wache jehn!

So bin ick denn der Ordnung Hieter
und schnauze ooch mal dann un wann
als Vorjesetzter und Jebieta
den sojenannten Birja an.
Un wird da Tod mir ooch mal nehmen
von diese Welt, denn kommt geschwind
an't Jrab!... Da kennt ihr es vernehmen,
wie durch die Gräser seifzt der Wind:
Jehn Se ausenanda! Blei'm Se hier nich stehn!
Sonst muß ick mit Ihnen nach de Wache jehn!

Hans Hyan

Reichlich konfus sind die Polizisten, die Anfang März 1904 in der
»Silbernen Punschterrine« auftauchen. Was sie da zu sehen bekommen,
bringt ihre von Schutzmann Müller auf den Punkt gebrachte Ordnungs-
hüterwelt doch einigermaßen durcheinander: Schwere Jungs und leichte
Mädchen, die sich bei näherem Hinsehen als Herren und Damen der
gehobenen Gesellschaft entpuppen. Hans Hyan hatte in seinem neuen
Domizil in der Charlottenstraße ein »Kaschemmenfest« steigen lassen,
auf dem – wie im Bänkellied vom bestohlenen Kommerzienrat – die
Trennung zwischen Galan und Gauner, Komtessin und Kokotte aufge-
hoben schien. Echtes und Getürktes gibt sich da die Hand, wird sich zum
Verwechseln ähnlich. Hyans Häme hat allerdings nicht mehr lange ein
Podium. Kurz nach dem festlichen »Verbrecher-Vergnügen« schließt
die »Silberne Punschterrine« für immer ihre Pforten.

Rädelsführer und König der Boheme

Kesse Couplets und lose Lieder gibt es auch für ein gutes Jahr lang in einem kleinen Kabarett zu hören, das der Schriftsteller Max Mackott im ersten Stock des Restaurants »Zur Stadt Pilsen«, Unter den Linden 13, im November 1902 einrichtet. Es nennt sich »Zur grünen Minna«. Kabarett-Chef Mackott nimmt den Titel beim Wort, bleibt im Bild und nennt sich selbst einen »Rädelsführer«; seine Mitstreiter, wie der Hauskomponist Richard Francke und die Chansonnette Ella Morösse, bezichtigen sich als »Mittäter«, das Publikum schließlich wird zu »Häftlingen«, die in das »Haftlokal« zur »Verhandlung« geführt werden. Für die »Grüne Minna« gibt's auch hier – die Sitzungen sind nichtöffentlich – schriftliche »Vorladungen«: an der Abendkasse. Was Rädelsführer Mackott, den die Presse als »humorerfüllten, unvergleichlichen Conferencier« feiert, zu solchen Vorsichtsmaßnahmen veranlaßt, geht aus seinem »Polizeichanson« hervor, das er, von Francke am Klavier begleitet, laut Berliner Extra-Post »unter dem Jubel des Publikums interpretierte«:

Hört, o Musensöhne, jetzo meinen Rat,
Denn ein jeder Künstler ihn sehr nötig hat.
Reizet nie durch Leichtsinn unsere Obrigkeit,
Sonst seid ihr verloren dann für alle Zeit.
Der Berliner Schutzmann hat viel Kunstverstand,
Mit den Musen ist er nahezu verwandt.
Schafft ihr neue Werke, denkt euch was dabei,
Sonst – für alles andre sorgt die Polizei.

Wenn du bist ein Maler, nimm dich ja in acht,
Schnell mit dem Gelichter wird Prozeß gemacht.
Malst du Nuditäten, denk ans Feigenblatt,
Sonst man dich sehr balde Numm'ro Sicher hat.
Des Gesetzes Auge, es entdeckt sehr schnell,
Daß du was vergessen an bewußter Stell'.
Drum mal nie 'ne Venus noch 'ne Loreley,
Sonst – für alles andre sorgt die Polizei.

Modellierst in Ton du, haust in Marmor aus,
Kommt die Polizei dir sicher auch ins Haus.
Schaffst du nackte Menschen, binde vorn was vor,
Sonst errötet schamhaft unser Schutzmannskorps.
Steck dir die Figuren in 'ne Uniform,
Das ist nämlich heute unsre Kunstreform.
Drum häng an den Nagel die Bildhauerei,
Denn für unsre Plastik sorgt die Polizei.

Bist du, o Verbrechen, nun ein Dichter gar,
Packt man dich oft plötzlich beim Poetenhaar.
Schreibst du aber Stücke, passe auf gar sehr,
Ob auch alles richtig, sonst – Mali-Malheur,
Mit dem dicken Blaustift, nie am rechten Fleck,
Streicht dir dann der Zensor die Pointen weg.
Drum laß doch die ew'ge Stückeschreiberei,
Denn die besten Stücke macht die Polizei.

Große Wirkungen mit kleinen Mitteln erzielt eine originelle Randfigur des frühen Kabaretts, die fünfzehn Jahre hindurch die Szene verunsichern sollte: Danny Gürtler. Er ist ganze 24 Jahre alt, als er im Herbst 1901 die Kabarett-Schwemme um eine weitere Attraktion bereichert. Sie nennt sich »Schminkschatulle«, und liegt natürlich, wie es sich für den selbsternannten »letzten Romantiker« gehört, Unter den Linden gerade richtig. Dreimal wöchentlich geht hier die große Selbstdarstellungs-Show ab. Gürtlers Auftritt erfolgt mit dröhnendem Burgtheater-Schritt: »Stimmung!!!« Da steht er dann, bewaffnet mit Gitarre, Flöte, Okarina, Schalmei und Kindertrompete, und gibt sich als Dichter, Komponist, Schauspieler, Musiker und Sänger in einer Person zu erkennen. Ein Hüne von Gestalt, den frechen Schnäuzer im dunkelbraunen Gesicht, mit langen schwarzen Locken, auf dem Kopf den breitrandigen Kalabreser – so lieben ihn die Damen. Die Beine stecken in hohen Schaftstiefeln und zum braunen Samtjackett trägt er ein leuchtend rotes Tuch, das er mit einem dicken Knoten um den Hals geschlungen hat. Und dann geht es los. Mit Genie-Gebärde gibt er eine gereimte Erklärung ab, aus der hervorgeht, daß er sich als »König der Boheme« fühlt, ein Rückgrat aus Eisenerz besitze und sich infolgedessen nicht bücken könne, ein Umstand, dem er den Rausschmiß aus der Wiener Hofburg und anderen renommierten Theatern verdankt. Beifall brandet auf. Gürtler herrscht seine Zuhörer an: »Was soll das? Ich brauche keinen Applaus. Daß mein Achtzeiler gut ist, weiß ich selber! Applaudiert den Komikern, die haben Beifall nötig!« Und wieder: »Stimmung!«

Zu den »Perlen seines Repertoires« gehören in erster Linie eigene Gedichte und Lieder, deren Inhalt in ihrer Mischung aus Geistreichelei und Plattheit gemeinhin das halten, was sie im Titel versprechen: »Entsagung«, »Amor traf gut«, die »Froschballade« mit dem immer wiederkehrenden »Quak, Quak, Quak, kakakaka – Quak« und ein Werk, betitelt »Die Vogelhochzeit«, dessen Co-Autor Walther von der Vogelweide er nicht verschweigen will. Mit besonderem Eifer trägt er Heine vor, weiter hat er Mendelssohn-Unsinn und Mühsam-Balladen im Programm. Gelegentliche Auftritte von Brettl-Dichtern, Profis wie Dilettanten, die er mit einem Zweimarkstück und einer Gulaschmahlzeit abspeist, verblassen zur reinen Dekoration. Der Conferencier Willi Prager, wie Mühsam gelegentlich zu Gast bei der Gürtler-Gala, erinnert sich: *Der Mann hatte ohne Frage etwas Faszinierendes an sich. Das*

Danny Gürtler

Publikum verhielt sich musterhaft ruhig und stand ganz in seinem Bann. Ich habe ihn oft eine Stunde hintereinander Gedichte aufsagen hören, und keins davon blieb ohne Wirkung. Alles, was er tat und sagt, geschah völlig impulsiv. Und es ist buchstäblich wahr, daß er einmal seine gewiß nicht geringe Tagesgage in einen kleinen Beutel steckte, auf die Galerie schleuderte und rief: »Teilt euch das! Ich brauche weder Geld noch Applaus!«

Der exzentrische Gürtler, der sich als »Ritter ohne Furcht und Tadel« feiern läßt, kann sich solche Schau-Auslagen leisten. Vor allem der Damenwelt verdankt er den enormen Publikumserfolg, der ihm Monatsgagen bis zu 6000 Goldmark einbringt. Seine Sponti-Sprüche werden bejubelt und in der Gesellschaft kolportiert: *Ich halt mich nicht strikt an das Reimgesetz, scher mich den Teufel drum, wenn ich's verletz'* ... ferner fragwürdige Proleten-Umarmungen wie *Schmäht mir den Mann der Arbeit nicht! Dem Tropf, der's wagt, ein Schlag ins Gesicht!* Er pöbelt gegen Alles und Nichts, ruft »Hoch die Freiheit« und fordert Frieden, legt sich mit Gott und der Welt an: *Solange Pius noch lügt im Petersdom, bist du, deutscher Michel, der Hausknecht von Rom!* Bald bleibt solch perfekt inszenierter Ego-Trip nicht auf die Berliner »Schminkschatulle« beschränkt. Danny Gürtler, der mit allen Publicity-Wassern gewaschene Reisende in eigener Sache, geht auf Tournee, feiert Triumphe in Prag, Zürich, Wien, Leipzig, München, Frankfurt, Düsseldorf und Hamburg. Er sprengt Versammlungen und Dichtertreffs, fährt vierspännig vor dem großherzoglichen Schloß seiner Heimatstadt Darmstadt vor und winkt der salutierenden Wache ab: *Tretet ab! Ich bin's ja nur, Euer Landsmann, der Danny.* Es hagelt Anklagen, Verhaftungen, Gefängnisaufenthalte. Gürtler führt darüber Buch, sammelt Dokumente, veröffentlicht seine inszenierten Lebensgeschichten. Er schlägt sich mit den Behörden herum, daß die Fetzen fliegen. Bei einem namhaften Bildhauer gibt er für 30 000 Goldmark eine Heine-Büste in Auftrag und sucht für den weißen Marmor einen geeigneten Denkmal-Platz. Düsseldorf lehnt ebenso ab wie Frankfurt und Hamburg. In Mainz und Köln, wo der Klerus das Sagen hat, ist man über das Angebot empört. Gürtler schreitet zur Selbsthilfe. Für 1200 Goldmark erwirbt er zu Füßen der Loreley in St. Goarshausen ein Grundstück; die für den 18. Januar 1908 geplante Grundsteinlegung wird durch ein Polizeiaufgebot verhindert. Nur auf der Loreley weht zu Heines Ehren die von Gürtler gehißte rote Fahne ...

Das Serien-Spektakel reißt nicht ab. Nach vorübergehender Zwangseinweisung ins Irrenhaus stellt sich der hellwache Narr hin und wieder selbst, und das nur, um sich bei Nacht und Nebel wieder aus dem Staube machen zu können. Den Psychiatern gibt er den eher schlecht gemeinten als gut gereimten Rat, sich das Lehrgeld wiedergeben zu lassen, da sie ihm weder Kleptomanie, Paralyse, erfrorene Füße noch Homosexualität, Paranoia oder Hirngewächse bescheinigen mögen. Da hält es der große Selbstdarsteller Danny Gürtler schon lieber mit der Eigen-Diagnose. Titel: »Größenwahn!??«

Café „Stuß"
„Fragen Sie mal den Kellner, ob er für 'n Aphorismus
'n Cognac hergibt!"

Ich bin doch Deutschlands genialster Kerl,
Ich bin stolz auf mein närrisches Treiben!
Ich spiele Fangball mit jeder Tendenz;
Konkurrenzlos werd ich wohl bleiben.

Und fragt mich mein Kaiser mal um meinen Rat,
Mein bester Wunsch soll ihm stets werden:
Rück du, o mein Kaiser, doch endlich nach links,
Auch erhalt' uns den Frieden auf Erden.

Bleib so wie ich gegen die Kläffer gefeit;
Sie mögen nur weiter uns grollen:
Wir sind ja doch Deutschlands genialstes Paar.
Wir machen ja doch, was wir wollen!

Kabarett als Dichtertreff

Die »Schminkschatulle« bleibt nicht allzu lange geöffnet. Danny Gürtler benutzt sie nur als Sprungbrett für seine ad-hoc-Abstecher, die ihn in Europas Metropolen führen – oder gleich um die Ecke in die König-Auguste-Straße, Nähe Potsdamer Brücke, in den »Vesuv« Dalbellis, wo sich neuerdings auch Peter Hille und seine Künstler-Crew ein eigenes Nest gebaut haben. Erich Mühsam war mit dabei: *Anfangs 1903 fragte mich Peter Hille, ob ich ihm helfen wolle, ein Kabarett zu gründen, wo er regelmäßig seine Dichtungen vortragen und anderen ebenfalls dazu Gelegenheit geben könne. Ich ging mit ihm zu Dalbelli, und in dem Raum, wo Tilke seinen hungrigen Pegasus geritten hatte, produzierte sich nun allwöchentlich das ›Kabarett zum Peter Hille‹. Das war eigentlich keine Stätte der zehnten Muse, es war oft ganz große Kunst, was dort zu Gehör kam. Wir alle, die wir dort teilnahmen, betrachteten dieses Kabarett als einen Ort höchster künstlerischer Ansprüche, und Peter Hille hielt selbst streng darauf, daß sein Musentempel nicht von profanen und albernen Produktionen entheiligt würde. Den damals sehr populären Kabarettisten Danny Gürtler hat er einmal energisch aus dem Vortragszimmer hinausgeworfen. Gürtler kam polternd herein, brüllte mit seiner Riesenstimme: ›Hoch der Humor!‹ und wollte, den betroffen in seiner Vorlesung innehaltenden Dichter leutselig begönnernd, die Regie des Abends übernehmen. Da stellte sich der schmächtige Peter Hille breit vor den kolossalen Menschen hin und donnerte ihn an: ›Gehen Sie in Ihre Spelunke! Bei uns haben Sie gar nichts zu suchen!‹ Gürtler wollte mit gutmütigem Lachen einlenken, aber Peter blieb mit ausgestrecktem Finger vor ihm stehen und wiederholte nur immer: ›Hinaus mit Ihnen!‹, bis der andere verlegen und besiegt abzog.*

Es sind zumeist Freunde, die zu Peter Hille kommen, dem stadtbekannten Poeten und Vaganten, der mit struppigem Vollbart, abgelatsch-

Aus den Liedern des betrunkenen Schuhus

Was die Gelehrten reden, ist nur Kohl,
Denn eine taube Nuß ist ihr Symbol,
Wie diese ist ihr Schädel hohl,
Der Schweine Leder ihr Idol –
Der Weise weiht sich dem Alkohol.

Bim, bim, bim, bim
Bin bös, bin schlimm,
Kommen gelaufen und ärgern einen.
Immer sind sie auf den Beinen,
Mag's nun regnen, mag die Sonne scheinen,
Und ist ein Gegröle,
ein Weihrauchgestänker,
Hol' sie der Henker!

Sonst ist alle Zeit
Hier oben Einsamkeit,
Denn der früher hier heraufgekrochen,
Hat den Hals gebrochen.
Wie ich im Nu – kiwitt, kiwitt,
Geh' mit, geh' mit –
Den letzten Rum gestohlen,
War er noch da, sich Schnaps zu holen.

Gluck, gluck, –
Dann tat es puck!
Im Turmgebälk und Branntewein,
Da muß man schon ein Schuhu sein.

Nachts lassen sie mich hier in Ruh',
Und wenn sie dann die Klöppel schwingen,
Die dröhnenden Dinger wie Donner singen,
Da seh ich zu
Und schlürf' in langen Zügen
Aus allen meinen Krügen
Kognak, Korn und Aquavit
Und habe mein Vergnügen.
Wenn wohle Glut die Nacht bezieht,
Das ist mir mehr wie Morgenrot,
Und morgen sind viele Häuser tot.
Grgsgi,
Der Teufel hole sie!
Dreck! Komm, Karlineken, komm,
Mach' mich fromm,
Daß ich in den Himmel komm!

Peter Hille

ten Schuhen, den abgemagerten Körper in den alten, zu weiten Mantel gehüllt, schon seit Jahren zur Szene gehört. Man verehrt diesen »König unter den Bettlern« nicht nur als Lyriker und Aphorismus-Autor, sondern auch als den selbstlosen Boheme-Barden, der mal hier, mal dort auftaucht, von Spenden lebt und oft im Freien übernachtet. Man hängt an seinen Lippen, wenn er eine Szene aus dem »Sohn des Platonikers« vorliest oder ein Romanfragment. Wenn er mit rührender Hilflosigkeit in seinem berühmten »Zettelsack« kramt, aus dem er beschriebene Papierschnipsel zutage fördert und Gedichte, Gedankensplitter von bekritzelten Formularen, zerknitterten Rechnungen, rückseitig beschriebenen Speisekarten abliest. Die »Lieder des betrunkenen Schuhus« oder den »Hymnus an die Dummheit«:

> *Dummheit, erhabene Göttin,*
> *Unsere Patronin,*
> *Die du auf goldenem Throne,*
> *Auf niedriger Stirne die blitzende Krone,*
> *Stumpfsinnig erhabenes Lächeln*
> *Auf breitem, nichtssagendem Antlitz –*
> *Königlich sitzest:*
> *Siehe herab mit der Milde Miene*
> *Auf deine treuen, dir nach-*
> *Dummenden Kinder,*
> *Verjage aus dem Land*
> *Die Dichter und Künstler und Denker,*
> *Unsere Verächter,*
> *Vernichte die Bücher – Traumbuch und Rechenknecht,*
> *Briefsteller und Lacherbsen verschonend,*
> *Und wir bringen ein Eselchen dir,*
> *Dein Lieblingstier,*
> *Dein mildes, sanftes, ohrenaufsteigendes*
> *Lieblingstier*
> *Eine goldene Krippe dafür*
> *Und ein purpurnes Laken von Disteln.*

Erich Mühsam geht für den Freund mit dem Teller rum, sammelt für die brotlose Kunst. Unter den Gästen, die an kleinen weißgedeckten Tischen den Chianti aus der Korbflasche trinken, sitzt auch Hanns Heinz Ewers, einstiger Überbrettl-Schreiber und Chronist der frühen Berliner Kabarettszene. Er empfindet das, was sich dort in Dalbellis Weinstube tut, eher als »Kabarett zur Prostitution Peter Hilles«. Rührung beschleicht ihn, wenn er die Schar junger Leute sieht, die, Habenichtse wie Hille, »einen Dichter unterstützen, den das grausame, undankbare Berlin dreißig Jahre lang hatte hungern lassen«. Und Mitleid mit dem großen, alten Mann: *Ich glaube, in der Zeit war Peter Hille glücklich. Sein Kabarett brachte ihm im Monat über achtzig Mark ein und außerdem*

Peter Hille

86

kam es sogar vor, daß hie und da ein Blatt eine Kleinigkeit von ihm druckte. Er erzählte mir strahlend, daß er jetzt berühmt werde, er verdiene schon fast hundert Mark allmonatlich! Otto Reutter, der witzige Couplet-dichter und Sänger, bekommt sechstausend Mark im Monat. Sein Publikum versteht ihn, weil er – gründlich! – sein Publikum versteht. Peter Hille aber verstand die Welt so wenig, wie sie ihn. Er hielt sich für berühmt, als er hundert Mark im Monat verdiente, und war ganz und gar zufrieden und glücklich! So wie Detlev von Liliencron vor Glück weinte, als er die Nachricht erhielt, daß ihm sein Kaiser ein Gnadenjahrgehalt von 2000 Mark ausgesetzt habe.

Auch die Freunde lesen an jenen Montagsitzungen: Mühsam, Richard Dehmel und Hanns von Gumppenberg. Und dann tritt eine 34jährige Frau aufs Podium, die ihrem »St. Peter Hille«, wie sie ihn nennt, eigentlich das Leben verdankt. Für Hille ist sie »der schwarze Schwan Israels, die singende Prophetin«; er hat sie aus dem verdreckten Kellerverlies geholt, in das sie sich mit dem dreijährigen Sohn nach einer gescheiterten Vernunftehe verkrochen hat: Else Lasker-Schüler. Sie hat Gedichte geschrieben, hier trägt sie sie erstmals vor:

Else Lasker-Schüler

Ich will in das Grenzenlose
Zu mir zurück,
Schon blüht die Herbstzeitlose
Meiner Seele,
Vielleicht – ist's schon zu spät zurück!
O, ich sterbe unter Euch!
Da ihr mich erstickt mit Euch . . .

Freunde kümmern sich um sie, darunter der Schriftsteller Georg Lewin, dem sie einen neuen Namen gibt: Herwarth Walden. Erich Mühsam hält nichts mehr in Berlin. Er geht auf Wanderschaft, er braucht Luftveränderung, neue Eindrücke. In Lausanne erreicht ihn die Nachricht, daß Peter Hille gestorben ist. Man hat ihn Anfang Mai 1904, völlig entkräftet, auf einer Bank vor dem Bahnhof Zehlendorf gefunden. Seinen 50. Geburtstag hat er nicht mehr erlebt. Neben sich, in seinem Zettelsack, befand sich seine ganze Habe: Notizen auf zerknitterten Papierresten.

Schwabing unterm Henkerbeil

*Wahnmoching –
mehr als ein Stadtteil.
Reventlow*

Historische Daten sind oft nur die halbe geschichtliche Wahrheit. Im beglaubigten Geburtsschein wird Berlin, Alexanderstraße 40, als der Ort angegeben, an dem das freche Musenkind deutscher Nationalität das Licht der Brettl-Welt erblickte. Und doch gilt München als die eigentliche Geburtsstätte des Kabaretts, wie die Isarmetropole um die Jahrhundertwende allgemein als künstlerisches Zentrum in Deutschland unumstritten war. Vor allem in Schwabing, das Franziska Gräfin zu Reventlow nicht als Ort, sondern als Zustand verstanden wissen wollte, haben in jenen Tagen zahllose Künstler, Schriftsteller, Theaterleute, Maler, Musiker und all die Halb-, Viertel- und Achtel-Genies aus dem Boheme-Kreis ihr Domizil aufgeschlagen; hier bevölkern sie die Cafés, all die rebellischen Freigeister und romantischen Anarchos, die kunstbesessenen Weltverbesserer und komischen Käuze, die die Nächte durchdiskutieren, feiern und frozzeln, einen Hauch von ganzjährigem Fasching aufkommen lassen und bereits Brettl-Freuden leben, lange bevor es zur offiziellen Kabarett-Gründung kommt.

München steht zu dieser Zeit in dem Ruf, die einzige liberale Großstadt Deutschlands zu sein. Hier kann, zumindest so lange der Zensor nicht zuschlägt, manches gesagt, geschrieben, aufgeführt, verlegt und ausgestellt werden, was in Berlin, wo der reaktionäre Geschmack des Kaisers den Ton angibt, nicht denkbar wäre. Hier ist größerer Freiraum für freie Geister, hier wird vieles stillschweigend geduldet, hier treffen sich Bürgersohn und Bohemien zuweilen beim Bier. Hier werden schließlich zwei große, überregionale Zeitschriften publiziert, die offen gegen kleinbürgerliche Scheinmoral, heuchlerisches Philistertum, preußischen Standesdünkel und die behördliche Knebelung der schönen Künste Front machen: das satirische Scherzblatt »Simplicissimus« und das progressive Kunstmagazin »Jugend«. Die Redakteure und Mitarbeiter dieser Gazetten sind es auch, die wissen, was es mit der zehnten Muse auf sich hat. Schriftsteller wie Frank Wedekind und Musiker wie Hans Richard Weinhöppel haben lange Zeit in Paris gelebt, dort Geschmack

an der lockeren Lebensweise des freien Künstlertums gefunden und auf
dem Montmartre das Cabaret aus erster Hand genossen.

So wurde denn in verschiedenen Zirkeln eifrig über die Möglichkeit
eines deutschen Brettls diskutiert, auch Otto Julius Bierbaum und Ernst
von Wolzogen, der damals noch in München lebte, beteiligen sich an den
Gesprächen. Neuen Auftrieb bekommen die Kabarett-Pläne durch
einen Gesetzesentwurf, der im Reichstag von der kirchlichen Lobby
eingebracht wird und auf die Unterdrückung der freiheitlichen Tendenzen in der Kunst hinausläuft. Danach steht unter Strafe, was das
allgemeine »Scham- und Sittlichkeitsempfinden« verletzen könnte. Die
sogenannte Lex Heinze, ein in Paragraphen gefaßtes Manifest des
kleinbürgerlichen Muckertums, ist eine einzige Kampfansage gegen
alles, was sich der Norm des Mittelmaßes entzieht: erlaubt ist demnach
alles, was nicht verboten ist und verboten wird nur das nicht, was »oben«
gefällt. Die Reaktion macht mobil: Alles Natürliche erscheint suspekt,
alles Nackte wird grundsätzlich verdächtigt, antike Kunstwerke werden
mit Feigenblättern bedeckt, Gedichte, Romane und dramatische Dichtungen von verklemmten Moralaposteln in muffigen Talaren geifernd
nach schlüpfrigen Passagen durchkämmt, Reproduktionen von Feuer-
bachs »Schlafender Nymphe« werden untersagt. Die Künstler begreifen
und setzen sich zur Wehr. Otto Reutter verfaßt eilig ein Couplet, in dem
es heißt:

Jetzt besing ich die Lex Heinze.
Ihr hab ich mein Lied geweiht.
Endlich durchgegangen scheintse,
darum: Hoch die Sittlichkeit!
Wer jetzt realistisch dichtet,
wird bestraft, wenn er nicht schweigt.
Jeder Maler wird vernichtet,
wenn er uns die Eva zeigt.
Früher formte die Skulptur
nach Natura die Figur.
Die Modelle ebenfalls
waren barfuß bis zum Hals.
Selbst ein Storch – wie unvernünftig! –
kam mit nackten Kindern an.
Nun erwägt man, ob man künftig
so was nicht verhindern kann. . .

Und Otto Julius Bierbaum witzelt:

Natur, mein Freund, ist immer sittlich!
Der Staatsanwalt ist unerbittlich.
Jüngst hat ein Andachtsbuch er konfisziert,
weil sich zwei Fliegen darauf kopuliert.

Gruß eines Nörglers an Berlin.

Berlin, Du hast es weit gebracht!
Wie ist man auf Dein Wohl bedacht!
Man schützt Dir Deine Sittlichkeit,
Sorgt für die Tugend allezeit.

Bringt irgend wo ein Witzblatt keck
'nen Witz, gleich hats der Leixner weg,
Trägts freudig nach der Polizei
Und schreit: „Das ist 'ne Schweinerei!“

Ist jemand nur freireligiös,
Das gilt als ganz besonders bös!
Man sperrt ihm jedes Schullokal,
Wo bliebe sonst denn die Moral!

Da kommt Herr Oskar Blumenthal
Mit einem neuen Stück einmal,
Das ohne Kadelburg er schrieb,
Natürlich folgt auch gleich der Hieb!

Es denkt die Hohe Polizei:
„Der Bürger denkt sich was dabei“,
Und flugs erfolgt auch das Verbot,
Der Rotstift macht den Löwen tot.

So'n Löwe aber zäh ist doch,
Selbst „tot“ ist er lebendig noch,
Und was gefährlich für Berlin
Ist's nicht für Hamburg, Dresden, Wien!

Da siehst Du nun, Du Reichshauptstadt,
Wie gut es der Berliner hat!
Denn ohne Deine Polizei
Wär Deine Tugend längst entzwei!

Drum, hast Du noch ein Plätzchen leer,
Wo noch kein Denkmal steht bisher,
Dann hau in Marmor, welch ein Schmaus,
Dir Deine Tugendwächter aus!

Zur lex Heinze

(Zeichnung von Th. Th. Heine)

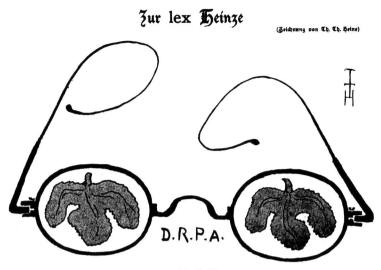

D.R.P.A.

Schutzbrille
für Reichstagsabgeordnete mit leicht erregbarer Sinnlichkeit
(Deutsches Reichspatent angemeldet).

Dabei ist die Zensur, die jede Form von künstlerischer Betätigung einschränkt, ohnehin wirksam. Kunst ist generell genehmigungspflichtig – eine Farce, ein Stück Realsatire, mit der auf lachhafte Weise – wenn auch nicht gerade zum Lachen – eine auf Zucht und Ordnung eingeschworene Staatsautorität ihre Visitenkarte präsentiert. Und das allerorten, in Leipzig wie in Köln, in Hamburg wie in Stuttgart. In Berlin bleiben Ibsens »Gespenster« ungespielt, weil Polizeipräsident von Richthofen der Ansicht ist, daß sich das Stück »seinem ganzen Inhalte nach nicht zur öffentlichen Aufführung eignet«. Und in Wien wird aus einem Theaterstück die Figur eines vaterlos aufwachsenden Jungen mit der Begründung gestrichen, daß das »Budget an unehelichen Kindern am Burgtheater bereits erschöpft ist«.

Auch der Schriftsteller Frank Wedekind hat unter dieser Behördenwillkür Zeit seines Lebens zu leiden; seine dramatischen Werke brauchen in der Regel zehn Jahre, bis sie auf die Bühne kommen. Er weiß also ein Lied von der Zensur zu singen, wenn er zur Gitarre greift. Und er nennt den Saubermann beim Namen:

Vor dem Münchner Zensor Herrn von der Heydte
macht nun auch Lessing moralisch pleite.
Jüngst ward durch einen grausamen roten
Zensurstrich »Minna von Barnhelm« verboten;
denn alles, um das sich dies Schandstück dreht
ist heillose freche Perversität.
Dies Schandstück, in dem die Verliebten verkehren
mit gänzlich vertauschten Geschlechtscharakteren.
Wofür läßt sich denn von der Heydte bezahlen?:
Für den Weltrekord in Kulturskandalen!

90

Die geplante Lex Heinze, sie trägt den Namen eines Berliner Zuhälters, dem der Prozeß gemacht worden war, führt zu einer unvorhergesehenen Protestwelle. Überall im Reich schließen sich die Künstler zu oppositioneller Aktion zusammen. In München bildet man einen »Goethe-Bund zum Schutze freier Kunst und Wissenschaft«, der verhindern soll, »Deutschland, das Land des Fortschritts, vor den anderen Völkern lächerlich zu machen«. Zu den Mitgliedern zählen Dichter wie Paul Heyse, Frank Wedekind, Max Halbe, Maler wie Franz von Lenbach. Und die Münchner Künstler gehen auf die Straße, demonstrieren gegen die reaktionäre Kunstpolitik.

Man geht auf die Barrikade auf Schwabinger Art: Studenten entwenden den bedeckten Marmorstatuen ihre papierenen Feigenblätter, die jungen Künstler, unter ihnen Otto Falckenberg und der Schriftsteller Leo Greiner, ziehen im Faschingstrubel maskiert und transparenteschwingend durch »Schwabylon«. Von Zeit zu Zeit stimmen sie, laut grölend, ihr Kampflied an, das ihnen Falckenberg getextet hatte und das verhieß, bis zum äußersten gehen zu wollen, allerdings: »aber nacket, nacket, nacket gehn wir nicht!«

Die Zeit ist reif für den Brettl-Protest, nur das Podest fehlt noch. Wedekinds Ausruf »Freiheit, dein Name ist Tingeltangel!« im Sinn, treffen sich in einem Zimmer der »Kaimsäle« die Demonstranten Falckenberg und Greiner mit vier Gesinnungsfreunden und beraten die Lage. Das große Wort führt bald ein junger Franzose, der seit einigen Jahren in München lebt und Erfahrungen aus dem legendären »Chat noir« mitbringt, wo er Chansons gesungen und conferiert hat. Der Herr mit dem eleganten Zylinder Pariser Machart heißt Achille Georges d'Ailly-Vaucheret, nennt sich schlicht Marc Henry und schwärmt den deutschen Künstlerkollegen in gebrochenem Deutsch, aber um so begeisterter, von der zehnten Muse – ein Cabaret in München! Montmartre dient als Vorbild: klein soll das Brettl sein, intime Atmosphäre, keine Ränge, keine Galerie, mehr Künstlerkneipe als Theater, mehr Atelier als Arena: *Die Zuhörer sitzen gemütlich bei ihrem Glase Bier, und sollte es einem von ihnen einfallen, aufs Podium zu steigen und sich etwas vom Herzen zu singen oder zu mimen, so ist ihm das ohne jegliche Zensur gestattet, denn der strengste künstlerische Richter ist das Publikum.*

Die fünf sind Feuer und Flamme, auch Bildhauer Hüsgen, Musiker Weinhöppel und der Rechtsanwalt Robert Kothe, der aus Liebe zum Klampfenklang ohnehin am liebsten den Kanzleikram hinschmeißen möchte.

Zu den sechs »Scharfrichtern«, wie sie sich nennen wollen, gesellen sich bald neue Brettl-Besessene, darunter der Architekt Max Langheinrich, der den alten Paukboden des Gasthofs »Zum Hirschen« in der Türkenstraße zu einem kleinen Theater ausbauen wird. Mitgründer Falckenberg, der inzwischen für den guten Zweck sammeln ging, ist mit dem Ergebnis zufrieden: *Mehr als hundert Personen haben hier nicht Platz. Glatte Wände, bis zu halber Höhe mit Holz verkleidet, darüber mit*

Marc Henry

Scharfrichter-Lokal. Rechts der Schandpfahl

Stoff bespannt, in ruhigen, vornehmen Farben gehalten und mit den Porträtmasken der ›Elf‹ sowie auserlesenen Gemälden, Lithographien, Radierungen und Zeichnungen moderner Meister geschmückt; zu beiden Seiten des Eingangs je eine behagliche Loge, deren eine von dem ›Schandpfahl‹ mit dem Wahrzeichen der ›Scharfrichter‹ flankiert wird: einem zopfperückengekrönten Totenschädel, in dem noch das Henkerbeil sitzt; einfache, aber sehr bequeme Stühle und Tische und, dem Eingang gegenüber, die Bühne – das ist das Scharfrichtertheater.

Der Schandpfahl, an dem nun zukünftig Zensurbescheide, Gerichtsurteile, behördliche Verordnungen und ähnliches an den Pranger des schwarzen Brettl-Bretts genagelt werden sollen, ist nicht der einzige Hinweis auf die Form der Henkertätigkeit, die den Münchner Kabarettisten vorschwebt. Aus den sechs Scharfrichtern sind inzwischen elf geworden, und sie legen sich blutrünstige Pseudo-Namen zu: Balthasar Starr (Marc Henry), Till Blut (Wilhelm Hüsgen), Peter Luft (Otto Falckenberg), Hannes Ruch (Hans Richard Weinhöppel), Dionysius Tod (Leo Greiner), Max Knax (Max Langheinrich), Frigidius Strang (Robert Kothe), Kaspar Beil (Maler Ernst Neumann), Willibaldus Rost (Schriftsteller Willy Rath), Gottfried Still (Maler Viktor Frisch) und Serapion Grab (Maler Willi Örtel).

Und am 12. April 1901 ist es dann soweit. In blutroter Scharfrichterrobe, mit vermummter Miene, das Hackebeil geschultert, marschieren die Elf auf die kleine Bühne, formieren sich um den schwarzen Richtblock und singen ihre düstere Henkerhymne:

> *Erbauet ragt der schwarze Block,*
> *Wir richten scharf und herzlich.*
> *Blutrotes Herz, blutroter Rock,*
> *All unsre Lust ist schmerzlich.*
> *Wer mit dem Tag verfeindet ist,*
> *Wird blutig exequieret,*
> *Wer mit dem Tod befreundet ist,*
> *Mit Sang und Klang gezieret.*
>
> *Wie Rausch verrinnt der bunte Sand*
> *Der Zeit, die uns mit Nacht umwand,*
> *Doch unsre Fackeln stehn im Land,*
> *Hoch ihrem Flug zu lodern.*
> *Wir leuchten dem, was rasch verfällt,*
> *Was kaum ein Tag im Licht erhellt.*
> *Mag uns der tolle Gott der Welt*
> *Vor seinen Richtstuhl fordern.*
>
> *Ein Schattentanz, ein Puppenspott!*
> *Ihr Glücklichen und Glatten!*
> *Im Himmel lenkt der alte Gott*

Die Puppen und die Schatten.
Er lenkt zu Leid, er lenkt zu Glück,
Hoch dampfen die Gebete,
Doch just im schönsten Augenblick
Zerschneiden wir die Drähte!

Genau genommen sind es gar nicht elf Scharfrichter, sondern etliche mehr. Aber des schönen Titels wegen bleibt es beim »Elferrat«, alle Überzähligen werden kurzerhand zu »Henkersknechten« gemacht. Olly Bernhardi zum Beispiel, die am Premierenabend einiges von dem bringt, was so auch im Berliner Überbrettl hätte präsentiert werden können: Texte von Bierbaum, Falke, Dehmel und Liliencron, allesamt

Die Elf Scharfrichter: Robert Kothe, Heinrich Lautensack, Max Langheinrich, Marc Henry, Frank Wedekind, Otto Falckenberg, Hans Richard Weinhöppel, Leo Greiner

Maria Magdalena

Flieg, meine weiße Taube, flieg!
Die Frauen haben ausgeweint,
und von den Thränenhimmeln stieg
ein sieghaft Licht, die Sonne scheint;
der Erde Wunden schließen sich,
die Sonne scheint, die Sonne heilt,
die Wasser all verfließen –
Und Einen hat der Tod ereilt . . .

Die Frauen haben ausgeweint,
und von den Thränenhimmeln stieg
ein sieghaft Licht, die Sonne scheint –
flieg, meine weiße Taube, flieg!
Der Erde Wunden schließen sich,
die Sonne scheint, die Sonne heilt –
und Ölbaumblüten sprießen,
zu goldnem Feste ausgeteilt . . .

Nun trag ich weißen Kranz im Haar,
weiß keins, daß ich ein Kind gebar –
und Einem über eine Nacht
so seltsam Weib und willens war . . .
Und länger, als ich je gedacht –
wohl länger als ein Jahr . . .

Flieg, meine weiße Taube, flieg!
Glaub nicht, daß Er vom Kreuze stieg! . .
Schon glüht durchs Dunkel manches Licht –
gehn wir, wo man uns Kränze flicht
aus Ölbaumblütenzweigen.
Die Männer, die sich vor Frauen neigen,
müssen sich siebenmal vor mir verneigen
– und wissens nicht – – –

Heinrich Lautensack

der auflagenstarken Anthologie »Deutsche Chansons« entnommen, jener Brettl-Bibel, die jeder Cabaretier auf dem Sekretär stehen hat. Zwei weitere weibliche Knechte treten auf, sie bringen allerlei Lyrisches um der Liebe Leid und Freud und diverse Dichtungen vom Tod, der Leo Greiner heißt. Viel Tändelkunst auch von Hannes Ruch, dem Hauskomponisten, der zur Laute aus »Des Knaben Wunderhorn« vorträgt, sowie vom singenden Anwalt Kothe, der als Pierrot, zur Entrüstung seiner Berufskollegen, musikalisch die bunten Bänder flattern läßt: »Liebste, sieh, aus Mondesstrahlen spanne ich mir goldne Saiten...«

Und dann kommt sie. Es beginnt, wie sich das für einen durchschlagenden Theatererfolg gehört, erst einmal mit einer Panne: das Premierenkleid ist kurz vor dem Auftritt in die Hosen gegangen. So steht sie nun im privaten Schwarzen auf der kleinen Bühne, ganz so, wie man sie von dem berühmt gewordenen Heine-Plakat her kennt: ein strenger Jugendstil-Engel mit ernstem Blick, dürr, unnahbar und zerbrechlich. In dieser Figur haben die Scharfrichter ihr Markenzeichen gefunden, das von nun an zu ihnen gehört wie der bissige Köter zum satirischen »Simpl«: die Delvard. Hans Carossa berichtet, merklich beeindruckt:

Auf einmal schwebte das kleine Theater in magischem Lilalicht, und wie aus ihrem Sarge aufgestiegen stand Marya Delvard vor dem fahlen Vorhang. Es wurde still wie in der Kirche, kein Teller klapperte mehr... Sie war entsetzlich bleich, man dachte unwillkürlich an Sünde, vampirisch zehrende Grausamkeit und Tod... Zuerst sang sie in schwermütig verlorenem Ton »Ilse«, eine von Wedekind gedichtete kleine Ballade, die in zwölf kurzen Zeilen den Lebenslauf eines früh verführten Mädchens zusammenfaßt, das sich mit seinem Hetärendasein frech und fröhlich abfindet:

Marya Delvard

Ich war ein Kind von fünfzehn Jahren,
Ein reines, unschuldsvolles Kind,
Als ich zum erstenmal erfahren,
Wie süß der Liebe Freuden sind.

Er nahm mich um den Leib und lachte
Und flüsterte: Oh, welch ein Glück!
Und dabei bog er sachte, sachte
Mein Köpfchen auf das Pfühl zurück.

Seit jenem Tag lieb' ich sie alle,
Des Lebens schönster Lenz ist mein;
Und wenn ich keinem mehr gefalle,
Dann will ich gern begraben sein.

Die Diseuse mit dem wohlklingenden Namen heißt in Wirklichkeit Marie Biller, stammt aus Lothringen, hat eine strenge Erziehung hinter sich und ihr Handwerk der großen Yvette Guilbert abgeguckt. Die Ausstrahlung, die von Marc Henrys Lebensgefährtin auf die Münchner

94

Männerwelt ausgeht, spiegelt sich in zahlreichen emphatischen Huldigungen. Der Dichter Karl Wolfskehl, kein Feind großer Worte, wenn es ihm, dem leicht Entflammbaren, um interessante Frauen geht, kommt ins Schwärmen:

Nichts wußte man von ihr, ein Legendenkranz legte sich in tausendfältigen Windungen um ihr Dasein, die Fülle mehr oder weniger geflüsterter Anekdoten machte sie berühmt und beredet. Aber alles vergaß sich, wenn sie dastand, hoch, schlank, strengumrissen, fast unbeweglich und doch voll zitternden Lebens, die gallisch großen, ausdrucksschönen Hände übereinandergelegt, wenn ihr schwerer, das bleiche Antlitz leidenschaftlich betonender Mund sich auftat und sie mit glockenhaft tiefer Stimme ihre Lieder und Balladen nicht nur sang, sondern wahrhaft erstehen ließ. Da erlebte man Wirklichkeit, sah, wußte nur noch sie und ihre Kunst. Ob sie, unter sorgsamer Abwägung von Licht und Schatten, eine ihrer geliebten alten Balladen gibt, in jenem ihr eigentümlichen, durch seine Monotonie und die starke Herausarbeitung des Rhythmus besonders ergreifenden Erzählerton, mit dem sie, wie ein alter Minstrel, im Mondschein die Menge bannt – ob sie durch ein Liebeslied das Aufschluchzen des Herzens zittern läßt: immer bleibt sie Künstlerin, immer Herrin des Werkes, des Stoffes, ihrer eigenen glühenden und stolzen Natur.

Ein Dichterwort – bald wird es, ähnlich überschwenglich, die Billets zieren, die der verheiratete »Carlo« an seine »Ellen«, die umschwärmte Wahnmoching-Muse Franziska Gräfin zu Reventlow, adressiert: Künstler mögens oft heftig oder gar nicht. Aber selbst der gemütliche Bücherwurm Carl Georg von Maassen, der als Satire-Schreiber Jakobus Schnellpfeffer gekonnt und frech mit spitzer Feder umzugehen weiß, wird beim Anblick der kühlen Schwarzen aus dem Lothringer Land ganz klein und ergriffen: *Wenn Marya Delvard, im engen Bühnenrahmen mit ihrer eigenartigen, scharfkonturierten Silhouette gegen den tonigen Hintergrund stehend, im gespenstisch bläulichen Zauberlicht ›Die Pfarrerstochter von Taubenheim‹ aus ›Des Knaben Wunderhorn‹ sang... dann griff eine Geisterfaust an des Zuhörers Herz und drehte es ihm zweimal im Leibe herum. Ich habe selten Menschen so gepackt und erschüttert gesehen wie damals in dem kleinen Brettl in der Türkenstraße.* Am Text kann es jedenfalls nicht gelegen haben, daß es zu dem Doppelgriff der Zauberfaust im Brustinneren des flotten Sprüchemachers Schnellpfeffer kam. Da hieß es nämlich in zwei von sieben »Pfarrerstochter«-Versen schlicht und einfach:

Da drunten auf der Wiesen,
Da ist ein kleiner Platz,
Da tät ein Wasser fließen,
Da wächst kein grünes Gras.

Da wachsen keine Rosen,
Und auch kein Rosmarein,

Fallerilarulla

Küsse schallen durch die Nacht,
Wie wenn reife Knospen springen,
Aus der offnen Schenkenthüre
Weht Guitarrenklang und Singen:
Fallerilarulla.

Südwind hat den Mond verlöscht
Und die gelben Sternenkerzen,
Mit den roten Blütenruten
Hat entflammt er Leib und Herzen –
Fallerilarulla.

Lauer Regen fällt wie Thau,
Und ich breit' ihm Stirn und Wangen.
Unsre mitternächt'ge Stunde
Hat zu schlagen angefangen –
Fallerilarulla.

Und es ruft mein leiser Pfiff:
Fallerilarulla –
Und den Lockruf widerhallen
In das Dunkel läßt Fanciulla:
Fallerilarulla.

Und es naht ihr leichter Schritt
Durch die warteschwüle Stille,
Und zu unsrem stummen Glück
Zittert süß das Lied der Grille –
Fallerilarulla!

Robert Kothe

Hab ich mein Kind erstochen
Mit einem Messerlein.

Auch der Dichter Max Halbe spricht von einer »ganz auf sich gestellten Natur«, einem »tragisch-kapriziösen Talent mit einer eigenen Empfindungsgabe«. Delvard-Kollege Robert Kothe, der den Star nicht nur auf, sondern auch hinter der Bühne erlebte, läßt sachlichere Töne hören: »Schlank, groß, ein herbes ausdrucksvolles Gesicht, reiches, dunkles Haar, schöne Augen; als Mensch hemmungslos, ohne Befangenheit in irgendeiner Beziehung.« Es scheint, als habe die Delvard ihre Diva-Rolle voll ausgespielt. Davon weiß nicht nur der zartbesaitete Heinrich Lautensack ein Lied zu singen, der eine Reihe verhalten lyrischer Beiträge wie »Der Tod singt« ins Programm einbringt, sondern auch das »Mädchen für alles« spielen muß: Sekretär, Souffleur, Requisiteur, Kleindarsteller, Inspizient, Friseur, Laufbursche und so eine Art allzeit verfügbarer Blitzableiter für die Allüren der Scharfrichter-Protagonistin. Lautensack hat all diese Aufgaben offenbar perfekt gemeistert, wenn auch nicht ohne Beschädigung: seine Leidensfähigkeit ging so weit, daß er am offenen Grabe des von ihm verehrten Frank Wedekind wahnsinnig geworden sein soll und wenig später in einer Heilanstalt starb.

Geschädigt auch Hanns von Gumppenberg. Er war als Autor schon für die erste »Exekution« tätig und hat später bedauert, daß einige seiner parodistischen »Überdramen«, die er unter dem Scharfrichter-Pseudonym Jodok schrieb, des weiblichen Einspruchs wegen nicht aufs Brettl der Türkenstraße gekommen sind.

So auch eine »darwinistische Affen-Clownerie«, der Gumppenberg den Titel »Die Entwicklung« gegeben hatte. Das Stück blieb, so berichtet er, *zu meinem Leidwesen unverwirklicht, obschon ihre plastische Urwalddekoration bereits mit vieler Mühe hergestellt war. Noch im letzten Augenblick streikten nämlich die zur Mitwirkung bestimmten Damen, Marya Delvard als anspruchsvolle Primadonna an der Spitze, gegen die Äffinnen-Rollen. Nicht, daß ihnen dabei kecke Entblößungen zugemutet gewesen wären – in diesem Falle hätten sie auch, bei den freien Sitten des Kreises, kaum Schwierigkeiten gemacht – nein, sie fürchteten lediglich, in den Tierfellen und Äffinnenmasken lächerlich zu erscheinen. Es zeigte sich da deutlichst, daß der Geist der Boheme zwar alle anderen Grenzen, aber nicht die der weiblichen Eitelkeit verrücken konnte.*

Trotz solcher Ungelegenheiten bleibt Gumppenberg einer der meistgespielten Autoren im Scharfrichter-Haus. Schon im Eröffnungsprogramm ist er mit einer vielbelächelten Nummer vertreten, in der er sich als Verbalbastler mit den literarischen Trendsettern seiner Zeit überaus komisch auseinandersetzt. »Nach Otto Julius Bierbaum und anderen Wortkopplern« nennt er das Werk schlicht und einfach »Sommermädchenküssetauschelächelbeichte«. Olly Bernhardi trägt die Unsinnspoesie in der Ruch-Vertonung vor:

Hanns von Gumppenberg

An der Murmelrieselplauderplätscherquelle
Saß ich sehnsuchtstränentröpfeltrauerbang:
Trat herzu ein Augenblinzeljunggeselle
In verweg'nem Hüfteschwingeschlendergang,
Zog mit Schäkerehrfurchtsbittegrußverbeugung
Seinen Federbaumelriesenkrämpenhut –
Gleich verspür' ich Liebeszauberkeimeneigung,
War ihm zitterjubelschauderherzensgut!

Nahm er Platz mit Spitzbubglücketückekichern,
Schlang um mich den Eisenklammermuskelarm:
Vor dem Griff, dem grausegruselsiegesichern,
Wurde mir so zappelseligsiedewarm!
Und er rief: »Mein Zuckerschnuckelputzelkindchen,
Welch ein Schmiegeschwatzeschwelgehochgenuß!«
Gab mir auf mein Schmachteschmollerosenmündchen
Einen Schnurrbartstachelkitzelkosekuß.

Da durchfuhr mich Wonneloderflackerfeuer –
Ach, das war so überwinderwundervoll...
Küßt' ich selbst das Stachelkitzelungeheuer,
Sommersonnenrauschverwirrungsrasetoll!
Schilt nicht, Hüstelkeifewackeltrampeltante,
Wenn dein Nichtchen jetzt nicht knickeknirschekniet,
Denn der Plauderplätscherquellenunbekannte
Küßte wirklich wetterbombenexquisit!!

Zwischen den verschiedenen Scharfrichtersprüchen nehmen sich Gumppenbergs Texte in ihrem literarischen Anspruch bei allem kabarettistischen Spaß weniger harmlos aus als mancher Minneliedanklang und blasse Bürgerschreckschuß, der letztlich doch nur als herzige Räuberromantik der blauen Blume nachjagt. Gumppenberg dagegen ist ein Sprachtüftler vor dem Kerr und Kraus, parodiert alles, was in der Literatur Rang und Namen hat und kennt sich mit formalen Spielchen aus. Bald gilt er bei den Scharfrichtern, die ihren Goethe, Hölderlin und Novalis gewissermaßen »vom Blatt«, also ernsthaft aufs Brettl legen, als unbestrittener Meister der kleinen, theatralischen Form. Er liefert Mono-, Mysto- und Etepeteto-Dramen, meist Westentaschenformat-Werke von fünf Minuten Dauer wie den Monolog »Der Nachbar«. Mit einem einzigen Satz führt der Autor vor, wie Blicke und Worte töten können – immerhin liegen am Schluß dieser Naturalismus-Schmonzette sieben von acht Akteuren als Leiche in der Bühnengegend herum. Und Gumppenberg, der »Überdramatiker«, wie er bald genannt wird, hat damit überregionalen Erfolg. Im Berliner Wolzogen-Theater geht der »Nachbar« mehr als dreihundertmal über das Überbrettl.

In der literarischen Modewelt war der kaum erst zum Sieg gelangte Naturalismus schon wieder »überwunden« worden; »Symbolismus« und »Neuromantik« zogen mit flatternden Fahnen ein und brachten die Phantasie und den Vers wieder zu Ansehen: freilich aber jetzt im Dienste eines mehr oder weniger affektierten Artistentums, das mir noch ferner lag als der geistig und seelisch unfruchtbare Wirklichkeitsabklatsch. Am erträglichsten erschien mir diese Artistik noch, wo sie nur preziös unterhaltliche, übermütig heitere und schlechthin groteske Kleinkunst bieten wollte. So fand ich trotz allem einige Anpassungsmöglichkeiten, als auf Anregung Bierbaums, der nun seine Gusti an einen Hausfreund verloren, aber seinen Humor darüber nicht eingebüßt hatte, der Kult der »zehnten Muse«, des »Überbrettls« aufgekommen war. Bekanntlich sollte damit das Varieté künstlerisch geadelt werden, nach dem Vorbild der Pariser Cabarets, doch in heimischer Umbildung und Bereicherung. Wie dieser neue, deutsche Frühling der Boheme in Berlin, mit Bierbaums kurzlebigem »Intimen Theater« und Ernst von Wolzogens erfolgreicherem »Bunten Theater«, seine zierlichen und launischen Blüten trieb, so hatte sich fast gleichzeitig in München eine Anzahl jüngerer und jüngster Literaten, Musiker und Künstler zum Unternehmen der »Elf Scharfrichter« zusammengetan. Im Quartier Latin Isarbabels, im Café Stephanie an der Theresienstraße, das als Treffpunkt des selbstbewußten Nachwuchses um jene Zeit den Spottnamen »Café Größenwahn« erhielt, und in einer daneben betriebenen, jetzt längst verschwundenen Weinstube wurde der Plan ausgebrütet.

Hanns von Gumppenberg

Hanns von Gumppenberg:

DER NACHBAR
Monodrama in einem Satz

> *Nicht stöhnen, schweigen soll das große Leiden;*
> *Natur ist schwatzhaft, sei die Kunst bescheiden!*
> *Nur einer rede noch für mindre Geister –*
> *in der Beschränktheit zeigt sich erst der Meister.*

Schweigende Menschen:

GOTTFRIED SCHWALBE, *Apotheker*
SUSANNE, *seine Frau*

JETTE, LOTTE, *Susannens Töchter aus erster Ehe*

FRITZ, *Gottfriedens vermeintlicher Sohn aus dessen Ehe mit Susanne, ein junger Kaufmann*

BODO VON SPINDEL, *Leutnant, Lottens Bräutigam*
ROSA, *Dienstmädchen bei Schwalbes*

Der redende Mensch:

FRANZ EBERSPACHER, *Registrator, Schwalbes Nachbar*

Die Szene

ist die gute Stube im Schwalbeschen Hause. Im Hintergrunde der Stube sitzen in halbkreisförmiger Anordnung Schwalbe, Jette, Fritz, Susanne, von Spindel und Lotte auf Stühlen, ganz rechts bei einem Tischchen, unweit eines in Übermannshöhe an der Seitenwand rechts (vom Zuschauer) angebrachten massiven Kleiderhalters, vor welchem ein Schemel steht, ist das Dienstmädchen Rosa – kurzer Rock bis über die Knie, weiße Strümpfe – mit einer Kaffeemaschine beschäftigt. Beim Aufgehen des Vorhangs sind die Sitzenden in friedlich heiterem Gespräch begriffen, namentlich Schwalbe mit Jette, Fritz mit Susanne, von Spindel mit Lotte. Gleich darauf tritt im Vordergrund links Eberspacher – schäbiger schwarzer Beamtengehrock, eine Ordensauszeichnung im Knopfloch – langsam auf; er tritt einen Schritt in das Zimmer vor, seinen schwarzen Zylinder abnehmend, aber sich nicht verbeugend, und bleibt, während er den folgenden Satz spricht, an derselben Stelle stehen.

Stummes Spiel der schweigenden Menschen, die beim Eintritt Eberspachers der Reihe nach verwundert aufstehen.
Schwalbe steht auf.
Susanne steht auf.
Fritz steht auf.
Von Spindel steht auf.
Lotte steht auf.
Jette steht auf.
Alle werden unruhig.
Alle sehen sich betroffen an, von Spindel zupft nervös an seinem Schnurrbart. Alle werden noch unruhiger und verwirrter.
Alle geraten in heftigste Aufregung und Bestürzung.
Alle treten in gesteigertem Schrecken einen Schritt zurück.
Alle zucken entsetzt und schuldbewußt zusammen.
Alle zucken abermals, noch heftiger zusammen, Susanne und die drei Mädchen beginnen zu zittern, Susanne und Lotte müssen sich setzen, weil die Beine sie nicht mehr tragen.
Alle starren ihn angstvoll mit weit aufgerissenen Augen an.
Schwalbe knickt in sich zusammen; alle übrigen starren auf ihn.
Jette wirft sich verzweifelnd an Schwalbes Brust, Susanne tritt außer sich, wild die erhobenen Fäuste schüttelnd, vor beide hin.

EBERSPACHER: (in trockenem, gemessenem, leidenschaftslosem Ton, mehr vor sich hinsprechend, ohne eine der anwesenden Personen anzublicken).

Wiewohl ich, Ihnen guten Abend wünschend, als bloßer Nachbar, ruhiger Beamter, auch in schwierigen Lebenslagen erprobtermaßen harmlos verträglicher Mensch und beschaulich, ich möchte sagen: philosophisch angelegte Natur hier eigentlich persönlich nichts Wesentliches zu schaffen habe und sozusagen als ungebetener Gast, ja als wenig willkommener Friedensstörer, wenngleich einem unwiderstehlichen Drange folgend, den ich mir wohl richtig als die heilige Stimme des korrekten Gewissens deute, an dem, bildlich gesprochen, mit trügerischen Blüten, deren Wurzeln zerstörendes Gift gesogen, anscheinend ehrbar verkleideten Abgrund einer vielfältigen, unerhörten Verderbtheit mit würdiger Fassung und christlicher Milde, aber doch auch erfüllt von dem schweren Ernste des Augenblicks hier unter Ihnen auftauche, wird mich doch nichts in der Welt, weder die Rücksicht auf meine leibliche Sicherheit noch die Furcht vor Anfeindung, Verleumdung und künftiger Verfolgung, noch auch irgendein sonstiges Bedenken moralischer, intellektueller, materieller oder auch nur ästhetischer Art davon abhalten, die sorgfältig verborgene, Jahre hindurch in geheimem Dunkel zurückgehaltene, aber in ihrem verbrecherischen Schweigen grauenvoll zum Himmel schreiende Wahrheit über Ihre gesamte Familie endlich, und zwar, wie wohl anzuerkennen ist, nicht vor der Öffentlichkeit, sondern schonungsvollerweise und zum Zwecke heilsam diskreter Beschämung und Besserung in Ab-

Lotte ergreift krampfhaft die Hand des Leutnants, sich wie schutzsuchend an ihn lehnend.

Der Leutnant knickt zusammen, Lotte reißt sich wild von ihm los und starrt ihn kopfschüttelnd wie wahnsinnig an, während Schwalbe, Susanne und Fritz drohend ihre Fäuste gegen den Leutnant schütteln.

Lotte bricht niedergeschmettert, halb ohnmächtig auf ihrem Stuhl zusammen, ihr Gesicht in den Händen verbergend;

Schwalbe und Susanne erheben fluchend die Hände gegen sie.

Fritz knickt zusammen; Schwalbe, Susanne und der Leutnant starren auf ihn. Fritz knickt noch tiefer zusammen.

Lotte, Schwalbe und Susanne stürzen mit erhobenen Fäusten gegen Fritz vor; Lotte wird von dem Leutnant zurückgehalten.

Rosa knickt zusammen, indem alle auf sie starren, bricht in die Knie und ringt die Hände.

Alle entsetzt, Fritz bricht unter konvulsivischen Zuckungen in die Knie.

Fritz richtet sich aufhorchend mit wilder Bewegung auf; seine Blicke flackern wie irr im Kreise. Fritz springt ganz auf und starrt Susanne an. Gleichzeitig stürzt sich Schwalbe wie rasend auf Susanne und würgt sie am Halse. Fritz stößt ihn verächtlich fort, so daß Schwalbe an die Wand fliegt, stürzt sich selbst, ein Stilett hervorreißend, auf Susanne, erdolcht sie und dann sich selbst.

Schwalbe rafft sich wieder auf, keuchend, zieht zwei Flaschen Zyankali aus der Tasche und gibt eine davon an Jette; beide trinken den Inhalt ihrer Flasche und stürzen tot zusammen.

Der Leutnant reißt einen Revolver hervor, tötet Lotte durch einen Schuß und dann sich selbst durch einen zweiten.

Rosa ist gleichzeitig auf den Schemel an dem Kleiderhaken gesprungen; sie zieht einen Strick aus der Tasche und hängt sich hastig an dem Kleiderhaken auf, den Schemel fortstoßend. Sowie sie hängt, streckt sie die Zunge heraus und zappelt heftig mit den Beinen.

Rosas Beine zappeln langsamer.

Rosas Beine hören zu zappeln auf; sie hängt starr und still.

Indem er den schwarzen Zylinder wieder aufsetzt, den Toten kühl den Rücken kehrt und gemessenen Schrittes, wie er gekommen, nach links abgeht, fällt der Vorhang.

wesenheit fremder Zeugen, hier am Schauplatz so vieler Abscheulichkeiten unter deutlicher Bezeichnung aller einzelnen dabei in Frage kommenden Tatsachen und mit jener prägnanten Kürze, welche die Entrüstung über das Vorgefallene wie auch das trotz alledem sein Recht fordernde menschliche Mitleid und die Nächstenliebe ohne Zweifel selbst dem zürnenden Richter gebieten, geschweige denn einem schlichten Nebenmenschen und Nachbarn, der nur der Mahnung seiner kategorischen Sittlichkeit gehorcht, laut und rückhaltlos auszusprechen, daß nach meinen systematischen, oft wiederholten, wohlüberlegten, einwandfreien, exakt, ja peinlich ausgeführten, mit einem Wort: leider untrüglichen Beobachtungen, die ich jederzeit vor Gericht beschwören könnte, der gottvergessene Vater dieser Familie, Herr Apotheker Schwalbe, schon seit langer Zeit ein sträfliches Verhältnis mit seiner älteren Stieftochter Jette unterhält, ferner seine zweite Stieftochter Lotte ihren Verlobten, den Falschspieler und betrügerischen Schuldenmacher Leutnant von Spindel nunmehr aus sehr bestimmten Gründen in allerkürzester Frist unbedingt heiraten muß, daß aber zum Unglück der Sohn der Familie, nachdem er seinem ahnungslosen, hier aber leider nicht anwesenden Prinzipal Tausende unterschlagen, die nötige, bereits reservierte Heiratskaution der künftigen Frau Leutnant aus dem leider nur feuersicheren Geldschrank des Vaters gestohlen und auf einer Geschäftsreise mit leichtfertigen Frauenzimmern bis auf den letzten Pfennig verjubelt hat, nachdem er das schuldlose Kind, das ihm das Dienstmädchen Rosa an nicht näher zu bezeichnendem Orte heimlich geboren, im Einverständnis mit ihr getötet, zerstückelt und nächtlicherweile in den Fluß geworfen, welche Handlungsweise indessen bei dem jungen Mann nur sehr begreiflich erscheint, da er selbst die erblich doppelt belastete Frucht eines Ehebruchs ist, den seine ehrvergessene Mutter mit dem verstorbenen epileptischen Apothekergehilfen beging, so daß von Ihnen, wie Sie hier stehen, kaum eines dem andern Vorwürfe zu machen hätte, wohl aber eine allgemeinere menschliche Entrüstung schließlich in der Nachbarschaft Platz greifen mußte, wie sie auch mich jetzt veranlaßte, Ihnen diese Dinge endlich einmal energisch zu sagen, womit ich Ihnen allen in herzlichem Bedauern gute Nacht wünsche.

Der Zensor ist auch in der Münchner Türkenstraße ein ungebetener Gast. Man versucht ihn hier, wie überall in diesen Tagen, listig auszutricksen. Die »Exekutionen« der Scharfrichter gelten als nichtöffentliche Veranstaltungen, wer sie miterleben will, muß sich beim Direktor Marc Henry eine Mitgliedskarte besorgen und 2,99 Mark als »Garderobengebühr« entrichten. Trotzdem kommt es zu behördlichen Ein- und Übergriffen, dagegen hilft auch der Schandpfahl am Eingang des Lokals recht wenig. So können sich vor allem Beiträge, die sich wie Willy Raths Puppentheater »Die feine Familie« mit munteren Versen den tagespolitischen Ereignissen wie Burenkrieg und Boxeraufstand widmen, nicht lange im Programm halten. Besonders spitz werden die Ohren der Zensurbeamten, wenn Couplets des Mannes angesagt sind, dessen äußerer Habitus – Knotenstock, Lodenjoppe und Holzfällerpfeife – in krassem Gegensatz zur radikaldemokratischen Republikaner-Gesinnung des kämpferischen Autors stehen. Ludwig Thoma, gelernter Anwalt, schießt aus allen Rohren gegen Junker, Pfaffen, Polizei, Offiziere, Barone und Bürokraten. Er ist nicht gerade zimperlich, wenn er unter seinem Pseudonym Peter Schlemihl für den »Simplicissimus« oder für die Überbrettl mit Preußens Gloria und Piefke-Moral, Obrigkeitsdünkel und Untertanengeist, reaktionärer Justiz und heuchlerischem Klerus, militantem Militarismus und wilhelminischem Waffengerassel scharf ins Gericht geht. Urwüchsig, zupackend, derb und angriffslustig sind seine Verse und Sketche, die ihm bald außer dem Beifall der Brettl-Besucher auch eine Gefängnisstrafe einbringen. Für die Kabarett-Interpreten sind Thoma-Texte eine sichere Sache. Den Jubel, den das Couplet »Die Thronstütze« in der Türkenstraße auslöst, nimmt Paul Larsen entgegen.

Schon bald nach der Premiere gibt es bei den Elf Scharfrichtern ein mehr oder weniger heiteres Kommen und Gehen. Als erste machen sich Rath und Hecker davon, die ein eigenes Brettl, das »Lyrische Theater«, aufmachen wollen. Personalnachschub, der diesen Verlust wettmacht, gibt es genug. Zuweilen stehen die Scharfrichter auf 71 Beinen. Roda Roda, für jede Anekdote gut, klärt das zahlenmäßige Mißverhältnis auf: »Die Sache erklärt sich zwanglos aus dem Umstand, daß die Elf Scharfrichter sechsunddreißig Mann stark waren und einer davon ein Holzbein hatte«. Überliefert ist auch, wem es gehörte.

Er ist als Dichter und Maler eine der markantesten Erscheinungen am Münchner Boheme-Himmel. Seine Auftritte bringen in das Programm der Scharfrichter einen neuen, rebellischen Ton. Das Berliner Tageblatt berichtet darüber:

Ludwig Scharf betritt das Podium. Bleiche, zerwühlte Züge, glühende Augen und buschiges, schwarzes Haupt- und Barthaar, aus dem die weißen Zähne unheimlich leuchten – die eine Hand auf der Stuhllehne, in der anderen ein Manuskript, so steht er oben auf dem Podium und sagt seine Gedichte. Zunächst ist man betroffen und fürchtet das übliche Schauspiel eigene Gedichte lesender Lyriker. Die leise Stimme da oben gewinnt unheimlichen Zauber, es ist ein leises Zischen, eine schlafende

Ludwig Thoma

Die Thronstütze

Immer nur so durchjeschloffen,
nischt jelernt und viel jesoffen,
roch ich sehr nach Biere.
Endlich bin ich durchjeschwommen,
bin im Staatsdienst anjekommen
mit 'ner sauren Niere,
    hopsasa, tralala!
    Mit 'ner sauren Niere.

Doch da peu à peu die Kröten,
die ich hatte, jingen flöten,
weil ich's trieb zu tolle,
hab ich mich nich lang besonnen,
hab mich feste injesponnen,
nahm mir eene Olle,
    hopsasa, tralala!
    Nahm mir eene Olle.

So 'ne olle, fette, dicke,
so 'ne rechte plumpe Zicke
aus dem Bürjerstande.
's is nich schön, mit ihr zu leben,
darum hab ich mich jejeben
janz dem Vaterlande,
    hopsasa, tralala!
    Janz dem Vaterlande.

Führ 'ne heftige Bataille
mit der dummen Preßcanaille,
leg sie auf die Latte.
Will ich mir mal amüsieren,
laß den Jeist ich maltraitieren,
den ich selbst nich hatte,
    hopsasa, tralala!
    Den ich selbst nich hatte.

Scharf nach unten, mild nach oben,
öffentlich den Herrgott loben,
heimlich is man kalte.
Bald 'nen Tritt un bald 'nen Orden,
mancher is schon so jeworden
Oberstaatsanwalte,
    hopsasa, tralala!
    Oberstaatsanwalte.

Ludwig Thoma

Raubtierwildheit, und dann wieder eine so müde Entsagung darin, und plötzlich ein fanatischer Schrei, wie in der Fastenpredigt eines Kapuziner-mönches.

Ludwig Scharf ist auch in den Schwabinger Kabarett-Kneipen zuhause, wo er mit Erich Mühsam, dem Anarcho-Freund, oft und gern gemeinsame Tingel-Sache macht. Die kalauerfreudigen Kollegen machen sich bald einen eingängigen Reim auf das Dichter-Duo, der die Runde macht: »Mühsam dichtet scharf – Scharf dichtet mühsam.« Ein schöner Spruch, zu schön, um ganz wahr zu sein. Denn wiewohl außer Frage steht, daß Mühsam scharf zu dichten versteht, so dichtet doch Scharf zum einen nicht sonderlich mühsam und zum anderen nicht selten scharf. Das beweisen die kämpferischen Verse, die der Einbeinige auf den Brettern der Türkenstraße und anderswo mit revolluzzerhafter Gebärde ins Publikum schleudert: »Rebellion.«

Ich hebe meinen Arm, ich balle meine Faust,
Ich schlage sie dir ins Gesicht,
Der du dich also zu leben getraust,
Vermessen auf deine Gesetze baust,
Goldhäufender Schurkenwicht.

Ich hebe meinen Arm, ich balle meine Faust,
Ich stoße sie dir auf die Brust,
Auf das Herz, dem's vorm Blut der Enterbten nicht graust,
Das entartete Herz, das der Wahnsinn umbraust,
Dem der Elenden Qualen zur Lust.

Ich hebe meinen Arm, ich balle meine Faust,
Zu eisernen Hammers Gewalt,
Daß sie auf die Stirn dir niederbraust,
Allwo dein verrottetes Denktier haust,
Und zerschlag es zu Brei, daß es knallt.

Der Literat als Bänkelsänger

Als Willy Rath aus dem scharfzüngigen Elfer-Team ausscheidet, wird seine Stelle von einem Mann eingenommen, den Alfred Kerr den »geborenen Scharfrichter« nennt. Er macht sich gar nicht erst die Mühe, nach einem blutrünstigen Henkernamen zu suchen, man kennt ihn hier und anderswo ohnehin. Als er im April 1901 auf die Bühne tritt, wird das von den Zeitgenossen als Ereignis registriert. Brettl-Kollege Falckenberg gesteht: »Seine Wirkung war die des großen Künstlers, des faszinierenden Interpreten seiner selbst: ernst, hart, mit unbeweglicher Miene und unerbittlich scharfem Ton und Rhythmus sang er seine Chansons nach eigenen Melodien im Stil volkstümlicher Bänkelsängerballaden.« Hermann Bahr hätte ihm »stundenlang zuhören« mögen, wenn von geschlechtlicher Liebe und geschlachteten Tanten die Rede ist.

Ich hab meine Tante geschlachtet,
Meine Tante war alt und schwach;
Ich hatte bei ihr übernachtet
Und grub in den Kisten-Kasten nach.
Da fand ich goldene Haufen,
Fand auch an Papieren gar viel,
Und hörte die alte Tante schnaufen
Ohn' Mitleid und Zartgefühl.
Was nutzt es, daß sie sich noch härme –
Nacht war es rings um mich her –
Ich stieß ihr den Dolch in die Därme,
Die Tante schnaufte nicht mehr.
Das Geld war schwer zu tragen,
Viel schwerer die Tante noch.
Ich faßte sie bebend am Kragen
Und stieß sie ins tiefe Kellerloch.
Ich hab' meine Tante geschlachtet,
Meine Tante war alt und schwach;
Ihr aber, o Richter, ihr trachtet
Meiner blühenden Jugend – Jugend nach.

Es ist nicht virtuoses Gitarrenspiel, auch nicht gekonnter Vortrag, der die Zuhörer begeistert. Die Stimme wird als dünn, spröde und monoton, die Handhabung des Instruments als einfach, fast dilettantisch beschrie-

Frank Wedekind

103

Wedekind als Bänkelsänger

ben. Und doch ist Artur Kutscher, der das Wedekind-Debüt erlebte, von der »mitreißenden Beschwingtheit« beeindruckt, und Hannes Ruch, der musikalische Scharfrichter, urteilt, der Gesang sei einzigartig und unübertrefflich. Hans Brandenburg berichtet: *Wenn er steif auftrat, die Laute auf dem Bäuchlein, und, ein ernster Clown, ein schneidend spöttischer und doch im Ausdruck auch wieder schwermütig-schöner Satyr, eher traurig und abweisend als etwa vergnügt sein Lob skrupelloser Lebensfreude sang, wobei er dem lautesten Gelächter mit unbewegter Miene standhielt und die Verachtung des Publikums so weit trieb, daß er sich auch beim wütendsten Applaus nur mit einer Neigung nach rückwärts verbeugte, so ging die bannende Macht einer wahren Dämonie von ihm aus.* Heinrich Mann schließlich nimmt eine »mit allen Wassern gewaschene Erscheinung, von Gott weiß wo herbeigefahren in dieses bäurische Lokal« wahr: *Klimpern, wie gereizt, dann der Vortrag. Nasal, scharf, schallend, – in vielsagenden Pausen aber wand und krümmte sich der Sänger unter den eigenen Hintergedanken. Er ertrug nur schwer sich selbst und fast nicht mehr sein Publikum.*

Und in der Tat: Wedekind hat sich oft und gern beschwert, vor einem »Publikum von Laffen und Dummköpfen« auftreten, »den Hanswurst machen« und »sich im Schmutz wälzen« zu müssen. Wenn er's dennoch tut, so nicht zuletzt, um auf sich, den von der Zensur gebeutelten Dramatiker aufmerksam zu machen, um »Druck auszuüben« über die Öffentlichkeit, die er hier auf dem Brettl hat. Und außerdem braucht er das Geld, auch wenn's zu Anfang nur fünf Mark pro Auftritt sind.

Was seht ihr in den Lust- und Trauerspielen?!
Haustiere, die so wohlgesittet fühlen,
an blosser Pflanzenkost ihr Mütchen kühlen
und schwelgen in behaglichem Geplärr.
Wie jene andern – unten im Parterre:
Der eine Held kann keinen Schnaps vertragen,
der andre zweifelt ob er richtig liebt,
den dritten hört ihr an der Welt verzagen,
fünf Akte lang hört ihr ihn sich beklagen,
und niemand, der den Gnadenstoss ihm gibt.
Das wahre Tier, das wilde, schöne Tier,
das – meine Damen – sehn Sie nur bei mir.

Der Balladensänger ohne Scharfrichter-Namen ist zur Zeit seiner ungeliebten Brettl-Mucken kein unbeschriebenes Blatt. Auch der Zensor weiß genau, was er von ihm zu halten hat. Man erinnert sich. Drei Jahre ist es her, seit die Palästina-Reise des Kaisers, wie gewohnt mit Pomp und Preußens Gloria inszeniert, vom »Simplicissimus« mit einem satirischen Gedicht glossiert wurde. Es löste einen Sturm der Entrüstung bei den Kaisertreuen und ein satanisches Vergnügen bei denen aus, die im Geruch stehen, »vaterlandslose Gesellen« zu sein. Der Verseschmied, ein gewisser Hieronymus Jobs, war für die »Simpl«-Leser kein

Unbekannter. Die Redaktion hatte seine erste Publikation mit der Bemerkung angekündigt: *Nachstehende Verse wurden uns von einem Anonymus aus Berlin ohne Adresse zugesandt. Da sie für den Papierkorb zu gut, und wir auf die vom Einsender angekündigte Fortsetzung gespannt sind, geben wir dem Poem im Simplicissimus einen Raum, obgleich es eigentlich nicht hineingehört.* Unter der Überschrift »Im heiligen Land« konnte man lesen:

Der König David steigt aus seinem Grabe,
Greift nach der Harfe, schlägt die Augen ein
Und preist den Herrn, daß er die Ehre habe,
Dem Herrn der Völker einen Psalm zu weihn.
Wie einst zu Abisags von Sunem Tagen
Hört wieder man ihn wild die Saiten schlagen,
Indes sein hehres Preis- und Siegeslied
Wie Sturmesbrausen nach dem Meere zieht.

Willkommen, Fürst, in meines Landes Grenzen,
Willkommen mit dem holden Eh'gemahl,
Mit Geistlichkeit, Lakaien, Exzellenzen
Und Polizeibeamten ohne Zahl.
Es freuen sich rings die historischen Orte
Seit vielen Wochen schon auf deine Worte,
Und es vergrößert ihre Sehnsuchtspein
Der heiße Wunsch, photographiert zu sein.

Ist denn nicht deine Herrschaft auch so weise,
Daß du dein Land getrost verlassen kannst?
Nicht jeder Herrscher wagt sich auf die Reise
Ins alte Kanaan, Du aber fandst,
Du sei'st zu Hause momentan entbehrlich;
Der Augenblick ist völlig ungefährlich;
Und wer sein Land so klug wie du regiert,
Weiß immer schon im voraus, was passiert.

Es wird die rote Internationale,
Die einst so wild und ungebärdig war,
Versöhnen sich beim sanften Liebesmahle
Mit der Agrarier sanftgemuten Schar.
Frankreich wird seinen Dreyfuß froh empfangen,
Als wär' auch er zum Heil'gen Land gegangen.
In Peking wird kein Kaiser mehr vermißt,
Und Ruhe hält sogar der Anarchist.

So sei uns denn noch einmal hoch willkommen
Und laß dir unsere tiefste Ehrfurcht weihn,
Der du die Schmach vom Heil'gen Land genommen,

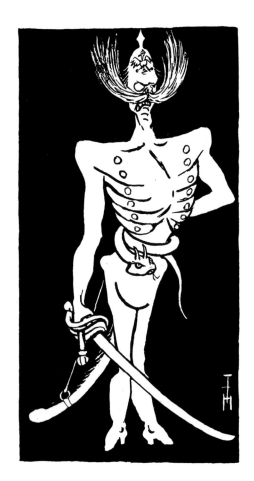

Von dir bisher noch nicht besucht zu sein.
Mit Stolz erfüllst du Millionen Christen;
Wie wird von nun an Golgatha sich brüsten,
Das einst vernahm das letzte Wort vom Kreuz
Und heute nun das erste deinerseits.

Der Menschheit Durst nach Taten läßt sich stillen,
Doch nach Bewund'rung ist ihr Durst enorm.
Der du ihr beide Durste zu erfüllen
Vermagst, sei's in der Tropenuniform,
Sei es in Seemannstracht, im Purpurkleide,
Im Rokokokostüm aus starrer Seide,
Sei es im Jagdrock oder Sportgewand,
Willkommen, teurer Fürst, im Heil'gen Land!

Das Ende vom sechs Strophen langen Lied ist ein Prozeß wegen Majestätsbeleidigung. In 28 Punkten für schuldig befunden, wanderte der Dichter für sieben Monate auf die Festung Königstein hinter schwedische Gardinen. Simpl-Kollege Thomas Theodor Heine, der zum unbotmäßigen Gedicht eine entsprechende Karikatur gezeichnet hatte, kam mit einem halben Jahr davon.

Der Majestätsbeleidiger, der Freiheit des Brettl zurückgegeben, nimmt die Sache so ernst, wie sie es verdient: Er singt das Stück, gewissermaßen zur Abschreckung, so oft er kann, potentiellen Verbal-Missetätern zur Warnung, ins geneigte Ohr. Und er kann sich nicht verkneifen, das strafwürdige Delikt eingehend zu beschreiben. In einem neu verfaßten Bänkellied, »Der Zoologe von Berlin«, berichtet er von den Gefahren, die der schreibenden Zunft allerorten drohen:

Hört, ihr Kinder, wie es jüngst ergangen
Einem Zoologen in Berlin!
Plötzlich führt ein Schutzmann ihn gefangen
Vor den Untersuchungsrichter hin.
Dieser tritt ihm kräftig auf die Zehen,
Nimmt ihn hochnotpeinlich ins Gebet
Und empfiehlt ihm, schlankweg zu gestehen,
Daß beleidigt er die Majestät.

Dieser sprach: Herr Richter, ungeheuer
Ist die Schuld, die man mir unterlegt;
Denn, daß eine Kuh ein Wiederkäuer,
Hat noch nirgends Ärgernis erregt.
So weit ist die Wissenschaft gediehen,
Daß es längst in Kinderbüchern steht.
Wenn Sie das auf Majestät beziehen,
dann beleidigen Sie die Majestät!

Vor der Majestät, das kann ich schwören,
Hegt' ich stets den schuldigsten Respekt;
Ja, es freut mich oft sogar, zu hören,
Daß man den Beleidiger entdeckt;
Denn dann wird die Majestät erst sehen,
Ob sie majestätisch nach Gebühr.
Deshalb ist ein Mops, das bleibt bestehen,
Zweifelsohne doch ein Säugetier.

Ebenso hab' vor den Staatsgewalten
Ich mich vorschriftsmäßig stets geduckt,
Auf Kommando oft das Maul gehalten
Und vor Anarchisten ausgespuckt.
Auch wo Spitzel horchen in Vereinen,
Sprach ich immer harmlos wie ein Kind.
Aber deshalb kann ich von den Schweinen
Doch nicht sagen, daß es Menschen sind.

Viel Respekt hab' ich vor dir, o Richter,
Unbegrenzten menschlichen Respekt!
Läßt du doch die ärgsten Bösewichter
In Berlin gewöhnlich unentdeckt.
Doch wenn »Hoch!« zu rufen ich mich sehne
Von dem Schwarzwald bis nach Kiautschau,
Bleibt gestreift nicht deshalb die Hyäne,
Nicht ein schönes Federvieh der Pfau?

Also war das Wort des Zoologen,
Doch dann sprach der hohe Staatsanwalt;
Und nachdem er alles wohl erwogen,
Ward der Mann zu einem Jahr verknallt.
Deshalb vor Zoologie-Studieren
Hüte sich ein jeder, wenn er jung;
Denn es schlummert in den meisten Tieren
Eine Majestätsbeleidigung.

Wedekind vor Gericht

Berlin mit und ohne Maulkorb.

Als Jagow im Lauf seines Regiments
Enfin auf den Hund gekommen,
Da hat er, kraft seiner Omnipotenz,
Den Maulkorb ihm abgenommen.

Der Maulkorb belästigt, wie ihm schien,
Ganz zwecklos die Hundeköpfe,
Und schließlich benötigte er ihn
Für andere Geschöpfe!   Wauwau.

Wedekind hat's auch noch kürzer auf der ironischen Leier. Vierzeilig spottet er zur Melodie des Deutschlandlieds:

Maulkorb, Maulkorb über alles;
Wenn der Maulkorb richtig sitzt,
Wird man immer schlimmstenfalles
Noch als Hofpoet benützt.

Im Frühjahr 1903 trennt er sich nach einem Eklat von den Scharfrichtern und tritt mehr und mehr in Künstlerkneipen oder bei den »Sieben Tantenmördern« auf. Aber die Unlust, sich als Bänkelsänger zu produzieren, nimmt zu. Er fürchtet, am Ende als Bajazzo in die Literaturgeschichte einzugehen, nicht aber als Dramatiker. Von der frühen Brettl-Begeisterung der neunziger Jahre, in denen er mit Bierbaum und anderen die Montmartre-Muse über den Rhein nach Deutschland importieren wollte, ist wenig geblieben. Auftrittsangebote wimmelt er zuweilen mit dem bissigen Kommentar ab: »Fragen Sie doch Gerhart Hauptmann!« Wie Wedekind fühlen bald auch Otto Falckenberg und Hanns von Gumppenberg, der »Überdramatiker«, dem das »Volksliedgegalle« mehr und mehr auf die Nerven geht. Auch sie verlassen das Scharfrichter-Team, betrachten die Tingeltangel-Tingelei als Episode. Falckenberg nennt die Gründe für die Kabarettmüdigkeit: *Ich fühlte mich damals als Dichter, sehnte mich nach einem ruhigen Ausreifen meiner Eingebungen – nicht nach ihrer raschen Verwertung –, wollte mich nicht mehr voreilig ausgeben, verzetteln, sondern zum mindesten erproben, wie weit ich käme auf dem Weg der gewichtigen, ernsten dramatischen Kunst.*

Die Scharfrichter haben den Auszug der prominenten Autoren nicht lange überlebt. Vom Witz und Geist der frühen Jahre ist nicht mehr viel geblieben. Vorbei die Zeit, da die Presse den Kabarettisten in der Türkenstraße bescheinigte, drei Berliner Überbrettl könnten ein halbes Jahr vom Gehalt eines Scharfrichter-Abends leben. Zum künstlerischen Defizit kommen die roten Zahlen der ungeschickten Geschäftspolitik; bald ist der Gerichtsvollzieher Stammgast im Brettl-Büro. Robert Kothe, der Lautensänger, berichtet vom Ende der dichtenden Richter: *Eines Tages stieg ich die Außentreppe im Hofe des Gasthauses ›Zum Hirschen‹ hinauf und fand Marc Henry bei Kerzenstumpen, die auf dem Schreibtisch standen, emsig beschäftigt; der treue Lautensack war auch noch da. Das elektrische Licht war gesperrt. Trübselige Begräbnisstimmung herrschte und die Auflösung kam schnell. Reste des Ensembles taten sich zusammen und bildeten unter den Elf-Scharfrichter-Namen und auch unter anderen Namen Kabaretts, in denen man noch monatelang einige dankbare Solonummern und Duos der gewesenen Elf Scharfrichter als Ausklang einer einmaligen, schönen und wertvollen künstlerischen Gründung hören konnte.*

Heinrich Mann widmet den rotberobten Scharfrichtern ein Wort des Nachrufs: *Es waren wild auftretende Kunstzigeuner, aus ihren Cafés brachten sie auf die Bühne ihres Münchner Kabaretts die volle Verachtung des bürgerlichen Menschen mit, überzeugt, ihm könne höchstens unter Bluff, Hohn, Teufelei und falscher Lasterhaftigkeit ein wenig Literatur hinterrücks versetzt werden.*

Frei und Frank nach Wedekind zog Karl Ettlinger in der »Jugend« das Fazit:

Ich war ein Kind von fünfzehn Jahren,
Ein unschuldsvolles, reines Kind,
Als ich zum erstenmal erfahren,
Wie mies die Überbrettl sind.

Ich sah es gähnend an und lachte
Und sagte mir: es ist nichts dran.
Und dabei fing ich sachte, sachte
In süßen Schlaf zu fallen an.

Seit jener Zeit haß' ich sie alle,
Die Überbrettl groß und klein –
Wenn ich dem Stumpfsinn einst verfalle,
Dann werd ich auch beim Brettl sein.

Frank Wedekind, der Parodierte, mag dem zugestimmt haben.

Die Boheme brettelt im Simpl

Dabei war die freche Muse im München der Jahrhundertwende schnell heimisch geworden. Der Anstoß fürs Isar-Brettl war vom Montmartre-Cabaret ausgegangen, den Startschuß hatte Wolzogen in Berlin gegeben. Den Boden fürs literarische Tingeltangel aber hatten die Schwabinger Künstlerkneipen und Dichtercafés bereitet, wo die Schriftsteller, Maler, Musiker, Theaterleute ihren Stammtisch hatten. Eine besondere Rolle spielte neben dem »Luitpold«, dem »Noris« und dem »Stefanie« eine kleine Künstlerklause in der Adalbertstraße, die sich »Dichtelei« nannte. Und die Bezugsperson für all die Bohemegrößen, Verseschmiede und Pumpgenies war hier eine mollige Kellnerin mit Namen Kathi Kobus, eine Künstlermutter, die in der Kabarettgeschichte bald einen festen Platz einnehmen wird.

Der Freundeskreis, zu dem neben den Scharfrichtern auch die Mitarbeiter der »Simplicissimus«-Zeitschrift gehören, überreden die resolute Kathi, ihren eigenen Laden aufzumachen. Die Räume finden sich in der Türkenstraße. Am 1. Mai 1903 ist es so weit. Der Kobus-Klan hilft beim Umzug mit. Einer, der dabei war, berichtet: *Mit brennenden Kerzen*

Der Simpl-Hund

Proleta sum

Ich bin ein Prolet, vom Menschengetier
Bin ich bei der untersten Klasse!
Ich bin ein Prolet, was kann ich dafür?
Wenn ich keine Zier eurer Gasse?

Ich lebe stets von der Hand in den Mund,
Trag, was ich verdien', in der Tasche:
Ich darf nicht denken, das macht mich gesund
Zur Betäubung dient mir die Flasche.

Ich bin ein Prolet! Was kann ich dafür,
Doch gibt es gleich mir Millionen:
Das tröstet mich, wenn die Not vor der Tür,
Das tröstet mich beim Frohnen!

Wir haben kein Haus, wir haben kein Gut,
Wir haben nichts als Fäuste.
Mit Schwielen bedeckt, zum Frohndienst gut
Wir wissen nicht viel vom Geiste.

Wir sind vielleicht ein erbärmlich Geschlecht,
Geboren, den Nacken zu beugen –
Wir führen auch unsern Namen mit Recht:
Wir sind nur da, um zu zeugen.

Mit Samensträngen sind wir begabt,
Millionenfach uns zu vermehren,
Daß ihr, ihr Obern, die Hände habt,
Die euch gemächlich ernähren.

Wir denken, denken nicht mehr daran,
Daß wir euch könnten erschlagen:
Still ziehen wir unsere Lasten bergan –
Wir können ja Lasten tragen.

Wir sind ein erbärmliches, ekles Geschlecht
Und werden uns nie ermannen:
Ihr könnt uns getrost an den Wagen der Zeit
Als Zugvieh der Zukunft spannen.

Ludwig Scharf

setzte sich der Zug in Bewegung, Wedekind mit der Gitarre voran, hintendrein marschierten wir anderen mit Tischen und Stühlen, Theke und Weinregalen, Eisschrank und Vorräten. Schon in dieser Nacht griff der künftige Geist des Ortes präludierend in die Saiten: der eine oder der andere von uns sprang auf das rasch gefügte Bretterpodium, man sprach Verse aus dem Stegreif, tanzte oder sang, und polternd und rumpelnd ächzten die Bretter Antwort... Das Kabarett der Kathi Kobus war gegründet.

Die »Neue Dichtelei« wird später in »Simplicissimus« umgetauft, und am Eingang lockt der von Th.Th. Heine gezeichnete Simpl-Hund mit der Sektflasche zwischen den Zähnen. Bald ist der »Simpl« in aller Munde, die es nachts auf Schwabings Straßen treibt. Erich Mühsam, einer von ihnen, beschreibt, wie es dort aussah: *Vorn befand sich ein Wirtsraum, nicht viel unterschieden von anderen Wirtsräumen; hinten das Hauptlokal mit Theke, Klavier und Podium; dazwischen der beide Räume verbindende Kanal, ein langer, sehr schmaler Gang, dennoch mit Tischen und Stühlen so eng bestückt, daß das Passieren in den Abendstunden, wenn der Betrieb im Gang war, nur unter vielen Schlängelbewegungen möglich war und man die mit Flaschen und Tabletts jonglierenden Kellnerinnen für gelernte Akrobatinnen halten konnte. Das Gedränge war in allen Räumen von zehn Uhr abends an beängstigend, und die von Weindunst, Tabakrauch und menschlicher Ausdünstung sichtbar wogende Luft erklärt ebenfalls nicht völlig befriedigend die Anziehung, die der »Simpl« auf die geschmackverwöhnte Schwabinger Künstlerschaft ausübte. Es war aber doch so, daß wir uns allesamt in dem Lokal wohlfühlten, das bei Tage eher einer Kunsthandlung glich als einer Künstlerkneipe.*

Die Zeichnungen, Skizzen, Karikaturen, Ölbilder und Verse an den Wänden erinnern an zahllose durchzechte und durchbrettelte Simpl-Nächte, und die Künstler, meist um Bares verlegen, zahlen in ihrer eigenen Währung: es sind oft kurz vorm morgendlichen Aufbruch skizzierte Kleinkunststücke, mit denen die Wirtin das Lokal tapeziert. An einem Ecktisch scharen sich die Boheme-Jünger Schwabings um ihren »Löwen«, den mit fünf Mark Abendgage höchstbezahlten Dichter Ludwig Scharf. Ruhe kehrt in die laute Klause ein, wenn er sich erhebt und von seinem Platz aus, auf eine Stuhllehne gestützt, sein Proleten-Credo verkündet.

Gegen eine warme Mahlzeit pro Tag ist hier auch der aus Berlin zugereiste Erich Mühsam »festangestellt«. Abends nach zehn, wenn Stimmung aufkommt, unterhält er dafür die Simpl-Gäste mit Ulkgedichten und Scherzreimereien wie dem optimistischen Sechszeiler, den er seiner angebeteten Zenzl gewidmet hat.

Es stand ein Mann am Siegestor,
der an ein Weib sein Herz verlor.
Schaut sich nach ihr die Augen aus,
in Händen einen Blumenstrauß.
Zwar ist dies nichts Besunderes.
Ich aber – ich bewunder es.

Kathi Kobus ist Künstlermutter und bewirtende Künstlerin in einer Person. Sie sorgt für Stimmung und, wenn's sein muß, für Ruhe. Sie dichtet unter der Assistenz ihrer Simpl-Profis Dialekt-Gefärbtes und trägt es, in die Schale der Chiemgauer Bauerntracht geworfen, den Hausfreunden zur Erheiterung vor, sie conferiert aus dem Stand und gibt derweil Anweisung an die Bedienung, das Abkassieren nicht zu vergessen. Und wenn Not am Mann ist, hat sie auch die Hosen an: Angetrunkene setzt die energische Boheme-Beschützerin eigenhändig an die frische Luft. Sie ist unbekümmert, offen, direkt und geradeaus. Zeitweise ist sie mit Ludwig Scharf, dem Proleten-Poet verlobt, und einer, der's wissen muß, versichert glaubhaft, daß sie trotz Perücke und fortgeschrittenen Alters über jenen bäuerlich-rustikalen Charme verfügte, der ihr die Männer zu Füßen liegen ließ. Man erzählt sich gern und oft die Geschichte vom Inkognito-Besuch des Kronprinzen, der mit einer Schar trinkfreudiger Hofschranzen im Simpl erschienen war und von der Kobus nach der Polizeistunde angeherrscht wurde: »Werd's hoam gehn, Saupreißn verdammte.«

Diese Polizeistunde, der Schrecken aller Schwabinger Nachtschwärmer, hat durch Erich Mühsam ein schönes, ironisches Lob erfahren. In einem kleinen Beitrag, der viel von der Stimmung jener Boheme-Zeit vermittelt, stattet er der Münchner Polizei für genußreiche Stunden seinen »öffentlichen Dank« ab. Da heißt es:

Kürzlich begegnete mir nachts um 1 Uhr in einem Caféhaus eine junge Dame, die mir schon lange sehr begehrenswert erschienen war. Da sie allein war und ein unglückliches Gesicht machte, sprach ich sie an. Sie klagte mir ihr Leid, das darin bestand, daß sie ihren Hausschlüssel nicht bei sich hatte und nun nicht wußte, wie sie heimkommen sollte. Ich bot natürlich sogleich meine Wohnung an, was freundlich aber sehr bestimmt abgelehnt wurde. Die Dame erklärte, sie wolle bis morgens 7 Uhr durchbummeln. Auf meine Bitte erlaubte sie mir, ihr Gesellschaft zu leisten. Um 3 Uhr erklärte der Wirt, es sei Polizeistunde. Wir mußten hinaus. Da wir nirgends ein offenes Lokal fanden, gingen wir an den Bahnhof, wo wir uns an einer Tasse Kaffee erfrischen wollten. Aber vor dem Eingang zu den Empfangsräumen war eine Barriere errichtet, die von einem Bahnbeamten, einem Nachtwächter, einem Schutzmann und einem Polizeihund bewacht wurde. Alle vier rollten hörbar die Augen, so daß ich mit meiner Begleiterin wieder ins Freie flüchtete. Es war frostig und regnete. Da sagte ich zu der Dame: »Es nützt nichts. München hat über 600 000 Einwohner und ist eine berühmte Künstler- und Fremden-stadt. Wenn allen Künstlern und Fremden und der halben Million Münch-ner Einwohner von Polizei wegen die Möglichkeit entzogen ist, nach 3 Uhr noch in einem öffentlichen Lokal zu sitzen, so werden gewiß sehr ernste sittliche Gründe dafür maßgebend sein. Wenn Sie um diese Zeit ohne Gepäck an einer Hotelglocke zögen, würden Sie sich wahrscheinlich große Unannehmlichkeiten zuziehen. Bleiben wir in diesem Wetter drau-ßen stehn, so haben wir morgen beide die Lungenentzündung. Es bleibt

Erich Mühsam

111

Der Revoluzzer

War einmal ein Revoluzzer,
im Zivilstand Lampenputzer;
ging im Revoluzzerschritt
mit den Revoluzzern mit.

Und er schrie: ›Ich revolüzze!‹
Und die Revoluzzermütze
schob er auf das linke Ohr,
kam sich höchst gefährlich vor.

Doch die Revoluzzer schritten
mitten in der Straßen Mitten,
wo er sonsten unverdrutzt
alle Gaslaternen putzt.

Sie vom Boden zu entfernen,
rupfte man die Gaslaternen
aus dem Sraßenpflaster aus,
zwecks des Barrikadenbaus.

Aber unser Revoluzzer
schrie: ›Ich bin der Lampenputzer
dieses guten Leuchtelichts.
Bitte, bitte, tut ihm nichts!

Wenn wir ihn' das Licht ausdrehen,
kann kein Bürger nichts mehr sehen.
Laßt die Lampen stehen, ich bitt! –
Denn sonst spiel ich nicht mehr mit!‹

Doch die Revoluzzer lachten,
und die Gaslaternen krachten,
und der Lampenputzer schlich
fort und weinte bitterlich.

Dann ist er zu Haus geblieben
und hat dort ein Buch geschrieben:
nämlich, wie man revoluzzt
und dabei doch Lampen putzt.

Erich Mühsam

nichts anderes übrig, als daß Sie mit zu mir kommen.« Da errötete die junge Dame und kam mit. – *Ich fühle mich gedrängt, der Münchner Polizei für die äußerst genußreichen Stunden, die ich ihrer Fürsorge zu danken habe, öffentlich meinen Dank auszusprechen. Meine eigne Erfahrung hat mich belehrt, eine wie sinnreiche Einrichtung die konsequent durchgeführte Polizeistunde ist.*

Mühsam, so scheint es, ist hier in seinem Element. Er trifft auf Gleichgesinnte, genießt das dekadent-fröhliche Münchner Nachtleben, weiß es dem schwerblütigeren Berlin vorzuziehen. In den Torggelstuben freundet er sich mit Wedekind an, er arrangiert Atelierfeste zur Faschingszeit, lernt die flotte Franziska kennen, jene nach Freiheit dürstende Gräfin zu Reventlow, an der er zu schätzen weiß, daß sie außer ihrem Namen nichts an sich trägt, was »vom Moder der Vergangenheit benagt« ist. In Ludwig Scharf findet er einen Verfechter seiner radikalen Lehre von der anarchistischen Utopie, der ihn ermutigt, auf Versammlungen als politischer Redner zu agitieren. Und im Simpl frönt er der seit den Berliner Boheme-Tagen liebgewonnenen Ulksucht. Schon damals an der Spree hatte man ihm nachgesagt, er liege ständig auf der Kalauer; Mühsams Fähigkeit, mit den Versen schnell, schäkernd und schüttelnd umzugehen, hatte einst Mynona zu dem Ausruf veranlaßt: »Von deutschen Dichtern lies am meisten, nur die soviel wie Mühsam leisten.« Hier, im Simpl, bietet sich Carl Georg von Maassen, der feinsinnige E.T.A. Hoffmann-Forscher, als Partner für solchen Verbal-Sport an. Mit ihm, dem begeisterten Hobbykoch, der unter dem Pseudonym Jakobus Schnellpfeffer Humoristisches zur Lage liefert, tritt er in edlen Wettstreit und erfindet immer neue Schüttel- und Schleifenreime. Ein mühelos entwickelter Mühsam-Vierfachschüttler geht so:

Das war das Fräulein Liebetraut,
das an den Folgen einer Traube litt.
Quälend rumorten ihre Triebe laut,
weshalb sie schnell in jene Laube tritt.

Und Schnellpfeffer revanchiert sich mit einer literarischen Spezies, dem sogenannten Hugonott, so genannt, weil es mit Hugo beginnen muß:

»Hugo«, sprach ich. Hugo nieste.
»Hugo«, sprach ich. Hugo spießte
eine Filzlaus mit dem Pfeil.
»Hugo«, sprach ich. »Weidmannsheil!«

Aus der Lust am Nonsens wurde auch der Pegasus gesattelt, um althergebrachten Sprichworten im Austausch miteinander neuen Sinn zu geben: »Lügen haben Gold im Munde – Morgenstunde hat kurze Beine – Müßiggang ist Goldes wert – Eigener Herd ist aller Laster

Anfang – Blinder Eifer schützt vor Torheit nicht – Alter schadet nur.«
Auch die Erkenntnis, daß ein gutes Gewissen nicht gern studiert und ein
voller Bauch ein sanftes Ruhekissen ist, kommt Mühsam in diesen
Tagen. Und Artur Kutscher schreibt er den »ersten futuristisch-kubisti-
schen Schüttelreim« ins Stammbuch:

Der Nitter splackt.
Der Splatter nickt,
wenn splitternackt
die Natter splickt.

Den Münchner Cliquen-Klüngel parodierend, gründen Mühsam und
Maassen in Anlehnung an den exklusiven, piekfeinen »Münchner Büh-
nenklub« ihren »Verein süddeutscher Bühnenkünstler«, in den Bühnenkünstler grundsätzlich nicht, Süddeutsche nur in Ausnahmefällen aufgenommen werden. Man veranstaltet einen Wettbewerb für den originell-
sten Dramentitel. Das Rennen macht: »Im Nachthemd durchs Leben«.
Geschrieben wird das Stück dann natürlich auch, und schließlich aufgeführt – mit Hans Pfitzner am Klavier. Ludwig Scharf läßt den Kasperl
singen:

Froh im Nachthemd durch das Leben
zieht die ganze Menschlichkeit:
Kann man doch das Nachthemd heben,
denn das Nachthemd ist so weit.
Glori, Glori, Hallelujah,
Nachthemd ist der feinste Dreß,
Glori, Glori, Hallelujah,
für den Sittlichkeitskongreß.

Und dann verirrt sich eines Nachts ein 24jähriger Fahrensmann in die
Türkenstraße. Er heißt Hans Bötticher, stammt aus Wurzen in Sachsen,
ist mit achtzehn von Zuhause durchgebrannt, zur See gefahren, hat
bereits ein gutes Dutzend Jobs hinter sich und die Welt gesehen. Das
Plakat mit der roten Dogge, die eine Sektflasche zu entkorken versucht,
weckt sein Interesse: *Lockend und verheißend winkte die rote Lampe*
vorm Eingang, vor dem eine lange Reihe von Privatautos angefahren war.
Das Lokal war überbesetzt. Ein schmaler Gang führte nach dem Hinter-
zimmer. Es gelang mir, so weit vorzudringen, daß ich dieses übersehen
konnte. Künstler, Studenten, Mädchen, elegante Herrschaften. Das saß
eng gepreßt um weiß gedeckte Tische. Auf einem der Tische stand ein
schmächtiger Mann mit wildem Vollbart, stechenden Augen und feinen
Händen. Der trug ein Gedicht vor: War einmal ein Revoluzzer. Ich fragte
einen neben mir stehenden Studenten, wer der Vortragende sei. Der sagt
ihm, er solle sich schämen. Bötticher tut's, wie er gesteht, und trifft auf
ein ältliches Blumenmädchen, das ihn aufklärt: »Das ist Erich Mühsam,

Hans Bötticher (Ringelnatz)

Isadora Duncan

der Edelanarchist«. Und Hans Bötticher hört zu, was der Dichter 1907 der deutschen Sozialdemokratie ins Parteibuch schreibt: »War einmal ein Revoluzzer . . .«

Hans Bötticher erlebt eine Welt, die ihm neu ist. Er lernt das Milieu kennen und lieben: »Es bannte mich mit dem Zauber der Neuheit.« Gott und die Welt verkehrt hier im Simplicissimus, der inzwischen sogar zum Geheimtip für Touristen aus Übersee geworden ist. Zu den Gästen zählen der Prinz von Wales, Zar Ferdinand von Bulgarien, der belgische König, Industriekapitäne und Geldaristokraten. Und dann die Künstler, die Hans Bötticher auf den literarischen Weg bringen: der lauteschlagende Frank Wedekind, Roda Roda, Ludwig Thoma und die Simpl-Crew, Max Dauthendey; selbst Ludwig Ganghofer und Paul Lincke entdeckt der Ex-Matrose hier.

Man tanzt Cake-walk und gibt sich ausgelassen. Man singt Wiener Schmäh und Revoluzzerlieder, Hugo Koppel vertont am Harmonium die Speisekarte. Geschichten und Legenden, Ondits und Histörchen, die den Simpl als Tatort nennen, tragen dazu bei, daß die Kobus-Kneipe in der Türkenstraße bald über Münchens Grenzen hinaus zum Begriff wird. Wilhelm Voigt, der Schuhmacher, der als Hauptmann von Köpenick Karriere machte, läßt sich hier für Geld sehen und verkauft seine Autogramme. Hanns von Gumppenberg kommuniziert am »klopfenden Tisch« mit seinem Über-Ich, einem Mädchen aus dem Morgenland, das der Überdramatiker »Geben« nennt und als seinen Genius ausgibt. Isadora Duncan, die berühmte Balletteuse, tanzt hier auf den Simpl-Tischen, daß ihre Fetzen fliegen – als die Leichtbeschürzte, nachdem der Körperrausch verflogen ist, ihre Siebensachen wieder einsammeln will, fehlt der kostbare Pelz.

Legendär auch der Auftritt eines Münchner Unikums, Valentin Ludwig Fey aus Au, der sich mit dem Erlös seiner elterlichen Speditionsfirma ein 22instrumentiges Orchestrion gebastelt hat, inclusive Gewehrschüsse und Kaiserhymne, mit dem er, mal als Charles Fey, mal als Karl Valentin, die Brettlwelt erobern will. Als das nicht auf Anhieb klappt, zerhackt er den Sechszentner-Apparat und trägt sich mit Selbstmordgedanken. Im »Simplicissimus« aber hat er Erfolg. Man jubelt dem Coupletsänger zu, wenn er seine spindeldürre Figur zum Thema von irrwitzigen Ungereimtheiten macht:

Ach, es ist doch schrecklich g'wiß,
wenn der Mensch recht mager ist;
ich bin mager, welche Pein,
mager wie ein Suppenbein.

Hans Bötticher, der im Jahr des Valentin-Auftritts hier im Simpl seine neue Heimat findet, faßt sich Mut und fragt bei der Kathi an, ob er auch mal dürfe. Er darf. Sein Debüt wird ein Reinfall, aber bald singt der ganze Kobus-Laden mit, wenn er zur Melodie »Strömt herbei, ihr Völkerscharen« seine Lokalhymne intoniert:

Mitternacht ist's. Längst im Bette
liegt der Spießer steif und tot.
Ja, dann winkt das traulich nette
Simpl-Glasglüh-Morgenrot.
Und mich zieht's mit Geisterhänden;
ob ich will, ob nicht, ich muß
nach den bildgeschmückten Wänden
in den Simplicissimus.

Hans Bötticher macht rasch Simpl-Karriere. Bald braucht er die
Schoppen Magdalener, die er trinkt, nicht mehr zu bezahlen, und
bekommt sogar noch eine Mark Tagesgage dazu, wenn er dafür acht bis
zehn Gedichte vom Podium läßt. Und der Hausdichter des Simpl, der er
bald ist, macht sich seinen Reim auf alles und jeden. Als er einmal mit
Vertretern einer Sektfirma am Tisch sitzt, die sich nicht lumpen lassen,
revanchiert er sich mit einem Vierzeiler:

Karl Valentin

Hast du einmal viel Leid und Kreuz,
dann trinke Geldermann und Deutz,
und ist dir wieder besser dann,
dann trinke Deutz und Geldermann.

Aus der Zufallsbekanntschaft, die dem Versefix ein goldenes Hun-
dertfrankenstück einbringt, entwickelt Bötticher, der sich zehn Jahre
später Joachim Ringelnatz nennen wird, ein einträgliches Geschäft. Wie
schon Frank Wedekind, der für Maggi textete, und Hans von Gumppenberg, der für ein Patentbüro Werbesprüche ersann, schriftstellert er nun
gegen Bares. Bald eröffnet er in der Schellingstraße, ein paar Schritte
vom Simpl entfernt, sein Tabakhaus »Zum Hausdichter« und wirbt für
den eigenen Laden mit dem Hinweis: »Damen und Herren werden auf
Wunsch gegen Bezahlung angedichtet.«

Wenn die Unternehmung auch nicht gut geht, weil der Wirt sein
bester Kunde ist und er in wilden Gelagen Runde für Runde spendiert,
was macht's: man lebt! Auf Atelierfeste geht er als Frau verkleidet, im
Simpl wird, es sei denn, man hat sich gerade mit Kathi Kobus überwor-
fen, kräftig auf die Pauke gehauen.

Solch lockeres Lotterleben hat an der Isar Tradition. Das hatte auch
der preußische Freiherr von Wolzogen erfahren, als er in München noch
an seinem Überbrettl-Traum bastelte: *Ich kann es mir nicht versagen, ein*
köstliches Geschichtchen, über das damals das ganze literarische Mün-
chen hell auflachte, zum besten zu geben, obwohl ich es nur vom
Hörensagen habe. Marc Henry, der Pariser Kabarettsänger, war just um
die Zeit nach München gekommen, als ich mich anschickte, es zu
verlassen. Er brannte darauf, Wedekind kennenzulernen. Und einer von
Wedekinds Intimen erbot sich, die Bekanntschaft zu vermitteln. An einem
schönen Tage zwischen zehn und elf Uhr morgens führte er den Pariser in

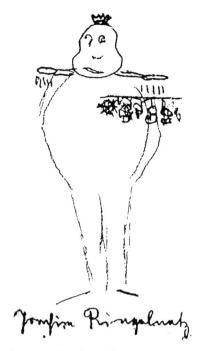

Ringelnatz: Der General

Wedekinds Wohnung. *Die Zimmerherrin ließ die beiden in das Studierzimmer eintreten mit dem Bescheid, daß der Dichter zu Hause sei. Da sie aber lange Zeit warten mußten, ohne daß er kam, so klopften sie an die Schlafstubentür, und als niemand herein rief, traten sie ein, um festzustellen, ob die Wirtin sich nicht getäuscht habe. Der Dichter war wirklich zu Hause. Er lag noch in festem Schlaf zu Bett, und das Deckbett hatte sich derart verschoben, daß seine untere Rückenpartie entblößt der Morgensonne entgegenlachte. Da hatte Marc Henry eine Idee: Er entnahm seinem Saffianledertäschchen seine Visitenkarte und steckte sie vorsichtig, ohne den Schläfer zu wecken, zwischen seine gut schließenden Hinterbacken, worauf die beiden Männer geräuschlos die Wohnung verließen.*

Auch zehn Jahre nach diesem Vorfall ist die Boheme-Welt in Schwabing noch in Ordnung, abends nach zehn. Wenn der Simpl mit der Zeit auch zum bloßen Amüsierlokal für trinkfeste Studenten verkommt, so hat er doch im Münchner Kapitel der Kabarettgeschichte einen festen Platz. Auch als Treffpunkt für Künstler und alle, die es werden wollen. Hier werden im ersten Jahrzehnt des neuen Jahrhunderts Geschichte und Geschichten gemacht. Emmy Hennings, die Chansons singt und Gedichte rezitiert, kommt hier auf den Schreibgeschmack. Im Simpl begegnet sie Hugo Ball, dem sie später nach Zürich folgt, um das »Voltaire« zu eröffnen. Auch Marietta, das schöne Schwabinger Malermodell, betätigt sich auf dem Simpl-Podium und anderswo als Muse für zartbesaitete Dichterseelen. Eine stammt aus Crossen und gehört Alfred Henschke, dem späteren Klabund. Als er auf Marietta trifft, die ihren Familiennamen Kirndörfer kurzerhand streicht, hat er gerade mit einem Gedicht Aufsehen erregt, das ihm Strafverfolgung wegen Gotteslästerung einbringt. Es lautet:

Es hat ein Gott mich ausgekotzt,
Nun lieg ich da, ein Haufen Dreck,
Und komm und komme nicht vom Fleck.

Doch hat er es noch gut gemeint,
Er warf mich auf ein Wiesenland,
Mit Blumen selig bunt bespannt.

Ich bin ja noch so tatenjung.
Ihr Blumen sagt, ach, liebt ihr mich?
Gedeiht ihr nicht so reich durch mich?
Ich bin der Dung! Ich bin der Dung!

Von Artur Kutscher wird das junge Klabund-Genie in den Simpl-Kreis eingeführt, wo Marietta Verse von Ringelnatz, Mühsam und anderen vorträgt. Nun nimmt sie auch Klabund in ihr Repertoire auf, und das in jeder Beziehung. Geblieben ist von der kurzen heftigen Liebe ein Schwabing-Roman, der ihren Namen trägt: Marietta.

Kathi Kobus

Ich habe kein Vaterland
Ich habe kein Mutterland,
Jede fremde Sprache berührt mich heimatlich,
Ich bin eine polnische Prinzessin: hübsch aber schlampig.
Ich schiele.
Das ist meine Weltanschauung.
Eigentlich müßte ich ein Monokel tragen.
Ich gewinne auf der Münchner Wohlfahrtslotterie
Eine kleine Kuhglocke.
Ich binde sie mir um den Hals und lasse sie läuten.
Jeder möchte mein Hirte sein.
Ich bin Marietta.

Marietta

Manchmal weine ich keine Tränen.
Ich berausche mich täglich.
Gerne mache ich sündige Spiele.
Ich bin ein Knäuel von Sinnlichkeit.
Mein Kopf wird herumgeworfen.
Meine guten Gefühle werden von brutalen Händen erdrückt.
Ich schiele.
Ich rezitiere lyrische Anthologie.
Nachts tanze und schreie ich durch die Straßen.
Mein Mund ist ein Strich.
Meine Augen sind machmal groß und leuchtend.
Mein Nacken ist ausrasiert.
Ich habe schlanke Beine.
Jeder Briefträger ist mein Vater.
In meinen Haaren beseitigt man den Schweiß der Hände –
Aber in der Sonne sind sie fließendes Gold.
Ich bin Marietta.

Klabund geht bald eigene Wege. Mausert sich vom Brettl-Lyriker zum kritischen Kabarettschreiber. Am 3. Juni 1917, achtzehn Monate vor dem Zusammenbruch des Kaiserreichs, fordert er Wilhelm II. zum Rücktritt auf. In einem offenen Brief schreibt er: *Das deutsche Volk ist in Jahren unsagbaren Leidens gereift und den Kinderschuhen entwachsen. Es braucht keine Bevormundung mehr. Es hat sie satt...*
Der Staatsanwalt schreibt den Haftbefehl aus.

Heine-Hund für die Simpl-Kneipe

Carl Hollitzer

Zwischenspiel in Wien

Ein Abstecher nach Wien kann nicht schaden.

Auf einer der vielen Gastspielreisen, mit denen Marya Delvard den Scharfrichter-Tod zu verschmerzen sucht, kommt sie ins Wiener Apollo-Theater – und findet dort zum Kabarett zurück. Von einem beleibten Schrammellokal-Besitzer stammen die finanziellen Mittel, die Henry, dem Gefährten, und ihr es 1906 ermöglichen, Wiens erstes literarisches Kabarett zu eröffnen: »Nachtlicht«. Als musikalischer Leiter betätigt sich Ex-Scharfrichter Hannes Ruch.

Wien ist kabarettistisches Neuland. Außer dem mißglückten Versuch des Journalisten Felix Salten, gleich nach der Berliner Überbrettl-Gründung einen Wiener Ableger, das »Jung-Wiener Theater zum Lieben Augustin«, zu installieren, gab es hier an der Donau keine nennenswerten Vorstöße, der »Cabaret-Seuche« eine feste Heimstatt zu verschaffen. Wozu auch. Man hat seinen Raimund, den Nestroy und das Caféhaus.

Aber das reicht nun plötzlich nicht mehr. Und Talente, die den »Nachtlicht«-Protagonisten Marc Henry und Marya Delvard dabei behilflich sein könnten, dem Philistertum heimzuleuchten, gibt es genug. »Walzertraum«-Texter Felix Dörmann etwa, der davon knödelt, man werde seine müden Sinne erst »mit saugenden Küssen, mit rasender Liebeswut, vielleicht sogar mit Blut« wecken müssen – und das gar nicht komisch meint. Da ist der Maler Carl Hollitzer, der mit kräftigem Baß und zur Trommelbegleitung alte Landsknechtslieder singt, da treten Hans Adler auf und Roda Roda, der Anekdotenspezialist, Egon Friedell und der stets trunkene Vorzeige-Vagabund Peter Altenberg, der, mit mächtiger Glatze und rötlichem Robbenbart, geschliffene Geiststreicheleien von sich gibt: *Man sieht, wie wenig Gott von Geld hält, an den Leuten, die er damit ausstattet. – Die modernen Damen verlängern sich die Fingernägel statt des Gehirns. Das erstere scheint leichter zu sein!* Die Geldsäcke und die Langfingrigen klatschen amüsiert. Das alte Dilemma. Darüber ärgert sich besonders Erich Mühsam, den ein »Nachtlicht«-Engagement im April 1906 nach Wien verschlägt. Kabarett ist für ihn, wie für Wedekind, in erster Linie Broterwerb, schon längst kein Anliegen mehr, seit im Kleinkunst-Etablissement den »Spezialitätentheatern« Konkurrenz gemacht wird. Hier nämlich werden nach seiner Meinung »zwar dressierte Pudel nicht als Künstler, aber Künstler als dressierte Pudel« dem zahlenden Publikum vorgeführt. Vor dem Bourgeois da unten, für den er den Affen machen muß, läßt er darum nur Harmlos-Witziges ab, nichts von dem, was ihm wichtig ist. Für die da nimmt er nicht mal die Zigarre aus dem Mund. Ihm stinkt es, der »Neugierde des Pöbels« ausgeliefert zu sein, der die Boheme-Gesinnung an langen Haaren und zerlumpter Kleidung festmacht, nicht aber an der radikalen Skepsis in der Weltbetrachtung, der gründlichen Negation aller konventionellen Werte und dem nihilistischen Temperament. Boheme, weiß Mühsam, ist etwas anderes: *Verbrecher, Landstreicher, Huren und Künstler – das ist die Boheme, die einer neuen Kultur die Wege weist.* Ihm stinkt auch Marc Henrys radebrechende Conference, mit der Abend für Abend der »Berliner Bohemien« angesagt wird: *Jätzt wird auftretän – Erich Mühsam. Er hat kolossal lange Haare. Er ist das Prototypus von eine Bohemien. Er kann rauchen wie wenn nichts wäre...*

Erich Mühsam findet Verständnis bei Karl Kraus, dem Herausgeber und unnachgiebigen Kritiker der »Fackel«. Man nennt ihn die »satirische Geißel von Wien«. Kraus ist ein Kabarett-Fan der ersten Stunde, er hat im Mai 1905 im »Trianon-Theater« sein Debüt als Schauspieler gegeben, er hat im »Nachtlicht« sogar einmal Regie geführt. Aber er hat Einwände. Er ist enttäuscht, daß aus dem Kabarett, diesem Bollwerk gegen das Philistertum, mit der Zeit eine »vor ein Champagnergeschäft gehängte Liedertafel« geworden ist. Es ist ihm rätselhaft, daß »Herr Henry, ein geschickter Chansonnier mit dürftigem Repertoire, sich als Direktor möglich findet«. Und er meint schließlich, daß die Delvard auch nur mit Wasser kocht und maßlos überschätzt wird. Als die Sängerin dann in der Osternummer des Wiener »Fremdenblattes« überheblich mit Prominenten protzt und von der berühmten Yvette Guilbert, die »durch die Nase wie ein Pariser Straßenmädel spricht«, behauptet, sie beneide sie, die Delvard, um ihre Stimme, ist das dem Kraus-Kopf zu viel. Er greift zur gefürchteten, spitzen Fackel-Feder und schreibt: »Es ist der Trick aller, die selbst keine Persönlichkeit sind, sich durch eine Verbindung mit berühmten Namen Reklame zu machen.«

Was dann folgt, ist der Auftakt zu einem Stück Realsatire, das um vieles schärfer und pointierter ist als alles, was das »Nachtlicht« selbst zu bieten hat. Schauplatz der Handlung ist das »Casino de Paris«; man schreibt den 30. April 1906, frühmorgens. Die Personen der Kabarett-Klamotte sind Karl Kraus, Erich Mühsam, Egon Friedell, Roda Roda, Peter Altenberg, ferner die giftende Marya Delvard und der aufgebrachte Marc Henry. Chronist Mühsam berichtet: *Ich saß mit Karl Kraus in einem Weinlokal, als die Kollegen vom Kabarett erschienen und an einem andern Tisch Platz nahmen. Plötzlich stürzte sich Henry auf Kraus, den er buchstäblich bis zur Bewußtlosigkeit verprügelte; es war höchst widerwärtig und roh. Ich lag, in dem Drange, Frieden zu stiften, beiseite geschoben, mit verstauchtem Finger, zerbrochenem Kneifer und zerfetztem Engagementsvertrag in einer Ecke am Boden, während Peter Altenberg seufzend zwischen den verwaisten und derangierten Tischen umherirrte und mit den Worten ›Ich bin verzweifelt‹ von Freund und Feind die Sektreste austrank.*

Wien hat seinen Skandal. Die Affäre und ihr gerichtliches Nachspiel stillen den Appetit auf Sensationsfutter. Frank Wedekind schlägt sich auf die Kraus-Seite und gesteht, ihm sei das ganze Metier zuwider: *Kabarett ist nun einmal das in Musik gesetzte Pech. Ich habe vier Jahre lang davon gelebt und danke Gott, daß ich es los bin.* Zur Sache selbst

Peter Altenberg

119

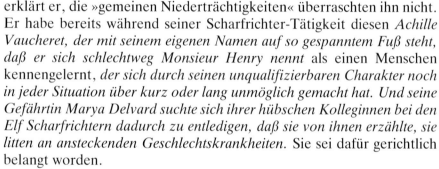

erklärt er, die »gemeinen Niederträchtigkeiten« überraschten ihn nicht. Er habe bereits während seiner Scharfrichter-Tätigkeit diesen *Achille Vaucheret, der mit seinem eigenen Namen auf so gespanntem Fuß steht, daß er sich schlechtweg Monsieur Henry nennt* als einen Menschen kennengelernt, *der sich durch seinen unqualifizierbaren Charakter noch in jeder Situation über kurz oder lang unmöglich gemacht hat. Und seine Gefährtin Marya Delvard suchte sich ihrer hübschen Kolleginnen bei den Elf Scharfrichtern dadurch zu entledigen, daß sie von ihnen erzählte, sie litten an ansteckenden Geschlechtskrankheiten.* Sie sei dafür gerichtlich belangt worden.

Im übrigen, springt Wedekind weiter in die Bresche, »ist es mir im höchsten Grade widerwärtig, daß von diesen Personen im Nachtlicht allabendlich meine Verse und Melodien vorgetragen werden.« Lieber wolle er diese Werke nie geschrieben haben.

Das ist nun genau nach dem Geschmack des »Nachtlicht-Gelichters«, das an Mühsams langen Haaren und Zigarrenrauch den »Berliner Bohemien« erkennt. Henry und die Delvard schwimmen auf einer Welle spießbürgerlicher, muckertümlicher Sympathie. Auch die Justiz läßt Milde vor Recht ergehen und verurteilt Henry zu einer kleinen Geldstrafe. In den Wiener Journalen wird ein gehässiger Kreuzzug gegen Kraus gestartet; die Berichte finden reißenden Absatz und werden von den deutschen Blättern eifrig nachgedruckt.

Ein Jahr später, 1907, zieht das »Nachtlicht« in die Kärntnerstraße um und gibt sich einen neuen Namen: »Cabaret Fledermaus«. In Marc Henrys neuen Räumen ist jetzt der Wiener Sezessionsstil zuhause, sonst

Roda Roda

120

ist so ziemlich alles beim alten geblieben: Der Hausherr und seine Gefährtin lassen volksliedsingend dem verblichenen Scharfrichter-Geist nicht die verdiente Ruhe, Roda Roda und Hollitzer sind auch wieder da und natürlich das Publikum mit dem Hang zu einer Unterhaltungs-Melange aus Bierbaumseligkeit und Wiener Schmäh. Zur Eröffnung gibt's ein Schattenspiel von Oskar Kokoschka, »Das getupfte Ei«, und einen Altenberg-Prolog, der zu Träumen in neuen Räumen einlädt. Und dann gibt es ein neues Gesicht: Alfred Polgar. Zusammen mit Friedell verfaßt er eine Reihe Einakter und Sketche, von denen »Goethe«, eine bildungsbürgerliche Groteske um Fachwissen und Ignorantentum, rund dreihundertmal gespielt werden muß. Der Rest wie gehabt. Selbst Gertrude Barrison, die hier als Attraktion gefeiert wird, lebt vom vielfachen Aufguß. Hier, in der Wiener Kabarett-Provinz, läßt sie ahnen, was man Mitte der Neunziger in Paris und im Berliner »Winter-garten« an ihr und ihren restlichen vier Schwestern so hinreißend fand, obwohl man schon damals witzelte, die Stimmchen der Barrisons seien genau so dünn wie ihre Beine.

Kurz vor Ausbruch des Weltkrieges gibt es noch einmal zwei Wiener Kabarett-Gründungen: Der »Simplicissimus« und »Die Hölle«, auch dies keine Stätten für Zeitkritik, Biß und Satire. Stattdessen ein Forum für diverse, in der Kunst wie im Leben eingefahrene Chanson-Gespan-ne: Mella Mars und Béla Laszky, Franzi Ressl und Robert Stolz, Josma Selim und Ralph Benatzky. Die Herren saßen am Flügel, die Damen ergingen sich derweil, wohlbehütet und sicher begleitet, auf den Gefil-den erotischer Pikanterie: Das war's dann.

Karl Kraus

Die Delvard

121

Ein Kabarett, wie es sein soll.

Es ist leider so: Die Kabarettkunst und mit ihr der Kabarettkünstler werden heute in Deutschland nicht so recht für voll angesehen, am allerwenigsten von der Presse. Welche Zeitung behandelt wohl das Kabarett unter dem Strich unter der Rubrik „Kunst, Wissenschaft und Literatur"!? Das Kabarett hat eben nach der Meinung der Kritiker und vieler sogar ganz gebildeter Menschen mit Kunst und Literatur nichts zu tun, oder besser — nichts mehr zu tun. Wie überall, so gibt es auch hier unter den deutschen Zeitungen rühmliche Ausnahmen, die die Bedeutung der Kleinkunst erkennen und im Kabarett nicht nur einen Vergnügungs-, sondern einen Bildungsfaktor sehen, an dessen Höherkommen und Entwicklung mitzuarbeiten sie eifrig bestrebt sind.

Man gibt in den Kabaretts am Monatsbeginn, wenn das neue Programm feststeht, also am 3. oder 4. Tag, einen sogenannten Presseabend, zu dem die gesamte Presse eingeladen wird. An diesem Abend wird der Monats- Reklamebericht gemacht, konstruiert — inspiriert. Der Kabarettdirektor bewirtet die an einem reservierten Tisch sitzenden Herren der Presse je nach Größe, Vornehmheit und Leistungsfähigkeit seiner Küche und seines Kellers — die Herren sind an diesem Abend Gäste des Kabaretts. Mit Grauen denke ich an einen Presseabend in einem Kabarett meiner Vaterstadt Berlin im Jahre 1911. Da das merkwürdige Institut sehr berühmt war, denn es stand unter der Direktion eines berühmten Musikers, den ich nebenbei bemerkt von seinen Uranfängen her kannte, der nur berühmte Kräfte engagierte, die hauptsächlich seine berühmten Kompositionen vortrugen, so war selbstverständlich tout Berlin da, wie es zwischen 11 und 2 Uhr nachts in einem Kabarett der berühmtesten Strichstraße der Hauptstadt da zu sein pflegt. Ich wirkte wie ein Schandfleck in diesem mit „entzückenden" Cochonnerien jeglicher Art gespickten Programm, und trotzdem ich eine meiner berühmtesten Satiren vortrug, welche in demselben Berlin drei Jahre früher jubelnde Begeisterung ausgelöst hatte, trotzdem diese Satire von dem ebenfalls berühmten Hauskapellmeister melodramatisch begleitet wurde, fiel ich so radikal ab, wie ich es in 45 Jahren öffentlichen Auftretens nie erlebt habe, nicht einmal im Alkohol-Kabarett „Miramare" in Königsberg unseligen Angedenkens. Die Besprechungen in allen Berliner Zeitungen waren selbstverständlich glänzend, nur ich — hätte nicht in das Programm gepaßt. Eine verblüffendere Wahrheit haben Zeitungen kaum jemals ausgesprochen. Warum ich das alles berichte? Damit ihr vorsichtig seid, meine jungen Freunde, bei Engagementsabschlüssen und nicht Enttäuschungen und

Niederlagen erlebt in Lokalen, in denen nur Amüsement, Pikanterie, Cochonnerie, Trivialität, Frivolität, Perversität und andere Fremdwörter bemüht sind, das schöne deutsche Wort Kunst zu erdrosseln.

Die Direktoren könnten die geschilderten Zustände ändern, wenn sie das Kabarett hauptsächlich als Kunstinstitut und nebenbei als Vergnügungslokal betrachteten und nicht, wie meist noch heute, umgekehrt. Und die Künstler könnten auch energisch zu Reformationen beitragen durch — Standesbewußtsein! Das Kabarett muß ernst genommen werden, so ernst, wie ein Theater! Das Kabarett, die Kleinkunstbühne muß ebenso eine ästhetische, eine Bildungsanstalt sein, wie das Theater! Dann werden keine Waschzettel und keine Presseabende mit Abfütterungen und Wein mehr nötig sein. Wann hätte ein Theater bei einer Premiere die Presse bewirtet, um ihr Urteil zu beeinflussen oder zu töten! Oder sollte das doch vorgekommen sein? Erst wenn jeder Kritiker seinen streng sachlichen Kabarettbericht in seinem Blatt unter „Kunst, Wissenschaft und Literatur" dem Publikum unterbreitet, dann wird das Kabarett vor der Öffentlichkeit das sein, was es sein soll, ein Kunstinstitut, dem anzugehören der Stolz jedes Künstlers und jeder Künstlerin ist.

Kein Stand übt seinen Beruf mit größerer Freiheit aus, als der Künstlerstand, denn in keinem Stande sind Neigung und Befähigung so kongruent. In keinem Stande ist dem eigenen Ermessen, der Entfaltung der Kräfte ein größerer Spielraum gelassen, darum liebt auch kein Stand seinen Beruf so, wie der Künstler, darum ist Standesbewußtsein nirgends begreiflicher und natürlicher, als beim Künstler! Wo dieses Standesbewußtsein fehlt, sieht's mit der Kunst herzlich jämmerlich aus, und ich dächte, wir können über diese bewußt- und trostlosen Individuen zur Tagesordnung übergehen. Freilich: Das deutsche Kabarett kann durch diese Individuen ermordet werden. Daß das nicht geschieht, daß das zur Unmöglichkeit wird, ist eine der Hauptaufgaben jedes strebenden, standesbewußten Kabarettkünstlers. — Ich komme zum Besonderen.

Begrüße bei deinem Auftreten niemals das Publikum, denn das ist unkünstlerisch, häßlich und sogar ordinär. Stelle dir vor, daß jeder Schauspieler, der die Bühne betritt, zuerst „Guten Abend" zum Publikum sagt. Es wird häufig Leute im Publikum geben, welche auf das alberne „Guten Abend" des Kabarettisten auch „Guten Abend" rufen — damit ist das Signal zum Mitmachen, zur Unruhe, zum Radau gegeben und der Abend ist verdorben. Jeder Kabarettist, der das Publikum mit einem „Guten Abend, meine Herrschaften!" begrüßt, degradiert das Kabarett zur Kneipe ohne jede Vornehmheit und verwischt die letzte Signatur des Künstlerischen, das jedem anständigen Kabarett anhaften soll. Noch schlimmer, er wirft die Schranke um, welche zwischen Publikum und Podium immer mit eiserner Energie aufrecht erhalten werden muß! Der Konferenzier darf das Publikum begrüßen, wird es aber in einer Weise tun, die des Künstlers würdig ist und das Publikum zur Aufmerksamkeit und erwartungsvollem Schweigen zwingt. Das banale „Guten Abend" wird nie über seine Lippen kommen.

Wer bei seinen Gesangsvorträgen das Publikum zum Mitsingen auffordert, sei es auch nur zum Mitsingen des Refrains, begeht denselben Fehler, wie der Guten Abend-Banause. Nach solchem Mitgebrüll von Singen ist ja keine Rede, ist es schon schwer, für den übrigen Teil des Abends die Ruhe wiederherzustellen. Auch hier wird das Kabarett zum „Bums" ohne jede Vornehmheit, die die Kunst in jedem Fall erheischt, auch die Kleinkunst.

Das Kabarett ist doch keine Kirche! sagen nur Radaubrüder, die von der Kunst entweder nichts wissen wollen, oder nichts von Kunst verstehen, oder im Kabarett alles, nur keine Kunst erwarten, oder bereits derartig betrunken sind, daß sie kein Unterscheidungsvermögen mehr besitzen.

Dränge dich nie dem Publikum mit deinen Vorträgen auf. Je sparsamer du deine Gaben bietest, desto wirksamer sind sie. Nur bei anhaltendem, herzlichen, wirklich begeistertem, ehrlichem Beifall verstehe dich zu Zugaben. Jeder Künstler bekommt schließlich ein feines Gefühl dafür, wann es, manchmal trotz des Beifalls, genug ist.

Kein Künstler, kein Konferenzier, darf seine Ansprache, seine Ankündigung mit den Worten „Ich bringe Ihnen jetzt" beginnen, noch diese ominösen Worte im Lauf seiner Rede anwenden. „Ich bringe" ist ein Modewort des Kabaretts, wie die Wörter „glänzend", „voll und ganz", „erstklassig" usw., im täglichen Leben. „Ich bringe" zeugt beim Kabarettisten von Schablone, Geistesarmut und Hilflosigkeit.

Der Konferenzier darf nie die Leistungen der von ihm eingeführten und vorgestellten Künstler anpreisen; es heißt das, dem Urteil des Publikums vorgreifen oder die Meinung des Publikums beeinflussen. Und das tut man nicht, darf man nicht tun, weil es unschicklich ist. Es gibt Konferenziers, welche die ihnen sympathischen Künstler, besonders die Damen, mit überschwänglichen Lobeshymnen einführen. Z. B. „Meine Herrschaften! Hochverehrtes Auditorium! Ich bringe Ihnen jetzt die anmutige, reizend pikante, weltberühmte Prima ballerina Esmeralda die Brigantinella vom Theatro Rossini in Venedig. Die Dame ist sehr verwöhnt und wird überall mit brausendem Applaus empfangen. Also, bitte, meine Damen und Herren, schonen Sie nicht Ihre Hände, wenn Esmeralda die Brigantinella, die in ihrer Kunst Unerreichte, diese moderne Pepita, jetzt erscheint! Klatschen Sie, meine Herrschaften, klatschen Sie! Sie naht, die Göttliche, sie schwebt herbei!" Eine mustergiltige Conference, wie sie nicht sein soll. Was der gebildete Teil des Publikums bei diesem Quatsch denkt, wollen wir dahingestellt sein lassen. Daß die Prima ballerina Esmaralda die Brigatinella eigentlich Marie Burgmüller heißt, weder reizend, pikant, noch weltberühmt und in Berlin N. geboren ist, nie in Venedig war, sondern vor ¼ Jahr noch im Chor einer Vorstadtbühne tanzte, brauche ich als selbstverständlich nicht hinzuzufügen. Ein anderer Auch-Konferenzier soll einen ernsten Rezitator einführen. Er tut es, indem er erst mehrere eindeutige Witze erzählt. Das Publikum meckert. Nach dem letzten, besonders saftigem Witz sagt er: „Also nun wieder zu unserem Programm. Ich bringe Ihnen jetzt — mein Herr, Sie da, jawohl, Sie da hinten in der Ecke, warum trinken Sie denn Selterswasser? Wie? Wie meinen Sie? Ach, weil Sie Durst haben? Ja aber da können Sie doch Bier oder Wein trinken! Ausgerechnet Selterwasser!! Na, na, na, da scheint mir doch etwas nicht ganz in Ordnung zu sein!" Alles feixt und guckt nach dem Herrn in der Ecke, der natürlich über diese Anpöbelung wütend ist. Der Konferenzier: „Also zu unserem Programm — übrigens, verehrtester Herr, Sie sollten sich ein Beispiel an Ihrer Dame da am Tisch nehmen — wenn ich nicht irre, trinkt sie einen Schlummerpunsch — stimmt's? Ja? Na, dacht' ich's doch. Aber schlummern Sie, bitte, nicht ein, denn jetzt kommt unser Meisterrezitator Herr Max Sperling — nein, pardon, Max Adler, wollte ich sagen, ich wußte ja, daß es ein Vogel ist." — So führt dieser um jeden Preis witzig sein wollende Mensch einen ernsten Rezitator ein! Natürlich ist die Stimmung verdorben, das Publikum hört kaum zu, macht immer noch Glossen über den Selterwassertrinker, und der arme Sprecher, der vielleicht ein tüchtiger Künstler ist, quält sich vergeblich ab, um Aufmerksamkeit und Teilnahme für seine schönen Gedichte zu erkämpfen. — Verbitte dir solche Conference energisch. Bist du aber gewandt genug, so blamiere den Kerl durch eine Gegenrede gründlich und schaffe dir selber die Stimmung, die du für deine Vorträge brauchst — du kannst es, wenn du ein echter Kabarettkünstler bist! — Allen, die Obiges für übertrieben halten, muß ich bemerken, daß meine Schilderungen allerdings nicht ganz der Wahrheit entsprechen, denn die zotigen Gemeinheiten wortgetreu wiederzugeben, mit denen dieser Schweinigel von Konferenzier das Publikum zu erfreuen suchte, ist hier wohl nicht der Platz. Da darf man sich über das Vorurteil gesitteter Menschen gegen das Kabarett freilich nicht mehr wundern.

Johannes Cotta

Der Blick nach vorn: Poesie und Pathos

*Europas Wahnsinn
scheint unheilbar.*
Pfemfert

In Berlin hatte indessen das Kabarett, wie es seine Väter wollten, längst ausgespielt. Die Vorstellung der brettlsüchtigen Dichterbarone mit ihrem Wolzogen-Anspruch, »unserem gebildeten deutschen Publikum echte Kunst im Varietéstil vorzuführen«, hatte sich schnell als Trugschluß erwiesen. Die Wunschehe zwischen Literatur und Tingeltangel wurde zum Drama und endete mit der Trennung von Tisch und Bett. Und so zogen sich die Literaten bald wieder in die ärmlichen Behausungen zurück, aus denen sie gekommen waren, als der Flirt mit dem Kommerz begann. Man blieb unter sich, machte das »Café des Westens«, Eingeweihten als »Größenwahn« bekannt, zu seinem Stammquartier, lebte wieder Boheme im kleinen Kreis.

Und dann kommt es doch noch zu einer bemerkenswerten Aussöhnung zwischen Kabarett und Literatur. Der Anstoß kommt von einer Gruppe von jungen Schriftstellern, Malern und Musikern, die sich regelmäßig zu Diskussionen, Vorträgen, Lesungen und privaten Ausstellungen treffen, wie etwa bei Ludwig Meidner, dem Maler, in der Motzstraße.

Unter den Literaten rumort es, sie wollen Aktion, nicht Stillstand. Man will, wie Ludwig Rubiner, »Partei ergreifen«, die Welt nicht so hinnehmen, wie sie ist: *Ich weiß, daß es nur Katastrophen gibt. Feuersbrünste, Explosionen, Absprünge von hohen Türmen, Licht, Umsich-*

schlagen, Amokschreien. Diese alle sind unsere tausendmal gesiebten Erinnerungen daran, daß aus dem fletschenden Schlund einer Katastrophe der Geist bricht... Es gibt Helden, und noch wenn sie krepieren, drohen sie Bewegungen des Schreckens an.

Bald ist das neue Wort da, das ausdrückt, was sie alle fühlen und fordern: Expressionismus. Auf den Bildern der Maler, die kraftvoll den Himmel schwärzen, spürt man den Schrei, das gelebte Ausrufungszeichen, ebenso wie in den hymnischen Gesängen der jungen Poeten. Kurt Hiller, von Hause aus Jurist, propagiert einen neuen Dichtertypus: den Literaturpolitiker. Er ruft die Gleichgesinnten zur »Parteigenossenschaft« auf und sagt gleich, wen er für entbehrlich hält: *Ich bin gegen Neuklassiker, Distance-Fritzen, Karge; gegen Mystikmacher, Fachkaffern, Systemklöppler; gegen Genetiker, Faktasammler, Weltanschauten... In unbedeutenderen Fragen, zum Beispiel: freie Rhythmen, Atheismus, Hosenrock, lasse ich mitreden.* Der kämpferische Hiller schreitet zur Tat. Im März 1909 schließt man sich zu einer literarischen Vereinigung zusammen, die sich »Der Neue Club« nennt. Mit dabei sind Jakob van Hoddis, Ernst Blass, Erwin Loewenson, Erich Unger, Simon Ghuttmann, die Vorreiter der expressionistischen Literatur. Mittelpunkt ist Hiller, der als »elegant einladender Redner, logischer Debattierer, hitziger Pamphletär« beschrieben wird und schon deshalb den Literatenclub nach außen vertritt, weil er »unter den Allzujungen Besitzer eines Doktortitels und einer Glatze ist«. Als die Lesungen der ersten Abende, mit denen Kabarettistisches und Literarisches zu einer neuen, reizvollen Einheit gebracht werden sollen, erfolgreich verlaufen, entschließt sich Hiller, den Kreis der Zuhörer zu erweitern. Unter dem Titel »Neopathetisches Cabaret« tritt der »Neue Club« im Juni 1910 vor die Öffentlichkeit. Jakob van Hoddis trägt hier zum erstenmal sein Gedicht »Weltende« vor.

Ludwig Meidner: Potsdamer Platz

Dem Bürger fliegt vom spitzen Kopf der Hut,
In allen Lüften hallt es wie Geschrei,
Dachdecker stürzen ab und gehn entzwei
Und an den Küsten – liest man – steigt die Flut.

Der Sturm ist da, die wilden Meere hupfen
An Land, um dicke Dämme zu zerdrücken.
Die meisten Menschen haben einen Schnupfen.
Die Eisenbahnen fallen von den Brücken.

»Unter dem Gefeix des Publikums«, so Hiller, las man hier, im Papierhaus in der Dessauer Straße, Aufrufe, Polemiken, Dichtungen, Philosophisches. Und Hiller verkündet das »neue Pathos«, das die Literarkabarettisten auf ihre Fahnen geschrieben haben: *Pathos nicht als gemessener Gebärdengang leidender Prophetensöhne, sondern als universale Heiterkeit, als panisches Lachen. So versteht es sich auch, daß wir keineswegs für unwürdig und unvornehm halten, seriöseste Philosophe-*

Mynona

me zwischen Chansons und (zerebrale) Ulkigkeiten zu streuen; im Gegenteil: gerade weil für uns Philosophie nicht fachliche, sondern vitale Bedeutung hat, nicht Lehrsache, Geschäft, Moralität oder Schweißausbruch ist, sondern: Erlebnis – scheint sie uns viel eher in ein Cabaret zu passen, als auf ein Katheder oder in eine Vierteljahresschrift. Trotzdem hat das, was hier geboten wird, auch wenn es sich weniger fürs Katheder oder die Zeitschrift eignet, mit Kabarett nur hier und da, mit Kommerztingeltangel gar nichts zu tun. Auch die neu hinzugekommenen Dichter üben Distanz, wo es um Vermarktung und Anpassung geht: Alfred Lichtenstein, Heinrich Eduard Jacob, Ferdinand Hardekopf und Dr. Salomo Friedländer, der sich Mynona nennt. Der belesene Feingeist, der sich die Umkehrung des Wortes anonym zum Pseudonym wählt, trägt in dieser Runde hauptsächlich Grotesken vor, mit denen er die Welt, die ihn umgibt, »gleichsam ausschwefeln« will, um sie »von allem Ungeziefer zu reinigen.« Der Schriftsteller Mynona, »so 'ne Art Gedankenstrichjunge«, betätigt sich in Skizzen wie »Der gewaltige Zeitvertreib – eine sachliche Studie«, wie er meint, als eine Art »Kammerjäger der Seelen«.

Auf einer Wolke saß ein alter Mann und donnerte. Ein Himmelswanderer kam vorbei und hielt einen Augenblick verwundert an: »Was machen Sie denn da?« – Schon wollte der alte Mann unwirsch eine schroffe Antwort geben, als auf einmal eine gutmütige Regung seiner Herr wurde; sein Runzelgesicht in herzliche Falten legend, blickte er aus grauen buschigen Wimpern den Pilger freundlich an und sagte unglaublich einfach: »Ich donnere.« »Ja, wird Ihnen denn das nicht langweilig?« »Ih Gott bewahre«, sagte der Alte, während er immerzu donnerte, »sehen Sie doch mal nach unten.« Der Pilgrim sah unten ein Haus auf einer Wiese in Brand geraten, ein dumpfes Geschrei drang nach oben, man trug die Geretteten heraus, die Dampfspritzen summten und zischten. »Macht Ihnen das Spaß?« fragte der Pilgrim. »Na, wenn ich treffe, ja. Die Kerls haben nämlich so Dinger, die lenken das Geschoß ab, heut habe ich nicht weit vom Haus ein paar Ochsen getroffen. Ich muß jetzt mal mit der Wolke wo anders hinrutschen.« »Was mögen eigentlich«, fragte der Pilger, der sich die Ohren zuhielt, »die da unten sich dabei denken?« »Alles«, fuhr der Alte herum und hielt mit Donnern inne, »das ist ja das Spaßhafteste! Was denkt 'ne Fliege von der Klatsche? Ich sagen Ihnen, jroßartig ist nischt gegen! Lesen Sie doch 'mal so'n Zeugs! Wissen Sie, dem Verfassersmann habe ich 'mal eigenhändig in sein Laboratorium gedonnert, er hatte Ablenker. Das Luder kroch wie verrückt an alle seine Zeigeapparate, las ab, notierte. Ich lachte mich schwach und donnerte so rapid, daß der Bengel kaum nachkommen konnte. Ist doch kurios!« Der Alte lachte Tränen und donnerte nach unten. Dann empfahl er sich, drückte dem Pilger die Hand und fuhr mit der Wolke nach einer anderen Gegend.

Die »Lesestücke«, die Ferdinand Hardekopf, lange Zeit Journalist und Reichstagsstenograph, vorträgt, sind nicht weniger beunruhigend.

Mit seinem »Spleen« geraten die alten Brettl-Bretter gefährlich ins
Wanken.

Ein Bündel Mond erreichte mein Gesicht
Um 3 Uhr nachts, ein Quantum Butterlicht,
Und mahnte [3 Uhr 2]: ›Ein Spuk-Gedicht,
Nervös-geziert, ist Literatenpflicht!‹

Die Kammer dehnte sich verbrecher-hell.
Der Mond ein Dotterball, schien kriminell.
Da stieg die Damen Angst[-Berlin] reell
Auf ihr imaginäres Karussell.

Ein Schneiderkleid umpreßte mit Radau
Die Dame Angst: die Gift- und Gnadenfrau.
Doch das Zitronen-Eis [um 3 Uhr 5 genau]
Versank in Bar-Fauteuils aus Dämmerblau. –
Nachhüstelnd, matt-dosiert: ›Macabre-Bar!
Ihr lila Blicke! Schweflig Tulpenhaar!
Aus Puderkrusten Tollkirsch-Kommentar!
Ein Gruß: du noctambules Seminar!‹
... So. 3 Uhr 10. Wie süß verwirrt ich war!

Am Abend des 6. Juli tritt dann im Neopathetischen Kabarett zum
erstenmal ein junger Dichter auf, der von düsteren Todesahnungen
spricht, von den »Dämonen der Städte«. Es ist Georg Heym, ein
Jurastudent aus Hirschberg in Schlesien, den Simon Ghuttmann der
Gruppe zugeführt hat. Kurt Hiller, der Chef-Pathetiker der »Neuen«,
warnt: *Man panzre sich das Trommelfell: nur mit Drommeten ist er zu
verkünden. Ich ziehe alle Nervenenden ein und strenge nichts an als die
Lunge. Brüllende Superlative, brechet in Scharen hervor! Igitur: Georg
Heym ist der wuchtigste, riesenhafteste; der dämonischste, zyklopischste;
ein Platzendes Hinhauender unter den Dichtern dieser Tage.* Presse und
Publikum reagieren weniger emphatisch auf die neue Dichterstimme.
Im Berliner Tageblatt kann man über diesen Auftritt lesen: *Als man in
dem stilvollen, dunkelgetönten Saal des Papierhauses in der Dessauerstra-
ße saß, bemerkte man, daß es auf dem Podium zwar ein Corpus juris gab,
aber kein Klavier... Die Jünglinge hatten einfach die Absicht, uns ihre
gesammelten Werke vorzulesen, vorzulesen, vorzulesen.* Dabei war das,
was da zum Vortrag kam, bestes literarisches Kabarett. Etwa wenn
Alfred Lichtenstein das »Vorstadtkabarett« skizzierte, gewissermaßen
aus der Szene für die Szene:

Verschweißte Kellnerköpfe ragen in dem Saal
Wie Säulenspitzen hoch und übermächtig.
Verlauste Burschen kichern niederträchtig,
Und helle Mädchen blicken hübsch brutal.

Max Oppenheimer: Weltuntergang

Alfred Kerr

Bürger Schmidt

Keiner sah ihn je erbleichen;
Und er trug das Ehrenzeichen.
Überm Vertiko hing stets
Eine Schlacht bei Königgrätz.

Fest am Tisch saß Schmidts Gestalt:
Ehrenzeichen angeschnallt;
Von den Töchtern, von den Jungen,
Von der Gattin treuumschlungen.

Goldig glomm im überreichen
Herzensdrang das Ehrenzeichen.
Horch: im Abendsonnenstrahl
Singt er einen Dankchoral.

Und er spricht: »Es fehlt an stillem
Zuvertraun zu Kaiser Willem.«
(Abendlich und friedlich war' sch.
Schmidt saß still auf seinem Stuhl.)

Schmidt fuhr fort: »Wer in den Blättern
Widerspricht, wird er zerschmettern!
Nörgler! Mäkelsüchtige!
SEIN Kurs ist der richtige.

Weh, wer an der Glanzzeit rührt,
Die ER uns entgegenführt!«
Abendlich und friedlich war' sch.
Schmidt saß still auf seinem Stuhl.

Alfred Kerr

Und ferne Frauen sind so sehr erregt...
Sie haben hundert rote runde Hände,
Gebärdelos, große, ohne Ende
Um ihren hohen bunten Bauch gelegt.

Die meisten Menschen trinken gelbes Bier.
Verrauchte Krämer glotzen grau und bieder.
Ein feines Fräulein singt gemeine Lieder.
Ein junger Jude spielt ganz gern Klavier.

Auch ein Klavier fand sich bald, auf dem »Neutöner« gespielt wurden, unter anderem Debussy und die sechs kleinen Stücke Opus 19 von Arnold Schönberg, der bereits diverse Überbrettl-Lieder vertont hatte. Mit der Zeit wird das Programm bunter; es gibt ein Schattenspiel nach Achim von Arnim, und Tilla Durieux kommt dazu, um Wedekind-Texte zu sprechen. Und dann spielt Herwarth Walden, der vielseitig Begabte – Musiker, Kritiker, Schriftsteller in einer Person.

So neuartig das lyrische Pathos des Neopathetischen Kabaretts auch ist, die Abende, die mal hier, mal dort zwischen Dessauer Straße, Wilhelmstraße und Kurfürstendamm stattfinden, haben Vorläufer. Herwarth Walden, der hier jetzt am Piano sitzt, hatte bereits zehn Jahre zuvor während der brettelnden Herbst-Hausse des Jahres 1901 versucht, kabarettistische Elemente in die Literatur im besonderen und in die übrigen schönen Künste im allgemeinen zu integrieren. Der Versuch mißlang; Waldens Kabarett für Höhenkunst »Teloplasma« – schon der Titel ließ keinen Besucheransturm befürchten – verschwand ebenso schnell wieder in der Versenkung wie es aufgetaucht war. Geblieben ist nur jene geharnischte Kritik aus der spitzen Feder Alfred Kerrs über den Premierenabend, der zugleich ein glanzvolles Begräbnis war. Der Kerr-Verriß ist selbst ein Stück Kabarett. Da hieß es:

Nach einer Weile verdunkelte sich der Raum; Dichtungen erklangen. Zuerst ein bißchen Hohes Lied, oder Schir ha Schirim, in der Ursprache. Dann ein Kapitel aus dem Ovidius. Ein Brief des Abälard an die Seinige. Ein Shakespearesches Sonett. Ein Stück aus den Aufzeichnungen des Jacob Casanova. Etwelche von Wolfgangs römischen Elegien. Ein Gesang aus dem unsterblich komischen Don Juan des liebeswitzigen Byron. Hebbels Herodes und Marianne, erster Akt und dritter Akt. Ein paar Seiten aus dem Stendhal, »De l'amour«. Ein bißchen Platen. Ein bißchen Verlaine. Einige Zuckungen des Gabriel D'Annunzio. Und alles umrauscht von Tristanharmonien, fernen, verdämmernden.

(Zum Schluß erschien Jacob Casanova selber, in magischem Licht, so fahlgrün umzuckt; ein glänzendes Spiel der Täuschung. Er brachte den Hörern erotische Kunst bei. Doch was gab es viel beizubringen? Er hat Aufzeichnungen verfaßt; tausend andre haben nichts aufgeschrieben, ohne Minderes erlebt zu haben.)

Auch die Gäste waren ersucht worden, in Liebesgewändern zu erscheinen. Eine wunderholde Schauspielerin, Fräulein Tilly Waldegg, die schönste Frau heut in Berlin, hatte sich in einen zarten leuchtenden Schleier gehüllt, warf Blumen in die Luft, den Gästen ins Antlitz, vor allem auf ihren eignen Weg. Unter den Herren sah man bekannte Erscheinungen. Oscar Blumenthal, als Amor, tollte mit Köcher und Bogen an den Wänden entlang.

Leser, es war ganz anders.

Der Saal schien unter der Leitung von Herwarth Waldl schlecht geheizt. Noch niemals an einem erotischen Abend war mir so kalt.

Die Zeilen lassen vermuten: Kerr war nicht nur Kritiker, er hat sich auch als Kabarettautor einen Namen gemacht. Schon der Start allerdings fiel ins Wasser, denn an jenem 18. Januar 1901, als das deutsche Kabarett aus der Taufe gehoben wurde, stand der Zensor bereits Pate. Kerr hatte für das Eröffnungsprogramm des Überbrettl mit eigenen Texten auf der Bühne stehen sollen. Daraus wurde nichts. Die Frankfurter Zeitung berichtete seinerzeit darüber: »Der Dichter Alfred Kerr, der sich als erster einem verehrten Publico in seinen Werken (dans ses œuvres) vorstellen wollte, wurde zur Hälfte gestrichen und verzichtete daher, auf das Podium hinaufzusteigen.« Was da damals dem »verehrten Publico« vorenthalten wurde, waren geschliffene Zeilen von der Art des »Bürgers Schmidt«.

Herwarth Walden

Und selbst Karl Kraus, Kerrs Gegenpapst der Kritiker-Zunft, machte sich als Interpret auf der Bühne angreifbar. Vereinzelt trat er sogar, wie sein Kollege Egon Friedell, in kleineren Schauspielrollen an die Rampe. Und zur Stunde, da die Neopathetiker in Berlin sich für einen neuen Auftritt rüsteten, gab Karl Kraus in Wien einen seiner berühmten Leseabende im Akademischen Verband für Literatur und Musik. In der »Fackel« war für dieses Ereignis mit einer ganzseitigen Anzeige geworben worden: »Karl Kraus, Glossen und Satiren, am Montag, den 6. November 1911, präzise 1/2 8 Uhr im Beethoven-Saal, I. Strauchgasse 4 (ehemals Militärkasino)«. Eine dänische Schriftstellerin berichtet:

Fünf Viertelstunden lang schwingt er die Fuchtel des Wortes, bald ist seine Stimme heiser von stillem Grimm, bald klingt sie melodisch, als flechte er die Strophe eines Volksliedes ein, bald steigert sie sich zu brüllendem Ungewitter, worin man kaum Wort von Schrei unterscheiden kann, bald durchschneidet sie die Luft wie Hiebe blitzender Waffen. Die blauen Augen sehen durch die Brillen, zwischen den beiden Lichtern, in den dunklen Saal hinein – eine Wüste, mit strahlender Jugend gefüllt. Bald blitzt sein Kinderlächeln auf, bald ist er wieder die unerbittliche Geißel. Er macht eine Pause und eilt hinaus. Eilt, flüchtet. Man applaudiert, man ruft, man jubelt. Wieder liest er fünf Viertelstunden. Dann ist es zu Ende. Aber man läßt ihn nicht los. Von oben und unten kommen Zurufe. Es ist genau wie in der Schule, wenn der Lehrer ein Märchen versprochen hat und nun fragt, welches er erzählen soll, und jedes Kind verlangt ein anderes. Aus diesen Zurufen entnimmt man, daß das Publikum Krausens

Karl Kraus

Werke auswendig weiß. Die Zurufe vereinigen sich auf etwas Bestimmtes:
– Ja aber das ist zu lang, das wird zwanzig Minuten dauern, sagt er. Man
jubelt! – Gleichwohl! Bitte lesen!
    Und zwanzig Minuten lang liest er eine boshafte Parodie...

    Eine davon liest sich so: *Geistesgegenwart, seit achtzehn Jahren vorbe-
reitet, kann ihre Wirkung schließlich nicht verfehlen. So lange ist es jetzt
her, daß sämtliche offiziellen Persönlichkeiten Österreichs, Minister,
Abgeordnete und Parlamentsberichterstatter für den äußersten Fall vorbe-
reitet sind. Regierungen kamen und gingen, Parlamente wurden aufge-
löst, Berichterstatter starben. Nichts geschah, aber ein Jahrgang gab's an
den nächsten weiter, und alle wußten, daß ihnen nichts geschehen könne,
wenn es doch einmal ernst werden und die Detonation auf der Galerie
erfolgen sollte. Denn sie hatten das Geheimnis. Es handelte sich darum,
daß man seit dem 9. Dezember 1893 gelernt hatte, wie man sich als
offizielle Persönlichkeit in historischer Lage zu benehmen hat, und daß es
gegenüber einem Attentat nichts anderes gibt als Geistesgegenwart. Das
wars. Aber mit jedem Tage wuchs die Ungeduld, da man die Empfindung
hatte, daß alle Geistesgegenwart verpulvert sei, wenn nicht bald ein Schuß
erfolge. Umsomehr, als sich auch die Attentäter sichtlich der Situation
gewachsen zeigten, indem sie die Geistesgegenwart hatten, in sie nicht
hineinzuschießen. Denn sie wissen wohl, daß in diesem schönen Lande
auf jedes Martyrium zehn Interviews folgen, daß jeder, der nicht dabei
war, mit heiler Haut davongekommen sein möchte und daß eine Kugel
zwar daneben gehen kann, aber die Darstellung des Abgeordneten
Kuranda nicht! Sie wissen, daß ein Attentat von der Galerie, so einfach es
aussieht, aus einem Leitartikel, aus einem zweiten Artikel, aus noch einem
Artikel, aus persönlichen Eindrücken des Justizministers, aus der Persönlichkeit des Attentäters, aus einem Gespräch mit dem Abgeordneten seines
Wahlbezirkes, aus einer Darstellung über das Verhör, aus dem Hergang
des Attentats, aus einem wilden Tag im Parlament, aus dem Bericht eines
Funktionärs, aus der Information eines hohen Regierungsbeamten, aus
der Ansicht eines Polizeibeamten, aus der Festnahme des Attentäters, aus
dem Lokalaugenschein, aus einer zweiten Verhaftung, aus der juristi-
schen Qualifikation der Tat, aus Ovationen für alle, die nicht erschossen
wurden, aus der Darstellung von zweiundvierzig Augenzeugen, die un-
versehrt sind, aus dem Leben des Attentäters, aus dem Beginn, der
Unterbrechung und der Wiederaufnahme der Sitzung und schließlich aus
dem Bombenattentat Vaillants in der französischen Kammer auf die
Geistesgegenwart Dupuys sich zusammensetzt. So weit wollten sie es nicht
kommen lassen! Achtzehn Jahre vergingen. Inzwischen memorierten
sämtliche offiziellen Persönlichkeiten Österreichs das Losungswort. Da
riß endlich einem Attentäter die Geduld und es reizte ihn, einmal die
Geistesgegenwart des Ministeriums Gautsch zu versuchen. Bum! – – – – –
Fünf Schüsse. Und ganz Österreich rief: »La séance continue!« (Die
Sitzung wird unterbrochen.) Alle bestätigen, daß die Worte denkwürdig*

seien und der Moment historisch. In dem fürchterlichen Lärm aber, in der Panik, in der Alles zu den Reportern stürzte, verstand man die Worte nicht und es klang wie: »Lass'n S', den kenn i eh!«

Nicht nur in Wien und Berlin gehen die Dichter in diesen Tagen unters Volk. In Leipzig treffen sich beispielsweise Walter Hasenclever, Kurt Pinthus und Franz Werfel mit gleichgesinnten Freunden allwöchentlich in der Bar des Central-Theaters. Es wird diskutiert, gefeiert, man verfaßt gemeinsam Broschüren und führt, oft aus dem Stegreif, kabarettistische Sketche auf. Einer, der damals dabei war, berichtet von Pinthus- und Hasenclever-Auftritten, mit denen eine Kinoszene oder ähnliches »mimodramatisch« persifliert wurde. *Ein andermal wieder sprang Werfel in übermütiger Laune empor und schmetterte eine Arie von Verdi ins Lokal, selbstverständlich auf italienisch. . . Die herrliche Stimme und die feurige Begeisterung des jugendlichen Sängers setzten sich rasch durch, und am Ende klatschte das ganze Lokal einmütig Beifall.*

Als Karl Kraus am Abend des 6. November, beifallumtost, die Leselampe auf der Bühne des Wiener Beethoven-Saales ausknipst, gibt es in Berlin schon wieder ein neues Kabarett. Bei den Neopathetikern sind Kurt Hiller und Jakob van Hoddis aneinander geraten. Hiller berichtet sachlich darüber: *Nach zwei Jahren, aus teilweise geistigem Grund, verkrachte man sich: ich eilte, von Blass begleitet, ins Freie. . . und gründete das ›Gnu‹. Wieder, wenngleich organisierter, ein literarisches Kabarett; welches sich bald zwischen den trübkalkigen Wänden hinterer Caféhausstuben, bald auf Teppichen mondäner Buchläden vollzog.* Am Eröffnungsabend des Gnu-Kabaretts, der am 2. November 1911 »zur Entkafferung, Entbarbarisierung der Menschheit« im Café Austria, in der Potsdamer Straße, stattfindet, hält Ernst Blass die Begrüßungsrede. Er spricht vom neuen Dichter, seiner Aufrichtigkeit, seiner Skepsis gegenüber der Kunst im allgemeinen. Und dann kommt er zur Sache. Er kündigt an, man wolle *zunächst diesen Winter literarische Kabarettabende geben. Einfach, um Dinge zu propagieren, auf deren Propagierung, und um Dinge zu kämpfen, auf deren Bekämpfung es uns anzukommen scheint. Um gehört zu werden. Um mitzuwirken, unsrerseits, an der Kultivierung einzelner Lebensbereiche. Um das zu sagen, was wir zu sagen haben.* Und das klingt so:

Mit einer Stirn, die Traum und Angst zerfraßen,
Mit einem Körper, der verzweifelt hängt
An einem Seile, das ein Teufel schwenkt,
– So läuft er durch die langen Großstadtstraßen.

Verschweinte Kerle, die die Straße kehren,
Verkohlen ihn; schon gröhlt er arienhaft:
»Ja, ja – ja, ja! Die Leute haben Kraft!
Mir wird ja nie, ja nie ein Weib gebären

Ernst Blass

131

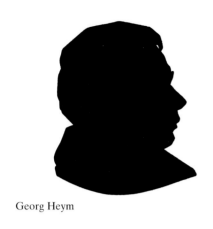
Georg Heym

Mir je ein Kind!« Der Mond liegt wie ein Schleim
Auf ungeheuer nachtendem Velours.
Die Sterne zucken zart wie Embryos
An einer unsichtbaren Nabelschnur.

Die Dirnen züngeln im geschlossnen Munde,
Die Dirnen, die ihn welkend weich umwerben.
Ihn ängsten Darmverschlingung, Schmerzen, Sterben,
Zuhältermesser und die großen Hunde.

»Der Nervenschwache« ist das Blass-Gedicht überschrieben. Georg Heym, der frischgebackene Doktor, der nach Blass das Podium besteigt, färbt seine Verse noch düsterer, hoffnungsloser. Den Freunden läuft es eiskalt über den Rücken, wenn Heym mit dunkler, eintöniger, befehlender Stimme sein Poem vom Krieg vorträgt.

Aufgestanden ist er, welcher lange schlief,
Aufgestanden unten aus Gewölben tief.
In der Dämmrung steht er, groß und unbekannt,
Und den Mond zerdrückt er in der schwarzen Hand.

In den Abendlärm der Städte fällt es weit,
Frost und Schatten einer fremden Dunkelheit.
Und der Märkte runder Wirbel stockt zu Eis.
Es wird still. Sie sehn sich um. Und keiner weiß.

In den Gassen faßt es ihre Schulter leicht.
Eine Frage. Keine Antwort. Ein Gesicht erbleicht.
In der Ferne zittert ein Geläute dünn,
Und die Bärte zittern um ihr spitzes Kinn.

Auf den Bergen hebt er schon zu tanzen an,
Und er schreit: Ihr Krieger alle, auf und an!
Und es schallet, wenn das schwarze Haupt er schwenkt,
Drum von tausend Schädeln laute Kette hängt...

Dunkle Todesahnungen geistern durch das Literaten-Café. Nichts für die Freunde lukullischen Konsumkabaretts. Zwei Monate später ist Georg Heym tot. Er ertrinkt zusammen mit einem Freund beim Eislaufen auf der Havel. Die dünne Eisdecke bricht, der Schein trügt: das Bild wirkt wie eine Metapher der jungen Großstadt-Poesie. Die Neopathetiker im »Neuen Club« widmen ihm einen ihrer Abende, man trauert um mehr als einen Freund.

Auch Jakob van Hoddis scheint gefährdet. Ludwig Meidner, der Maler, der sich mit zwei Kollegen zum Club der »Pathetiker« zusammengeschlossen hat, hastet oft stundenlang mit dem rastlosen Dichter durchs nächtliche Berlin: »Wir waren gar nicht müde und schließlich, als die Frühsonne die obersten Häuserkanten beleuchtete, fragten wir einander immer noch nicht, in welchem Stadtviertel wir gelandet wären.« Bei Jakob van Hoddis machten sich erste Anzeichen von Depressionen bemerkbar. Erwin Loewenson, der dem »Neopathetischen Kabarett« den Namen gab, erinnert sich an die Auftritte des melancholischen Dichters:

Beim Vortrag seiner Gedichte konnte ihn niemand ersetzen; seine Stimme dramatisierte sie so suggestiv, als entstünden sie jetzt erst, Wort für Wort, Zeile um Zeile. Seine Stimme, sonst samtartig dunkelweich, nahm beim Vortrag einen Glanz von Stahl an oder, je nach dem Inhalt, eine schadenfrohe Selbstironie, eine burleske Garstigkeit. . .Auf dem Podium glühte er auf.

Und Else Lasker-Schüler, die im Gnu des Café Austria zum erstenmal ihr Schauspiel »Die Wupper« vorgelesen hatte, beschreibt den Kollegen-Auftritt mit den Worten: *Auf einmal flattert ein Rabe auf, ein schwarzschillernder Kopf blickt finster über die Brüstung des Lesepults. Jakob van Hoddis. Er spricht seine kurzen Verse trotzig und strotzend, die sind so blank geprägt, man könnte sie ihm stehlen. Vierreiher – Inschriften; rund herum müßten sie auf Talern geschrieben stehn in einem Sozialdichterstaat.*

Der Schwarzschillernde trägt die innere Zerrissenheit, das »Von Mir und vom Ich« auf der Brettl-Bühne aus.

Das Ur-Ich und die Ich-Idee
Gingen selbander im grünen Klee;
Die Ich-Idee fiel hin ins Gras,
Das Ur-Ich wurde vor Schreck ganz blaß.
Da sprach das Ur- zur Ich-Idee:
»Was wandelst du im grünen Klee?«
Da sprach die Ich-Idee zum Ur-:
»Ich wandle nur auf einer Spur.« –
Da, Freunde, hub sich große Not:
Ich schlug mich gegenseitig tot.

Jakob van Hoddis

Die dunklen Wolken, die die Dichter da in den Berliner Caféstuben beschwören, das Wetterleuchten eines Weltenbrandes, das Maler wie Meidner auf die Leinwände kübeln – niemand achtet darauf. Ihr verzweifelter Ruf verhallt ungehört. Denn die Öffentlichkeit, die die jungen Künstler herstellen wollen, wenn sie das Kabarett als Vehikel für ihre düsteren Botschaften benutzen, ist gar keine. Der Lärm der Unbekümmerten ist zu laut, als daß er zu übertönen wäre.

Das Ende ist Dada

Dann kommt der Herbst. Deutschland 1914.

Der 21jährige Schriftsteller Ernst Toller schreibt: *Mobilmachung. An den Bahnhöfen schenkt man uns Karten mit dem Bild des Kaisers und der Unterschrift: ICH KENNE KEINE PARTEIEN MEHR. Der Kaiser kennt keine Parteien mehr, hier steht es schwarz auf weiß, das Land keine Rassen mehr, alle sprechen eine Sprache, alle verteidigen eine Mutter, Deutschland.* Der von Jakob van Hoddis ausgestoßene Wahnwitz-Hymnus »O Traum, Verdauung meiner Seele – Oh du mein Schießgewehr!« ist grausame Wirklichkeit geworden und versetzt das Reich in einen tolltraumatischen Gloria-Victoria-Trubel. Alfred Kerr spitzt die Feder für die »heilige deutsche Sache« und reimgeifert: *Hunde dringen in das Haus – peitscht sie raus! Rächet Insterburg, Gumbinnen und vertobakt sie von hinnen. Peitschet, das ist Menschenruhm. . .* Selbst Dichter, die mit neuem Ton soziale Anklagen vorgebracht hatten, können sich vom allgemeinen Kriegsrausch nicht frei machen. Arno Holz bejubelt die deutsche Flagge, die noch immer schwarz-weiß-rot in leuchtender Wehr von Fels zu Meer nord-, ost- und westwärts lohe: *O Tag voll Blut und Wunden, wir grüßen dich! Wir grüßen dich!* Und Richard Dehmel schreibt am 23. August 1914 an seine Lieben: *Hurra, Kinder, ich bin noch jung genug zum Vaterlandsverteidiger. Morgen, Freitag früh 8 Uhr, trete ich als Rekrut an. Der Herr Oberstabsarzt maß mich zuerst mit einem ziemlich kritischen Blick, machte dann aber meinem 50jährigen Corpus ein sehr verjüngendes Kompliment. In etwa sechs Wochen darf ich ins Feld. . .*

Auch der 19jährige Musiker Werner Richard Heymann, der zum Kabarett will, ist von der patriotischen Ekstase ergriffen. Zusammen mit Alfred Henschke, dem jungen Dichter, der von Kerr entdeckt wurde und sich Klabund nennt, schreibt er im Begeisterungstaumel jener Tage ein Lied, das Trude Hesterberg wenig später in der Diele des Admiralspalastes am Bahnhof Friedrichstraße den noch zögernden Besuchern des Heimatfront-Kabaretts um die Ohren hauen wird:

> *Brüder, laßt uns Arm in Arm*
> *in den Kampf marschieren!*
> *Schlägt der Trommler schon Alarm*
> *fremdesten Quartieren.*
> *West- und östlich glüht der Brand,*
> *Sonnenschrift im Dunkeln*
> *läßt die Worte funkeln:*
> *Freies deutsches Land!*
> *Hebt die Hand empor:*
> *Kriegsfreiwillige vor!*

Und sie nehmen sich beim Wort. Klabund, der Lungenkranke, wird abgewiesen. Andere Dichter, weniger begeistert, kommen an die Front. Auf den Waggons, mit denen das junge Kanonenfutter auf die Schlachtfelder gekarrt wird, stehen Verse von der Art, wie sie in diesen Tagen zu Zigtausenden produziert werden: *Jeder Schuß: ein Russ'! Jeder Stoß: ein Franzos'! Jeder Tritt: ein Brit'! Auch in Serbien soll'n sie sterbien!* Und auch dies: *Wem Gott will rechte Gunst erweisen, den läßt er jetzt nach Frankreich reisen!*

Was sie dort erleben, ist die Hölle. Georg Trakl kommt mit einer Sanitätskolonne an die Front. Er hat 90 Schwerverwundete zu betreuen. Nach einem Selbstmordversuch stirbt er Anfang November 1914 an einer Überdosis Kokain. Paul Boldt wird wegen »Verwirrungszuständen« aus der Armee entlassen. Jakob van Hoddis wird in eine Heilanstalt eingewiesen. Adolf von Hatzfeld erblindet nach einem Selbstmordversuch. Die Expressionisten Ernst Stadler, Ernst Wilhelm Lotz, Hans Leybold und Hugo Hinz fallen noch 1914 im Kugelregen, Kurd Adler, August Stramm, Robert Jentzsch und Reinhard Sorge wenig später. Alfred Lichtenstein wird bereits acht Tage nach Kriegsausbruch an die Front geschickt. Auf dem Truppentransport schreibt er sein Gedicht »Abschied«:

Klabund

Vorm Sterben mache ich noch mein Gedicht.
Still, Kameraden, stört mich nicht.
Wir ziehn zum Krieg. Der Tod ist unser Kitt.
O, heulte mir doch die Geliebte nit.
Was liegt an mir. Ich gehe gerne ein.
Die Mutter weint. Man muß aus Eisen sein.
Die Sonne fällt zum Horizont hinab.
Bald wirft man mich ins milde Massengrab.
Am Himmel brennt das brave Abendrot.
Vielleicht bin ich in dreizehn Tagen tot.

Lichtenstein, gerade 25 Jahre alt, stirbt am 25. September 1914 in der Schlacht bei Vermandovillers an der Somme. Wer dem Inferno entkommt, wird wie Toller, Fritz von Unruh und Rudolf Leonhard zum radikalen Pazifisten. Viele von ihnen flüchten in die neutrale Schweiz, wo sich in Zürich die Kriegsgegner treffen: Ivan Goll, Richard Huelsenbeck, Ferdinand Hardekopf, Leonhard Frank, René Schickele.

Ferdinand Hardekopf gibt der allgemeinen Ohnmacht Ausdruck. Unter seinem Pseudonym Stefan Wronski schreibt er: *Bisher gemachte Kunst: ein Spaß für Bürger. Wildnis, Zerrüttung, Schrei wurden säuberlich eingetragen in die dicken Kataloge der Nationalbibliotheken. Hm ja: manche versuchten, den Bourgeois zu bluffen. Wie denn? Plattes platt machen?*

Und dann war da plötzlich das neue Wort: Dada. Niemand weiß so recht, wo es her kam; es war plötzlich ganz einfach da. Der eine will es

Alfred Lichtenstein

sich, einer momentanen Eingebung folgend, am 18. April 1916 in sein Tagebuch notiert haben, andere stolperten in einem französischen Wörterbuch darüber, auch soll es aus Schwabing eingeschleppt worden sein, wo es bereits 1914 in einem Gemeinschaftsgedicht aufgetaucht war, in dem es heißt: *Was denkst du dir denn dadabei'n des Morgens um halb fünfe? – Er sagte nichts mehr dadarauf.* Wieder andere behaupten, das Wort sei Anfang Februar, nachmittags gegen 6, im Terrassencafé aufgetaucht; da habe man's halt mitgenommen. Wie auch immer – klar ist nur, was es bedeutet: nichts. Dada ist der Sinn im Chaos. Kunst gegen den Krieg. Protest gegen die Tollheit der Welt, gegen das Schlachtfest der Völker, gegen die Ohnmacht des Geistes. Mit andern Worten: Dada ist Dada.

Auch Hugo Ball, der Dramaturg der Münchner Kammerspiele, hat sich bei Ausbruch des Krieges an die Front gemeldet. Im November 1914 notiert er sich in sein Tagebuch: *In Dieuze sah ich die ersten Soldatengräber. Im eben beschossenen Fort Manonvilliers fand ich im Schutt einen zerfetzten Rabelais... Man möchte doch gerne verstehen, begreifen. Was jetzt losgebrochen ist, das ist die gesamte Maschinerie und der Teufel selber.* Er entkommt in die Schweiz, gründet dort im Februar 1916 mit einer Handvoll Emigranten verschiedener Nationalität das Kabarett »Voltaire«. Auf der Bühne und im Publikum ist die Hölle los. Den Protestlärm der Zuschauer überschreiend, antworten die Dadaisten mit Liebesseufzern, Rülpsern und Grunzen, mit Muhs und Miaus. Hugo

> Als ich das Cabaret Voltaire gründete, war ich der Meinung, es möchten sich in der Schweiz einige junge Leute finden, denen gleich mir daran gelegen wäre, ihre Unabhängigkeit nicht nur zu geniessen, sondern auch zu dokumentieren. Ich ging zu Herrn Ephraim, dem Besitzer der „Meierei" und sagte: „Bitte, Herr Ephraim, geben Sie mir Ihren Saal. Ich möchte ein Cabaret machen." Herr Ephraim war einverstanden und gab mir den Saal. Und ich ging zu einigen Bekannten und bat sie: eine Zeichnung, eine Gravüre. Ich möchte meinem Cabaret verbinden." Ging zu der bat sie: „Bringen sie einige Notizen. Es werden. Wir wollen schöne Dinge machen," brachte meine Notizen. Da hatten wir am Hennings und Mde. Leconte sangen Chansons. Herr Tristan Tzara rezitierte rumänische Verse. Ein Balalaika-Orchester spielte entzückende russische „Bitte geben Sie mir ein Bild, eine kleine Ausstellung mit freundlichen Züricher Presse und soll ein internationales Cabaret Und man gab mir Bilder und 5. Februar ein Cabaret. Mde. französische und dänische Volkslieder und Tänze.
>
> Viel Unterstützung und Sympathie fand ich bei Herrn M. Slodki, der das Plakat des Cabarets entwarf, bei Herrn Hans Arp, der mir neben eigenen Arbeiten einige Picassos zur Verfügung stellte und mir Bilder seiner Freunde O. van Rees und Artur Segall vermittelte. Viel Unterstützung bei den Herren Tristan Tzara, Marcel Janco und Max Oppenheimer, die sich gerne bereit erklärten, im Cabaret auch aufzutreten. Wir veranstalteten eine RUSSISCHE und bald darauf eine FRANZÖSISCHE Soirée (aus Werken von Apollinaire, Max Jacob, André Salmon, A. Jarry, Laforgue und Rimbaud). Am 26. Februar kam Richard Huelsenbeck aus Berlin und am 30. März führten wir eine wundervolle Negermusik auf (toujours avec la grosse caisse: boum boum boum boum — drabatja mo gere drabatja mo bonooooooooooooo —). Monsieur Laban assistierte der Vorstellung und war begeistert. Und durch die Initiative des Herrn Tristan Tzara führten die Herren Tzara, Huelsenbeck und Janco (zum ersten Mal in Zürich und in der ganzen Welt) simultanistische Verse der Herren Henri Barzun und Fernand Divoire auf, sowie ein Poème simultan eigener Composition, das auf der sechsten und siebenten Seite abgedruckt ist. Das kleine Heft, das wir heute herausgeben, verdanken wir unserer Initiative und der Beihilfe unserer Freunde in Frankreich, ITALIEN und Russland. Es soll die Aktivität und die Interessen des Cabarets bezeichnen, dessen ganze Absicht darauf gerichtet ist, über den Krieg und die Vaterländer hinweg an die wenigen Unabhängigen zu erinnern, die anderen Idealen leben.
> Das nächste Ziel der hier vereinigten Künstler ist die Herausgabe einer Revue Internationale. La revue paraîtra à Zurich et portera le nom „DADA". („Dada") Dada Dada Dada Dada.

Ball läßt sich, eingezwängt in ein blauglänzendes Röhrenkleid aus Pappe, auf das Podium tragen und nimmt vor den Notenständern Aufstellung. Dann deklamiert der sprachlos gewordene Dichter, liturgisch lamentierend, seine »Verse ohne Worte«:

gadji beri bimba
glandridi lauli lonni cadori
gadjama bim beri glassala
glandridi glassala tuffm i zimbrabim
blassa galassasa tuffm i zimbrabim. . .

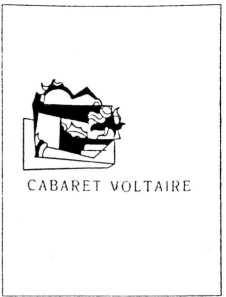

CABARET VOLTAIRE

Was da im Februar 1916 in Zürich ausgerufen wurde, das Ende der Kunst, die Antikunst, die Unkunst, war das verzweifelte Nein gegen das Etablierte, die Institution, gegen all die Bürger, die »vorwärts in die Vergangenheit« blicken.

Mit der Kunst stand auch das Kabarett, zwei Jahre nach dem Beginn des allgemeinen Völkerschlachtens, wieder da, wo es angefangen hatte: vor dem Nichts. Und auch damals, um die Jahrhundertwende, hatte es Stimmen gegeben, die – anders als die brettlsüchtigen Dichterbarone mit ihrem elitären Wolzogen-Anspruch, »unserem gebildeten deutschen Publikum echte Kunst im Varietéstil vorzuführen« – über der Frage nach dem Sinn des Daseins dem Unsinn auf die Spur gekommen waren. Paul Scheerbart etwa, der trunkene Visionär, ein Vagant ohne Heim und Bleibe, der an keinen Völkerfrieden glauben mochte und von einer Glasarchitektur träumte, weil ihm sein Leben zu eng erschien, dichtete bereits 1897 sein »Kikakokú! Ekoraláps!« Und 1901, im Geburtsjahr des deutschen Kabaretts, schreibt er seinen »Monolog des verrückten Mastodons«.

Zépke! Zépke!
Mekkimápsi – muschibróps.
Okosôni! Mamimûne. . . . . . .
Epakróllu róndima sêka, inti. . . . windi. . . . nakki;
pakki salône hepperéppe – hepperéppe!!
Lakku – Zakku – Wakku – Quakku – – – muschibróps.
Mamimûne – lesebesebímbera – roxróx – roxróx!!!
– –
Qulliwaûke?
Lesebesebímbera – surû – huhû. .

Der Muse neue Kleider

Zwei Jahre nach der Überbrettl-Gründung heißt es zum erstenmal: Das Kabarett ist tot. Berlin, die schnellebige Weltstadt, auf das Neue fixiert und den »letzten Schrei« abonniert, teilt nicht gern einen Geschmack, den die Provinz nun auch für sich entdeckt hat. Man ist kabarettmüde. In einer Pressenotiz heißt es: *Nur noch der täuschende Name ist geblieben: Kabarett. Er lockt noch immer die sogenannten Feinschmecker, denen das Theater zu ernst, Wintergarten und Apollo-Theater aber zu wenig intim sind. Sie suchen hier perverse Dämchen und den Gaumenkitzel gesprochenen und gesungenen Paprikas. In der Tat finden sie beides.* Und in einem der zahlreichen Witzblätter findet sich unter der Überschrift »Silvester 1903 im Kabarett« eine Zeichnung, die einen erschöpften Kabarettisten zeigt, wie er am Klavier Halt sucht. Und darunter der Vierzeiler:

*Gelangweilt singt er, müd und matt,
weil er die trübe Ahnung hat,
daß es mit 1903
ist mit dem Kabarett vorbei.*

Der ironische Verseschmied sollte sich irren. Es war nur der Anfang. Vorbei sind nur die Gründerjahre. Jetzt lernt das freche Musenkind laufen. Und es strampelt los. In welche Richtung auch immer.

Literarisches, so viel ist klar geworden, verkauft sich schlecht. Der Überbrettl-Rausch ist schnell verflogen, vorbei der Boom der Butzenscheibenlyrik, die Nachzügler vertingeln sich in dunkler Provinz. Auch das Cabaret-Cape, das sich die Boheme-Dichter von Zeit zu Zeit umlegen, damit sie einen warmen Löffel im Bauch spüren, zieht kaum noch Schaulustige an. Das Geschäft mit der leichten Muse ist hart. Und um nichts anderes geht es: ums Geschäft. Wer Ambitionen hat, hat auch schnell einen Haufen Schulden, auf dem er sitzenbleibt. Die Unterhaltung ist eine leicht verderbliche Ware, zum baldigen Verbrauch bestimmt. Marktführer sind die drei Musterbetriebe der U-Industrie: Wintergarten, Apollo, Metropol. Und sie produzieren die leichte Kost am laufenden Band. Auch die Verpackung ist wichtig. Wo keine Ausstattung ist, ist die Bestattung des Unternehmens nicht weit.

Das Berliner Nachtleben wird entdeckt, auch von der Provinz. Aus allen Teilen des Reiches ergießt sich ein Strom vergnügungssüchtiger Besucher in die Hauptstadt, Aristokraten, Rittergutsbesitzer, Geschäftsleute, Spesenritter; und sie haben mehr als nur das blanke Fahrgeld in der Tasche. Gefragt ist Luxus, Zerstreuung, Stimmung. Für jeden etwas. Das feudale Luxuskabarett für die Creme de la Creme, und für den Rest die musische Bumsbude ums Eck, in den Nebenstraßen der Innenstadt. Mehr und mehr wird das Kabarett nun zum festen Bestandteil des großstädtischen Amüsierbetriebes; es geht locker zu und Musik ist Trumpf. Ohne das schmissige Pianola geht's nicht mehr, bald ist das Brettl auch zugleich Herberge für Schlagermachers Werkstatt.

Auch Kabarettist Albert Kühne hat die Zeichen der Zeit erkannt. In seinem Unterhaltungskabarett »Der Klimperkasten« wird nicht nur im Firmenschild musikalisch Flagge gezeigt. Von hier aus nehmen die Kühne-Couplets ihren Weg als Gassenhauer, wie die Knopf-Komposition mit dem Alberts-Text »Adieu, Marie, ich geh«:

Du hast mich deiner Liebe stets versichert
und mir gesagt, du willst mein alles sein,
und als es dann soweit, hast du gekichert
und schnell geklagt: Ach nein, ach nein...

Zwischendurch gibt es Gastspiele mit Künstlern, die einen zugkräftigen Namen vorzuweisen haben: Ex-Scharfrichter Heinrich Lautensack oder Clement George, Star des Pariser »Chat noir«. Und noch eine Zugnummer gibt es hier in der Potsdamer Straße: am Klimperkasten sitzt Rudolf Nelson.

Der junge Musiker hat sich schon früh mit der frechen Muse eingelassen. Nach dem Willen der verarmten Eltern hatte er Glück und betuchte Karriere in der Textilbranche machen sollen, aber das war nicht nach seinem Geschmack. Auch das Studium der Klassik findet rasch ein Ende, als der 23jährige im »Überbrettl« die Geburtsstunde des deutschen Kabaretts erlebt: er hat sich im allgemeinen Gedränge in den Saal des »Bunten Theaters« geschmuggelt. Von jetzt an ist klar, wo's langgeht: *Ich will dabeisein. Ich muß! Hier sehe ich meine Zukunft!* Und da er bei der E-Musik »vor lauter Fugen ohnehin nicht mehr ein noch aus weiß«, geht er zum »Tingeltangel«, wie das der erboste Vater nennt, wird Kabarettmusiker. Und er tingelt sich durch. Zuerst beim »Überbrettl« als Aushilfe für Oscar Straus, später bei Hans Hyans »Silberner Punschterrine« und im »Siebenten Himmel«. Auch im »Charivari«, im »Fröhlichen Faun« und im »Blauen Wunder« sitzt er am Klavier. Selbst bei Hofe hat er schon dezent in die Tasten gehauen, als ihn der brettlfreudige Preußenprinz Joachim Albrecht als musikalischen Leiter für seine hohenzollernschen Kleinkunststücke holte, die er sich im Kleinen Haus bei Kroll leistete. Nun also Kühnes »Klimperkasten«.

Und dann ist es endlich so weit. Als der »Klimperkasten« 1904 in das Haus von Castans Panoptikum in die Friedrichstraße umzieht, tut sich Nelson mit dem Thaliatheater-Schauspieler Paul Schneider-Duncker zusammen und etabliert in den von Kühne verlassenen Räumen ein eigenes Kleinkunst-Unternehmen: Den »Roland von Berlin«.

Am Anfang ist eine neue Konzeption. Schneider-Duncker, der komödiantische Show-Spieler, weiß, was und worauf's ankommt; Nelson hat gerade lange genug die Finger im Konfektionsgeschäft gehabt, um zu wissen, was man trägt. Beide verstehen etwas von »Verkaufe«: schick soll es sein, Klasse soll es haben, pikant soll es wirken; mit einem Wort – ein feudales Weltstadtkabarett soll den Berlinern unter die elegante Weste gejubelt werden. Die Rechnung geht auf. Die Programme wirken wie aus einem Guß, es gibt keine zusammengestückelten Einzeldarbietungen mehr, weil über allem die musikalische Nelson-Soße gegossen ist. Und die wirkt prickelnd, spritzig, witzig, hat das gewisse Etwas. Ähnliche Wirkungen sollen vom Conferencier ausgehen, der mehr als nur Ansager sein soll; Dr. Arthur Pserhofer, der geistreiche Wiener, ist dafür der richtige Mann. Er hatte schon im »Bunten Brettl«, an Künstlerstammtischen und im eigenen Kabarett seine Bonmots unter die Leute gebracht. Einige von ihnen machten die Runde: »Man kann Abgeordneter sein und sich dennoch nicht gewählt ausdrücken« – »Bei manchen Damen kommt der Fall vor dem Hochmut« – »Genau genommen schließt man eine Ehe erst dann, wenn man sich scheiden läßt« – »Man kann sich den Rückschrittlern anschließen, um schneller vorwärts zu kommen«. Pserhofern ist »in«.

Zur Premiere laden Schneider-Duncker und Nelson die feine Lebewelt in den »Roland von Berlin«. Und alle, alle kommen: die Hocharistokratie, der Geldadel, die Auserwählten der oberen Zehntausend. Zwanzig Goldmark sind für einen Platz an den vorderen Tischen zu berappen, an denen es sich am Eröffnungsabend auch Prinz Joachim und der Herr von Beelow, des Reichskanzlers Adjutant, gemütlich machen. Für die restlichen der 150 Sitzplätze werden zehn Goldmark verlangt, das entspricht dem Monatssälar der sprichwörtlichen »Minna« und dem Wochenlohn eines Hilfsarbeiters. Für die 50 Pfennige, die zur Stunde der Schweriner Landtag per Parlamentsbeschluß den mecklenburgischen Steuerzahlern als Sonderabgabe für die Aussteuer der »durchlauchtigsten Herzogin Cecilie, Hoheit« aufbrummt, damit die 18jährige ihren Kronprinz heiraten kann, für dieses »Kopfgeld« bekommt man bei Nelson an diesem Premierenabend nicht einmal einen Platz auf den leeren Bierfässern zugewiesen, die man wegen des großen Andrangs noch in den Zuschauerraum rollen muß. Die Preise für Getränke – der Schampus fließt in Strömen – sind entsprechend. Und dann tritt lilabefrackt Paul Schneider-Duncker auf, vom Scheitel bis zur Sohle auf

Paul Schneider-Duncker

Herr von Welt getrimmt. Zu den Seidenstrümpfen trägt er die weiße Weste, von der er später behaupten wird, er habe sie im Reich salonfähig gemacht. In den Gesellschaftsbeilagen der Gazetten liest man: *Ein eleganter, intimer Raum, rot in rot, das undefinierbare Parfum der vornehmen Welt. Gläserklingen, Zigarettenduft, das diskrete frou-frou seidener Frauengewänder nahm uns gefangen. Stilvoll, ganz entschieden stilvoll – das Milieu raffinierter Genußmenschen. Ein Klingelzeichen...* Der charmante Schneider-Duncker betritt das Podium und wird mit Applaus empfangen. Er singt nur eigens von den Hausdichtern für ihn Geschriebenes – Chansons und Couplets, von Rudolf Nelson vertont. Das ist prickelnder französischer Sekt, den er uns vorsetzt. Ob er uns die Abenteuer bei der Maniküre erzählt, die O. A. Alberts für ihn schrieb, oder das Julius Freundsche echt Berliner Couplet »Vom Knie bis zum Schlesischen Tor« singt oder seinen Schlager von der »dünnen Leopoldine« zum besten gibt, er nimmt durch seine Art, das Gewagteste vorzutragen, das Publikum gefangen. Eines seiner wenigen aktuellen satirischen Chansons, von Nelson vertont, war O. A. Alberts »Rechts ein Puppchen, links ein Puppchen«:

Weil sich Jeremias Seide
wollt' bereiten eine Freude,
fuhr aus Treuenbrietzen er,
nach der deutschen Hauptstadt her.
Und er fragt 'n Polizisten:
»Wenn Sie mir zu sagen wüßten
eine Sehenswürdigkeit,
die nichts kost' und 's Herz erfreut...«
Patriotisch sprach der Blaue:
»Vieles jibt's am Strand der Spree,
doch det Schönste liegt so nahe,
et is hier die Siej'sallee.
Rechts 'n Puppchen, links 'n Puppchen,
wer zählt all die vielen Gruppchen,
in den Ecken all die Recken,
die in grünen Hecken stecken.
Stehn vom Letzten bis zum Erschten
bleich wie Bleichenröders da –
Gott beschütz' die deutschen Ferschten.
Hurrah, Hurrah, Hurrah!«

Das piekfeine Publikum, derart in Stimmung gebracht, grölt begeistert das »Hurrah« auf die kleine Bühne zurück, in den Beifall mischen sich Bravorufe, man ist sich einig: Berlin hat endlich sein Amüsierkabarett mit der eleganten Note. Hier, im intimen »Roland«, fühlt man sich »unter sich«, man gibt sich privat, hier ist man Mensch, hier darf man's sein.

JACQUES MANASSE
TEXT VON WILLY HAGEN MUSIK VON RUD. NELSON

ED. BOTE & G. BOCK
BERLIN W.8
Gegründet 1838

FÜR GESANG UND KLAVIER M 1.—
RHEINLÄNDER FÜR KLAVIER (WALETTES) M 1.25
RHEINLÄNDER FÜR SALONORCHESTER M 2.—

Sie war sehr braver Leute Kind,
doch wie die braven Leute sind,
vom Glück nicht grad' beschienen.
Drum sprach die Mutter sorgenschwer:
»Mein liebes Kind, es geht nicht mehr,
du mußt etwas verdienen.
Wir haben eine Stellung schon,
du kommst zur Firma I. S. Cohn,
Geschäftszeit neun bis sieben.«
Sie sprach: »Jawohl, ihr Lieben.«
Am nächsten Morgen im Contor,
da stellte sie sogleich sich vor.

Zuerst dem Lehrling Jacques Manasse,
dem Jüngling mit der Portokasse,
hierauf dem strengen Prokurist,
der im Haus Reklamechrist,
und dann dem stillen Compagnon,
der über fünfzig und Garçon,
und dann in eigener Person,
dem Chef der Firma I. S. Cohn.

Und schon am zweiten Arbeitstag
war wie mit einem Zauberschlag
das ganze Haus verwandelt.
Weil an dem hübschen, blonden Ding
das Herz der Männer Feuer fing,
hat jeder angebandelt.
Der eine langsam, dieser schnell,
kurz, jeder individuell,
und weil sie nett und willig,
tat sie, was recht und billig.
Damit sie keinem wehe tu',
gab jedem sie ein Rendezvous.

Naives, Augenzwinkerndes, Verruchtes und Herziges wechseln im Programm, eine bunte Mischung. Lucie König ist mit dem Chanson vom »Sittsamen Mädchen« dabei, der zwanzigjährige Hermann Klink, der »Selbsterlebtes und Selbstgedichtetes« von den Frauen für die Frauen beisteuert, der sächsische Komiker Theodor Franke, die Soubrette Miriam Horwitz, und selbst der blutjunge Alexander Moissi gibt hier, von Pserhofer der Direktion aufgeschwatzt, seinen Einstand als Gitarrenspieler. Der weißhaarige Max Laurence schließlich sorgt mit Kurz-Texten von Maupassant, Fontane und Gorki für kleine literarische Tupfer. Und bald gibt es mit der schlank gewachsenen Käthe Erlholz aus Wiesbaden auch den Star des Ensembles: Keß, temperamentvoll, schlagfertig, trocken, das Herz auf dem rechten Fleck, findet sie hier das verwöhnte, extravagante Publikum, das sie schnell zur Diva des spritzigen Chanson-Kabaretts macht. Als Rudolf Nelson mit ihr sein Chanson vom »Jacques Manasse« einstudiert, ahnt er noch nicht, daß sie bald *die* Erlholz, und Frau Nelson dazu, sein wird. Sie ist die grande dame mit der Berliner Schnauze, der Tucholsky »Feunheit« bestätigt. Als sie den »Manasse« mit frecher Klasse aufs »Roland«-Parkett legt, gerät die gelangweilte Hautevolee aus dem Häuschen und singt im Chor Willy Hagens Refrainzeilen gläserschwenkend mit.

Das haut hin. Die Mischung aus Geschäft und Abenteuer, Moneten und Erotik trifft voll ins Schwarze; die Konfektionsbranche der Leipziger Straße läßt grüßen, klatscht Beifall und zückt die schweren Brieftaschen. Vorbei die Zeit des Klingkling und Tschingbumm der »Bunten Brettl«, auch Volksliedton und Bänkelsang haben im feudal ausgestatteten »Roland von Berlin« nichts zu suchen. Musikalisch hält sich Rudolf Nelson auf dem Laufenden, nimmt neue Strömungen auf und verarbeitet sie – vermischt mit einem Schuß Wiener Schmäh, einem Spritzer Offenbach parisien und einer Prise Tralala-Elegance – zu einem Stück von Rudolf Nelson. Die modischen US-Importe, die im wilhelminischen Deutschland schnell Freunde finden, werden gehört, notiert und – als wär's ein Stück von ihm – serviert. Das hatten schon die Kollegen so gemacht: Als der Ragtime um die Jahrhundertwende derart Furore macht, daß sich sogar der königliche Musikdirektor Neumann seiner bemächtigt und den Musikzug des Kaiser Alexander Garde-Grenadier-Regiments ein »Negerständchen« intonieren läßt, greift auch Lincke zu und komponiert einen Rag fürs Piano. Es gibt nichts, was es nicht gibt. One-Step, Two-Step – Nelson macht was draus. Das Geschäft mit der salonfähig gemachten Kleinkunstmuse floriert. Abends wickelt sich der Co-Direktor seinen Anteil, Zehn- und Zwanzigmark-Goldstücke, in eine Serviette, und nimmt ihn mit nach Hause. Drei Jahre geht das so. Und dann geraten die beiden »Roland«-Chefs eines Tages aneinander. Es gibt Streit, wegen einer Besetzung. Nelson beschließt, seinen eigenen Laden aufzuziehen, das »Chat noir«.

Paul Schneider-Duncker sieht sich nach einem neuen Ensemble um. Mit Max Laurence, Else Ward, Eduard Kornau, Mieze Friese und dem verseschmiedenden Hermann »Manni« Klink ist er gut bestückt, aber noch nicht komplett. Was ihm fehlt, ist ein Ersatz am verwaisten Nelson-Klavier und eine Attraktion, die den Erlholz-Verlust wettmacht. Schneider-Duncker hat Glück. Als Musiker gewinnt er einen jungen Mann, Ende zwanzig; er stammt aus Ostpreußen, hat es mal mit Kirchenmusik versucht und ist erst kurz in Berlin. Geld hat er keins, sein Vater hat ihn enterbt, er schlägt sich als Musiker im Hasenheide-Varieté durch und schreibt, um ins Geschäft zu kommen, kleine Schlagerliedchen, zu dem ihm Hermann Frey die Texte liefert. Kollodziejski heißt er und pfeift auf die beiden letzten Silben: Walter Kollo.

Und dann meldet sich beim »Roland«-Direktor ein burschikoser Typ, der mit Vorliebe Männerkleidung trägt, Pfeife raucht, im »Café Größenwahn« mit Boheme-Freunden bechert und unbedingt Karriere machen will. Der rote Wuschelkopf, 23 Jahre jung, stammt aus Gelsenkirchen, hat am Kattowitzer Theater das Rautendelein gegeben, ist im »Figaro«-Theater der Olga Wohlbrück, der einstigen »Überbrettl«-Diva, in kleinen Einaktern aufgetreten. Nun ist das Theater pleite und sie ohne Engagement. Zwei Kritiken hat sie in der Tasche, eine von Kerr und eine zweite von der »Schaubühne«. Da schreibt Ferdinand Hardekopf: »Herr Georg Baselt und Fräulein Claire Waldoff waren höchst reizvolle Scheerbart-Spieler«. Punkt. Nun ist sie hier.

Direktor Schneider-Duncker weiß nicht so recht. Sie bleibt hart und schlägt ihm einen Programmblock vor: Sie will literarische Monologe des Dichters Paul Scheerbart sprechen und dazu noch einige Volkslieder trällern, mit denen sie bereits im engsten Freundeskreis einigen Erfolg hatte. Auftreten will sie in einem Etonboy-Anzug mit »Krawallschleife«. Und die Scheerbart-Texte hat sie schon drauf. Zum Beispiel den »Radaubengel«. Ein Nihilisten-Ulk:

Eben waren die guten Hofmeister vom Tode auferstanden und wünschten sich gemütlich guten Morgen – da schlug der Blitz in eine gesunde Eiche, und der Donner schüttelte alle Himmel.

Das war aber noch gar nichts, denn gleichzeitig stieg der nie besiegte General Hohnke aus seinem Grabe heraus und fing so fürchterlich über die Bedeutung der Freizeit zu reden an, daß die guten Hofmeister schleunigst wieder in ihr altes Grab krochen.

Hohnke jedoch schlug alles kurz und klein – auch die sämtlichen Himmel.

»Freiheit!« brüllte er kanonenmäßig.

Dies Gebrüll war aber nicht mehr zu hören, denn die Himmel waren mit allem Zubehör nicht mehr am Leben – Hohnke stand im Nichts.

Er wunderte sich mächtig – half ihm leider nichts.

Was weg ist, ist weg!

Nichts kann so viel zerstören, wie das Freiheitsgebrüll – sämtliche Himmel mit allem Zubehör bringt es einfach um.

Zuerst dem Lehrling Jacques Manasse,
dem Jüngling mit der Portokasse,
hierauf dem strengen Prokurist,
der im Haus Reklamechrist,
und dann dem stillen Compagnon,
der über fünfzig und Garçon,
und dann in eigener Person
dem Chef der Firma I. S. Cohn.

Die Tage fliegen pfeilgeschwind.
Nach einem Jahr hat sie ein Kind,
und das war ziemlich peinlich.
Die Mutter heulte: »Wir sind alt,
und nun verliert sie das Gehalt!«
Sie sprach: »Seid nicht so kleinlich,
denn dieses kleinen Wurms Papa
ist eine Art G. m. b. H.,
und diese bringt am Ende
'ne kräft'ge Dividende.«
Und jeden Ersten, nicht zu knapp,
da holt sie sich die Rente ab:

Zuerst vom Lehrling Jacques Manasse,
der klaut se aus der Portokasse,
hierauf vom strengen Prokurist,
der im Haus Reklamechrist,
und dann vom stillen Compagnon,
der über fünfzig und Garçon –
nur einer drückte sich davon:
der Chef der Firma I. S. Cohn.

Willy Hagen

Paul Scheerbart

Hermann Frey

Die Freiheit will eben weiter nichts als – Nichts.
Hohnke! Du kannst mir leid thun! Wo bist Du jetzt?
Hohnke ist wohl auch nicht mehr am Leben.
O Hohnke? General Hohnke!

Der Direktor fragt, an welche Gage sie denkt. Sie, rotzfrech: »Sieben-hundert. Pro Monat.« Sie hatte erwartet, daß jetzt der Kuhhandel beginnt. Schneider-Duncker sagt einfach ja und schließt mit der Unbe-kannten einen Achtmonatsvertrag ab. Aber das Debüt im »Roland von Berlin« fällt anders als erwartet aus. Drei Tage vor der Premiere streicht die Zensur den gesamten Scheerbart wegen »antimilitaristischer Ten-

denzen«. Der Zensurbeauftragte hat noch mehr auf Lager: Auch aus dem Etonboy-Kostüm wird nichts, weil laut Polizeiverfügung Damen nach elf Uhr abends nicht im Herrenanzug auf der Bühne erscheinen dürfen. Schneider-Duncker ist die Lust vergangen, aber die resolute Anfängerin pocht auf ihren Vertrag. Lustlos wirft er ihr einige Manuskripte hin, die der neue Musiker mit ihr studieren soll, es sind Nummern, die keiner der Kollegen singen will.

Kollo mag die blasse Kleine mit der frechen Schnauze. Er gibt bei Freund Frey einen Text in Auftrag. Und Frey macht sich, wie immer in solchen Fällen, auf die Socken, geht unter die Leute. Hört sich um. Schlager müssen eingängig sein, eine starke Zeile haben. Schon Hans Ostwald, der Tippelbruder, der vor drei Jahren seine gesammelten »Lieder aus dem Rinnstein« vorgelegt hat, wußte: »Der Berliner gebraucht gern bestimmte Redensarten und wird nicht müde im Erfinden solcher feststehenden Ausrufe, Aussprüche und Redewendungen; er läßt nicht gerne eine Erscheinung im öffentlichen Leben ohne eine witzige Bezeichnung.« Mit anderen Worten: wer fürs Volk schreiben will, muß ihm aufs Maul schauen. Hermann Frey, der sich sein Geld lange mit Abzahlungsgeschäften verdient hat, ist übers Vorfinanzieren künstlicher Zähne mit Künstlern in Kontakt gekommen. Er will Gassenhauer schreiben. In einer Vorstadtspelunke hat er einem angesoffenen Klavierspieler für drei Mark die Zeile »Immer an der Wand lang« abgekauft. Nun hofft er, daß mit Kollos Musik ein Schlager draus wird. Und er hat bereits was Neues: »Schmackeduzchen, drei Stück eenen Groschen!« hat er neulich ein paar Jungens rufen hören, die ihm dabei lange grüne Stengel unter die Nase hielten. *Wat, det wissen Se nich? Schmackduzchen det sin' doch die Bumskeulen mang's Schild ans Wasser hier. Haben Se denn keene Oogen in Ihrn wackeligen Kopp oder kieken Se mit de Ohren?* Der Texter hatte seine Zeile. Und Kollo macht die Musik dazu.

Ein schlankes Schmackeduzchen stand
im See nah an des Ufers Rand
und freute sich des Lebens.
Ein kleiner, süßer Enterich
bat Schmackduzchen: »Liebe mich!«
Doch flehte er vergebens.
Sie war so unnahbar und stolz,
ihr Herz war hart wie Buchsbaumholz.
Er wurd' vor Liebe krank,
sie lachte, wenn er sang:

Mein geliebtes Schmackeduzchen,
komm zu deinem Enterich.
Laß uns beid' von Liebe plauschen
innig, sinnig, minniglich.

Walter Kollo

Zur Premiere sind, wie im »Roland« üblich, die Prominenten erschienen: Josef Giampietro, Fritzi Massary, Julius Freund, der Wintergarten-Star Otero. Max Laurence sagt die Namenlose an: *Eine junge, neue, noch ziemlich unbekannte, originelle Erscheinung am Himmel des Kabaretts – Claire Waldoff. Und dazu Walter Kollo, ein ebenso unbekannter, junger, neuer Komponist, der sie begleiten wird am Flügel.* Und dann tritt ein kleines, blasses Etwas im braunen Samtkleid vor den Vorhang und beginnt »Wenn die Soldaten durch die Stadt marschieren, öffnen die Mädchen die Fenster und die Türen...« Der Beifall ist freundlich, hält sich in Grenzen. Dann intoniert Kollo die Melodie, mit der Richard Fall die gereimte Belanglosigkeit Rudolf Bernauers versehen hat:

Man ist nur einmal jung,
drum wage ich den Sprung.
So'n bißchen, bißchen Hoppsassa,
was ist denn da dabei, Papa?
Ist man erst grau und alt,
macht man von selber halt,
dann ist's vorbei, vorbei, vorbei
mit der Hoppsassasserei!

Der donnernde Beifall gilt nicht dem Text, bei Schneider-Duncker ist man raffiniertere Feinheiten gewöhnt. Aber die kesse Göre mit dem Hinterhof-Touch hat was, da ist man sich einig. Und dann kommt das »Schmackeduzchen«, von dem niemand so recht weiß, was soll es bedeuten. Nach jeder Strophe nimmt die Waldoff die lange, braune Schleppe zwischen die Finger und vollführt mit todernster Miene einen ungelenken, watschelnden Ententanz. Und guckt – einfach so. Als es sich ausgeschmackeduzt hat, setzt ein Johlen und Getrampel ein; man will sie nicht mehr von der Bühne lassen, die Neue mit der kauzigen Komik und dem kessen Blick. Claire strahlt. Der gestrichene Männeranzug ist längst vergessen, die große Schleife auch. Heiterkeit braucht keine Hosen.

Die Prominenz hat ihre vornehme Zurückhaltung aufgegeben und trampelt eine Zugabe heraus:

Aujust, reg dir bloß nich uff!
So wat jibt et nich!!

Der Gassenhauer im roten »Roland«-Plüsch – so was gab's noch nicht. Ein neuer Ton zieht ein ins Kabarett der frühen Jahre. Noch in der gleichen Nacht läßt Direktor Schneider-Duncker neue Plakate drucken: Claire Waldoff, der Stern von Berlin.

Claire Waldoff

146

Noch'n Chat noir

Rudolf Nelson ist in der Zwischenzeit nicht untätig gewesen. Als Domizil für sein Kabarett hat er sich einen intimen Raum im ersten Stock von Castans Panoptikum in der Linden-Passage ausgeguckt, er hat 220 Plätze. Sein Kapital sind Käthe Erlholz, die ihm angetraute Diva, und seine Musik, den Rest besorgt ein Kredit der Brauerei. Den Namen fürs Ganze hat er sich in Paris ausgeborgt: »Chat noir«. Hier geht es nun noch exklusiver zu als im einstigen »Roland von Berlin«. Das Publikum setzt sich, wie Willi Schaeffers berichtet, aus der allerersten Gesellschaft, Hof, Finanz, Kunst, zusammen, und das Abend für Abend: *Jede Nacht halb zwölf sah man hier ein interessantes Publikum, meist in Frack und großer Toilette. Es waren die Menschen der großen Berliner Gesellschaft, die Diplomaten, die Herren aus den Ministerien, die von ihren offiziellen Diners kamen und sich hier noch zwei Stunden geistvoll unterhalten wollten.*

Sie alle kommen auf ihre Kosten. Star des Ensembles ist weiterhin die Erlholz, halb Dame, halb Kokotte, die Diseuse mit dem kessen Mundwerk. Diese Mischung ist es, die die Herrschaften in den Klubsesseln des Kabaretts in Stimmung bringt. Und die Texte, die ihr von Berlins erster Autorengarnitur auf den Leib geschrieben werden: »Im Kintopp lasse man sich wohl ergreifen, doch nicht von Männern in die Beine kneifen . . .« Aus Wien kommt der vielseitig begabte und allround-gebildete Dr. Fritz Grünbaum zu Nelson, der einen völlig neuen Conference-Stil entwickelt. Er ist ein brillanter Texter, er beherrscht die geistreiche Plauderei, seine Stärke liegt in spontanem Witz, sprudelndem Einfallsreichtum, charmanter Boshaftigkeit und blitzender Ironie. In dieser kleinen, schmächtigen Figur erfüllt sich die Sehnsucht des deutschen Kabaretts nach tänzelnder Schwerelosigkeit. Wenn er vor sein Publikum tritt, diese ganze »feine Gesellschaft«, die für ihr gutes Geld nun auch mal was sehen will, passiert erst einmal gar nichts. Er läßt sich mustern,

Rudolf Nelson

147

Im Chat noir. Am Piano Rudolf Nelson

schaut sich verängstigt um, setzt zu einem ersten Satz an, spielt den Schüchternen: »Ich bin so aufgeregt.« Und dann, nach einer etwas zu langen Pause: »Also gut. Ich werd's halt versuchen.« Grünbaum, der Meister des geschliffenen, improvisierten, spritzigen Monologs, ist bald kein Geheimtip mehr, man geht zum Grünbaum, wenn man ins Kabarett will. Der Ansager mit dem Spickzettel ist tot.

Auch Trude Voigt, Lucie Berber und Willy Prager, der »Vortrags-künstler«, finden ihr Publikum bei Nelson. Und dann kommt Gussy Holl, der Schwarm des jungen Tucholsky, die einfach alles kann, oder genauer, wie Peter Altenberg das ausdrückt: aus einem Nichts ein Etwas und aus einem Etwas ein Alles zaubert. Man sagt ihr nach, wie eine englische Herzogin auszusehen. Was immer das sein mag, Gussy Holl ist blond, hochgewachsen, elegant, eine Schönheit. Das Publikum hat eine Vorstellung davon, wie sie Chansons bringen wird – und sie tut nichts von alledem. Sie parodiert sie alle: Josef Giampietro, Fritz Grünbaum, Sarah Bernhardt, die Massary, die Waldoff, alles, was Rang und Namen hat. Kurt Tucholsky, gerade 23 Jahre alt, ist so hin- und hergerissen von ihr, daß es ihm die Sprache verschlägt und er in seiner Kritik für die »Schaubühne« nur gestammelte Verliebtheit zu Papier bringt: »Ich liebe alles an ihr: ihr Kleid, ihre dünnen Arme, das Fräulein Holl und die Gussy . . .«

Rudolf Nelson hat seinen Weg gemacht, sein Kabarett gilt als das erste am Platze. Sein Versuch, Kleinkunst auf Publikumsgunst zu reimen, ist geglückt. Zwar halten ihm strenge Kritiker vor, die »Chat noir«-Chan-sons seien nichts anderes als augenzwinkernde Hohelieder des außer-ehelichen Geschlechtsverkehrs und Schlimmeres: *Keiner, der nicht vor dem Publikum kriecht, keine Direktion, die es nicht als ihre Aufgabe erachtet, die Bauschieber und die beurlaubten Unteroffiziere durch Zoten zu einer Steigerung des Sektkonsums zu reizen.* Aber auch Tucholsky gesteht: *Am Klavier: Rudolf Nelson. Die wippenden, gleitenden, koket-ten Refrains dieser Lieder perlen über die Tasten, kaum bewegen sich seine Finger, aber da, wo der Kehrreim einzusetzen hat (Ritardando . . . im Druck steht eine Fermate), fühlt man seine Freude an dem Schlager, an seinem gefälligen, leichten Rhythmus. Er sitzt am Klavier, und man begreift die Bedeutung und die Wichtigkeit eines Chanson-Refrains.*

Seine Kompositionen, die selbst von der Konkurrenz übernommen und nachgespielt werden, sichern Nelson erhebliche Einkünfte. Bald eröffnet er einen zweiten Laden, das »Metropol-Kabarett«, wenig später setzt er mit den »Nelson-Künstlerspielen« noch eins drauf. Und er hat eine glückliche Hand: neben Fritz Grünbaum entdeckt er auch Willi Schaeffers und Trude Hesterberg fürs Kabarett. Theodor Franke, der Komiker, arbeitet für ihn, der »Blitzdichter« Paul Steinitz und Walde-mar Hecker, der Ex-Scharfrichter, dessen Figuren in amüsanten Mario-nettenspielen zu sehen sind.

Schon für den Start im eigenen Haus hatte sich Rudolf Nelson einen Mann nach Berlin geholt, der bereits im originalen »Chat noir« auf dem

Gussy Holl

150

Montmartre dabei war: Jean Moreau. Damals, 25 Jahre zuvor, hatte Moreau an historischer Stätte ausgerufen: »Diese Herberge möge nie den Philistern in die Hände fallen!« Das ist lange her. Jetzt singt er bei Nelson schwüle Lieder mit französischem Akzent, und die Philister jubeln ihm zu. Aus dem »Chat noir« ist ein zahmer Kater geworden, der Pfötchen gibt.

Die scharfe Kralle ist Nelsons Sache nicht; erlaubt ist, was gefällt. Manche Chansons, wie das bereits im »Roland von Berlin« von Paul Schneider-Duncker aus der Taufe gehobene »Ladenmädel«, bleiben über mehrere Jahre im Programm, nun singt es der Pariser Beau, so oft es gewünscht wird. Und es wird gewünscht: Einmal dient es sogar

Bericht des Schutzmanns Müller, 26. Polizeirevier Berlin, über einen Besuch im Chat noir: »Bei der in der Nacht zum 10. Dezember 1911 von 1 bis 2 Uhr in dem Tingel-Tangel ›Chat noir‹, Friedrichstraße Nr. 165, Direktion: Rudolf Nelson, stattgefundenen Kontrolle wurde folgendes festgestellt: Der Eintritt kostet 1,20 M bis 5,20 M. Zutritt haben Männer jeden Alters mit und ohne ihren Verhältnissen. Es verkehren dort Familien besserer Stände, aber hauptsächlich Geldmänner und Damen der Halbwelt . . .«

Das Ladenmädel

Sie war in der Leipziger Straße
in einem Modesalon,
ein Sprühteufel, keck und voll Rasse,
sie hatte Chic und Façon.
Und eines Tags hat er sie entdeckt,
der Zufall ließ ihn sie finden,
sie stand zwischen Seide
und Spitzen versteckt,
am letzten Lager ganz hinten.

Erst kamen die Blusen und Kleider
und dann die Jupons voller Plis,
darauf die Dessous und so weiter,
und dann, und dann kam sie.

Er kaufte pro forma ein Bändchen,
und schnell, damit's keiner seh',
drückt' er ihr 'n Zettel ins Händchen:
Heut' abend zehn Uhr Separée.
Er wartet dann zur bestimmten Zeit
im lauschigen Eckchen allein,
der Sekt stand im Kübel längst schon bereit –
Zum Teufel! wo blieb nur die Kleine?

Da rauscht es wie schleppende Kleider,
da rascheln Jupons voller Plis,
da knistern Dessous und so weiter,
und dann, und dann kam sie.

Der Diener serviert, dann verschwand er
und ließ sie beide allein.
Erst küßt ihr Händchen galant er,
sie sprach: »Aber bitte, ach nein.«
Die Stimmung war köstlich und wunderbar,
der Sekt schäumt, sie lachten fröhlich,
und bei der dritten Flasche war
er glücklich und sie war selig.

Erst kamen die Blusen und Kleider
und dann die Jupons voller Plis,
darauf die Dessous und so weiter,
und dann, und dann – kam sie.

Willi Wolff

allerhöchstem Vergnügen. Im Herbst 1908 hatte Wilhelm II. ein gehöriges Formtief. Es gab Wirbel um ein Interview, in dem er sich selbst den Sieg im britischen Burenkrieg zuschreibt und die Engländer als »tolle Märzhasen« bezeichnet. Der Reichstag fordert seine Entmündigung, er selbst bietet, total niedergeschlagen, seinen Rücktritt an. In dieser desolaten Lage sucht der deutsche Kaiser Trost und Entspannung bei Fürst Max in Donaueschingen. Um der miesen Stimmung Seiner Majestät wieder auf die Beine zu helfen, wird Rudolf Nelson zu einem »Souperdessert« gebeten. Und der Duz-Freund des Kronprinzen setzt sich ans fürstliche Piano und intoniert sein »Ladenmädel«. Jean Moreau singt dazu die Zeilen Willi Wolffs: »Erst kamen die Blusen und Kleider . . .«

Der musikalische Muntermacher zeigt Wirkung: Kaiser Wilhelm ist amüsiert. Und wie – er läßt sich das »Ladenmädel« gleich fünfmal hintereinander vorspielen. Majestät zwirbeln sich die Schnurrbartspitzen: Es ist erreicht!

Klea entdeckt das Milljöh

Auch Claire Waldoff, den im »Roland« aufgegangenen Stern von Berlin, läßt sich Nelson nicht entgehen. Als sie den Acht-Monats-Vertrag bei Schneider-Duncker abgespielt hat, ist sie gleich die doppelte Gage wert, bald wird es die vier- bis fünffache sein. Zuweilen tritt sie am gleichen Tag sowohl im »Chat noir« als auch im »Kabarett Unter den Linden« auf. Hier, im »Lindenkabarett« geht es volkstümlicher zu, auch preiswerter. Für das Geld, das man bei Nelson hinlegen muß, kann man hier gleich drei Vorstellungen sehen. Mit wechselndem Programm: in der Regel sind es Gastspiele der Kabarett-Größen, die hier in der Linden-Passage auf die Bühne kommen, Namen sind gefragt, keine Programme wie in den teuren Kleinkunstsalons. Claire Waldoff ist die »Rosine« unter den Linden, hier feiert sie, nachts ab halb zwei, ihre großen Triumphe, hier kreiert sie die »Milljöh«-Musike, die bald ganz Berlin trällert: »Wenn der Bräutjam mit der Braut so mang de Wälder jeht«, »Was liegt bei Lehmann unterm Apfelbaum«, »Nach meine Beene is ja janz Berlin verrückt, mit meine Beene hab ick manches Herz jeknickt«. Und hier wird sie gesehen, von den kleinen Leuten, die ihre Leute sind, und von Julius Bab, Heinrich Zille, Kurt Tucholsky: *Klea Waldoff. Was Deutschland an der besitzt, wußten wir. Aber diesmal hat ihr Ludwig Mendelssohn ein Lied gedichtet und unter Musik gesetzt – das scheint das Letzte zu sein. Buttrig, quäkend und tugendsam singt sie erst eine Menge Dinge von ihrem Liebsten, ob und wie und wo – und auf einmal, über die bewegten Köpfe der lachenden Zuschauer und durch den Zigarrenrauch und den Lärm brüllt ihre Stimme andante: »Hermann heeest a . . .« Und noch einmal, leiser: »Hermann – heeest – a . . .« Und verhallend: »Hermann – heest – a . . .« Und gleich wieder weiter, wie er*

tanzt und schnarcht und: ».. . selbst noch im Traume nach mir quäst er . . .
Hermann heeest a . . .!« Und dieses Piano ist so ulkig angelernt, so wenig
adäquat der Brüllstimme, daß man fassungslos ist. Wie ringt sie sich dieses
Piano, jenen Sopran ab? Einen Sopran, der so hoch ist, daß sie gleich
kippeln wird, g, gis, a, b . . . Gottseidank, gerettet! Sie singet, wie der
Berliner Spatz singt, unbekümmert, frech – und dann (Stimme, von
innen, verhallend): »Hermann heeest a . . .«

Dieses Lied wird sie ihr ganzes Leben begleiten. 1913 hat sie es zum
erstenmal im »Lindenkabarett« gesungen. 25 Jahre später fällt sie bei
den Nazis wegen »Hermann heeßt er« in Ungnade. Das Volk hatte,
Hermann Göring im Sinn, die Strophen umgedichtet:

Rechts Lametta, links Lametta,
Und der Bauch wird imma fetta,
Und in Preußen ist er Meester:
Hermann heeßt er!

Das Lied wird kurzerhand verboten. Auch das Original.

Außer Claire Waldoff gab es im »Lindenkabarett« damals, vor dem
ersten Weltkrieg, manche Attraktion zu bewundern. Für das Zweimark-
billet kann man, bei Bier und Korn, auch die Wiener Chansonette Senta
Söneland mit ihrem »Moi-je-icke« hören oder die Alt-Kabarettisten:
Robert Koppel, den »Überbrettl-Ehemann« und die Ex-»Silberne«
Käthe Hyan, von der es hieß, sie »schnurre wie ein Backpfläumchen«. Jo
Steiner, der künstlerische »Linden«-Leiter, hat seine Gäste alle gezeichnet und an die Wand gehängt: Pepi Weiß, Gussy Holl, Willy Prager, Paul
Schneider-Duncker, Else Ward, Willy Hagen, Fritz Grünbaum. Und
dann hing da noch, über ihm ein freischwebender Violinschlüssel als
Heiligenschein, Hugo Leonard, der musikalische Leiter. Er hieß ur-
sprünglich Lewysohn, wie sein Bruder Rudolf. Beide waren gegen den
Willen des Vaters Musiker geworden und wählten sich ein Pseudonym,
zu dem sie von dem Göttinger Philosophie-Professor Leonard Nelson
angeregt wurden: Hugo nannte sich fortan Leonard, der jüngere Bruder
Rudolf Nelson.

Die Literatur für leichte Kostgänger vertritt in der Lindenpassage der
kabarettingelnde Roda Roda, ehemals k. u. k. Offizier, ein schnauzbär-
tiger Monokelträger, über den man witzelte, er habe sich Sporen verdient, indem er sie abgeschnallt habe. Roda Roda, eigentlich Sandor
Rosenfeld, erzählte dann, wie er zu seinem Pseudonym gekommen war:
*Aaba Aaba schien mir günstiger, ich wäre dadurch in Kürschners Litera-
turlexikon an die erste Stelle gekommen. Aber ein Schriftsteller, der davon
erfuhr, wollte mich von diesem Platz verdrängen, indem er sich selbst Aa
zu nennen beabsichtigte, worauf man ihm aber sagte, Aa sei weniger ein
Pseudonym als ein Urteil über seine Werke.* Auch Egon Friedell, Literat,
Kritiker, Schauspieler und Conferencier, liest im »Lindenkabarett«
seine Grotesken, die er bereits im Wiener »Nachtlicht« vorgetragen

hatte: Die berühmte »Bolette« oder den »Panamahut«, über den man sich ausschütten wollte:

Ich kaufte mir also einen Panamahut. Alle hatten gesagt, ich müßte doch endlich einen Panamahut haben. Er kostete sechzig Kronen. Ich setzte ihn auf und begab mich in eine möglichst belebte Straße.

Gleich sah mich einer meiner Bekannten und sagte: »Ah bravo, bravo! Ein Panamahut. Steht Ihnen fa-mos. – Aber Vorsicht, Vorsicht! Ein Regenspritzer und er ist futsch.« Ich wollte ihn noch um nähere Auskünfte bitten – er war aber schon vorbei.

Der zweite sagte: »Sehr chic. Wirklich. – Nur muß man dazu eine anständige Krawatte und anständige Handschuhe tragen. Von den Stiefeln gar nicht zu reden. In dem Toilette-Ensemble stört der schöne Hut bloß.«

Professor Müller sagte: »Ei, mein junger Freund, welch prächtiger Hut! – Aber warum nicht lieber ein gutes Buch? – Dieser Hut kostet doch mindestens acht Kronen. Dafür bekommen Sie schon vier Lieferungen von ›Weltall und Menschheit‹. Illustriert!«

Einer sagte bloß: »Dazu haben Sie Geld.« Er wußte nicht, daß ich auch den Panamahut noch schuldig war.

Endlich kam mein Freund Adolf Loos, der in unserer Stadt als erster Fachmann in Toilettefragen gilt. Er warf einen prüfenden Blick auf meinen Hut und sagte: »Was hat er gekostet.«

»Sechzig Kronen« erwiderte ich stolz.

»Ach so!« sagte Loos. »Dann ists ja gut. Ich fürchtete nämlich schon, Du wärst hereingefallen. Für sechzig Kronen kann er ja nichts wert sein. Ein echter Panamahut kostet mindestens zweihundert Kronen. Du mußt nämlich wissen: Sie werden unter Wasser geflochten...« Er erklärte mir die Prozedur näher.

Aber ein anderer trat herzu und sagte: »Unsinn! Unter Wasser oder ober Wasser, – das ist gleichgültig. Die Hauptsache ist, daß er hübsch ist, und das ist er – das heißt, bis auf die Form. Die ist freilich furchtbar geschmacklos.«

Schon aber mischte sich ein anderer ein und sagte: »Lassen Sie sich nur nichts einreden. Die Form ist sehr gut, – sie paßt nur nicht zu Ihrem Kopf.« Und er fügte nachdenklich hinzu: »Vielleicht... haben Sie überhaupt keinen Kopf für Panamahüte...«

Inzwischen war auch jenes Wesen erschienen, demzuliebe ich mir eigentlich den Panamahut gekauft hatte. Sie sagte: »Ich weiß nicht, was ihr von ihm wollt. Ich finde den Hut einfach reizend. Das Stroh ist fein, die Form ist hübsch, und ich finde auch, daß er ihn ausgezeichnet kleidet. – Nur... eines hab ich dran auszusetzen, aber... das ist meine ganz persönliche Privatsache. Nämlich... Gott, es ist vielleicht eine Marotte von mir... aber ich kann eben Panamahüte nicht leiden!« – – – –

Infolgedessen schenkte ich meinen Panamahut einem befreundeten Droschkengaul, der ihn jetzt mit vielem Stolz als Sonnenschützer trägt. Mir selbst aber kaufte ich um zwei Kronen fünfzig einen Filzhut, dessen

Form und Farbe niemand zu bestimmen vermag. Ich hatte nämlich die Erfahrung gemacht, daß schöne und wertvolle Dinge ein sehr lästiger und störender Besitz sind, weil sie die Kritik der Menschen herausfordern, während man mit schlechten und billigen Sachen das ruhigste Leben von der Welt führen kann.

Und dann taucht plötzlich, wie aus der Versenkung, Danny Gürtler, der Ex-Burgschauspieler mit dem »Rückgrat aus Eisenerz«, im »Lindenkabarett« auf. Noch immer der alte Genius vom Dienst, feuert er engagiert Erich Mühsams berüchtigten »Anarchisterich« in den überfüllten Saal.

Haussuchung bum Anarchisten

KAIN

„aha, hier muss er sein, es riecht nach Schiessbaumwolle!"

Der Anarchisterich

War mal ein Anarchisterich,
der hat den Attentatterich.
Er schmiß mit Bomben um sich rum;
es knallte nur so: bum bum bum.

Einst kam der Anarchisterich
an einen Schloßhof fürstelich,
und unterm Rock verborgen fein,
trug er ein Bombombombelein.

Nach Haus kam Serenissimus,
sprach: Omnia nos wissimus,
und sprach viel weise Worte noch,
daß alles rings nach Weisheit roch.

Jedoch der Anarchisterich
mit seiner Bombe seitwärts schlich,
und schmiß sie Serenissimo
unter den Rockokopopo.

Und rings war alles baß entsetzt.
Durchlaucht hat sich vor Schreck gesetzt,
indes der Anarchisterich
durch eine Seitentür entwich.

Nur einer sprang beherzt herbei,
zu helfen, was zu helfen sei.
Doch sprach enttäuscht er: Höre nur,
's war eine Bomb-onniere nur.

Rings aber lag man auf dem Knie
und heulte, jammerte und schrie
und betete: Du lieber Gott,
schlag doch den Anarchisten tot!

Drum merk dir, Anarchisterich:
Heil dich vom Attentatterich!
Kommst du zum Hofe fürstelich,
geht's fürder dir für-fürchterlich!

Erich Mühsam

156

Vom Tingeltangel zum Stimmungskabarett

Claire Waldoff ist nicht die einzige, der das Kabarett der frühen Jahre den Stimmbruch ins Populäre verdankt. So wie sie, die »dolle Bolle«, als Gelsenkirchener Gastwirtsgöre zum Inbegriff der Berliner Schnauze mit Herz wird, ist auch Berlins über drei Jahrzehnte beliebtester Komiker nicht mit Spreewasser getauft, sondern stammt aus dem Mecklenburgischen. Eines Tages beginnt er die Kaufmannslehre und hängt sie am gleichen Abend wieder an den Nagel. In Berlin gerät er in den Tingeltangel-Trubel. Hier, in den unzähligen Kleinkunst-Kaschemmen, findet die Volksbelustigung des kleinen Mannes statt. Hier wird gerauft und gelacht, getrunken, gesungen und gegafft. Denn auf dem kleinen Podium der rauchgeschwängerten Theaterkneipen sitzen die leichtgeschürzten Mädchen im Halbkreis, die kokett zu den blankgescheuerten Tischen hinüberblinzeln. Und oft genug bleibt es dabei nicht. Die Sängerinnen arbeiten gegen Korkengeld, sind am Getränkeumsatz beteiligt, es gibt Damenringkämpfe und Zauberkünstler, Klamottenkomiker im abgewetzten Frack, Gesichtsverrenker, zu klein, zu dick oder zu lang geratene Menschendarsteller, Tierdressuren und viel Frou-Frou. Es gibt nichts, was es nicht gibt. Wenn der Musiker mit der Bierklingel auf dem verstimmten Klavier, mit oder ohne Kapellenbegleitung, in die Tasten haut, grölt die angemachte Menge mit: »Im Grunewald, im Grunewald ist Holzauktion« und das Lied vom verschwundenen kleinen Cohn.

Der Tingeltangel-Begriff soll auf einen Berliner Gesangskomiker zurückgehen, der Karl Tange hieß und in seiner Singspielhalle »Triangel« allabendlich das »Triangellied« zum besten gab. Seine Gäste nannten ihn »Triangel-Tangel«, der Volksmund schliff sich den Spitznamen zum Tingeltangel zurecht. Andere Versionen berichten von einem Schausteller namens Gotthold Tangel, der nach jeder Nummer »tingeln«, abkassieren ging. Frank Wedekind hat sich sehr früh für das neue Wort erwärmt. Schon 1897 angelt er sich folgende Reime für sein »Tingel-Tangel«-Lied:

Trauert nicht, ihr Völkerscharen,
Ob der schweren Zeit der Not.
Packt das Leben bei den Haaren.
Morgen ist schon mancher tot.

Fürchte nichts, mein süßer Schlingel;
In der schweren Not der Zeit
Freut der Mensch sich nur im Tingel-
Tangel seiner Menschlichkeit.

Saht ihr einen süßren Engel
Je zu eurem Zeitvertreib,

Otto Reutter

158

Als ein hübsches Tangel-Tengel-
Tingel-Tongel-Tungel-Weib?

Otto Pfützenreuter aus Mecklenburg schaut sich um, in was er da hineingeraten ist. Als Kulissenschieber am American-Theater lernt er ein Berliner Original kennen: den Volkskomiker Martin Bendix; der hat die »Holzauktion« unter die Leute gebracht. Otto guckt sich von ihm das Couplet-Handwerk ab. Reimt sich zusammen, was ihm an seiner Umgebung auffällt:

Tanzt eine Tänz'rin gut, so geh
Sie zum Theater-Varieté.
Taugt ihr Talent zum Männer-Angeln,
Dann tanze sie in Tingeltangeln.

In den »Tingeltangeln« geht es trivial zu. Die Salonkomiker kalauern, daß sich die Biertische biegen. Bendix, der »Ur-Komische«, hält mit: »Haben Sie schon heiße Länder kennengelernt? – Ne? Na, die Knobländer!« Oder er spricht davon, daß er sich sein Kulturgut zurechtlegen will; Goethes, Schillers, Lessings, Heines Werke hat er schon, nur die Eiswerke fehlen ihm noch. Wenn es zu sehr aufs Schlimme geht, sagt er: »Jefellt Ihnen nich? – Na jut, denn nehm ick's zurück!« Und Bendix parodiert. Statt »Rosen blühen auf dem Heidegrab« besingt er die »Hosen auf dem Mühlendamm«. Im »Damentrompeterchor von Säckingen« heißt es:

Das ist im Leben häßlich eingerichtet,
Daß bei den Rosen gleich die Dornen stehn,
Und was das arme Herz auch sehnt und dichtet,
Zum Schluß kommt doch das Voneinandergehn.
In deinen Augen hab ich einst gelesen,
Es blitzte drin von Lieb' und Glück ein Schein.
Behüt dich Gott, es wär so schön gewesen.
Behüt dich Gott, es hat nicht sollen sein!

Und die Damenriege watschelt dazu im Gänsemarsch. Otto Pfützenreuter versucht es auf seine Weise. Er kommt zu einem anderen Schluß:

Das ist im Leben häßlich eingerichtet,
Daß bei den Noten darf der Zensor stehn.
Ach, das, was ich ersonnen und erdichtet,
Muß ich am Ende »frisch gestrichen« sehn.
Die besten Witze könnte man hier lesen –
Jedoch der Rotstift strich sie kurz und klein.
Behüt dich Gott, es wär so schön gewesen,
Behüt dich Gott, es hat nicht sollen sein!

Otto Reutter ist der bedeutendste Humorist!

Seine brillanten, unübertrefflichen Original-Vorträge erringen stets ungeteilten Beifall. Die nachstehenden Nummern sind: **Neuheiten!**

No.		Preis
187.	Der Hirschfeld kommt. Original-Couplet	1.50
188.	Wo haste dein Wehwehchen? Original-Couplet .	1.50
189.	Das dank' ich dir, mein teures Vaterland! Orig.-Couplet	1.50
190.	Ich bin ein Optimiste. Original-Couplet	1.50
191.	Nu grade nich! Original-Couplet	1.50
192.	Ach, machen Sie das noch einmal! Orig.-Couplet	1.50
193.	Streik-Couplet. Original-Vortrag	1.50
194.	Immer weiter, immer weiter! Original-Vortrag .	1.50
195.	Herr „Block" aus dem Reichstage. Original-Gesangs-Potpourri	3.—
196.	So ändern sich die Zeiten! Original-Couplet . .	1.50
197.	Hab'n Sie 'ne Ahnung von Berlin! Original-Couplet . . . . . . (Neue, veränderte Ausgabe.)	1.50
198.	Ännecken und Männecken. Original-Couplet	1.50
199.	Die kleine Handbewegung. (Oft kann 'ne kleine Handbewegung von ungeahnter Wirkung sein.) Original-Vortrag	1.50
200.	Im lenkbaren Luftballon. Soloscene mit Gesang	2.—

Welche Bedeutung Meister Otto Reutters Vorträge haben und in welch hoher Gunst er mit seinen Werken steht, beweist die Tatsache, dass er zur Geburtstagsfeier des Kronprinzen Wilhelm von Preussen Einladung erhielt. Auf besonderen Wunsch der hohen Herrschaften musste Reutter u. a. seine Couplets No. 190, 194 und 195 vortragen: Damit entfesselte der gefeierte Künstler grosse Heiterkeit und erntete neben lebhaftem Beifall eine kostbare Busennadel vom Kronprinzen.

Von den älteren bekannten erfolgreichen Nummern seien hier in Erinnerung gebracht:

No.		Preis
72.	Sie komm'n mir so bekannt vor! . .	1.20
73.	Ja, die Natur, die lässt sich nichts befehlen!	1.20
77.	Neue Schnadahüpferl!	1.20
78.	Das ist doch 'mal 'was anderes! . . .	1.20
79.	Das geht über meine Kraft!	1.20
80.	Wie sie kommen, werden sie genommen!	1.20
82.	Das geschieht jedes Jahr um die nämliche Zeit!	1.20
83.	Postkarten mit Ansicht!	1.20
84.	Ach wie fein wird's in 100 Jahren sein!	1.20
89.	Lieschen möchte gerne freien! . . .	1.20
90.	's ist alles nur Komödie auf der Welt!	1.20
94.	Das kommt so genau nicht drauf an!	1.20
95.	Wie die kleinen Kinder	1.20
96.	Die Menschen sind kuriose Leute . .	1.20
98.	Ich bin ein lust'ger Humorist! . . .	1.20
106.	Du bist doch sonst nicht so! . . .	1.20
107.	Siehste wohl, das kommt davon! . .	1.20
108.	Das ist doch ein Sparen am unrechten Fleck	1.20

Otto Reutter-Band
(Band I.)

38 ausgewählte Couplets und Vorträge in einem stattlichen Bande. Preis Mk. 1.—.

Vollständiges Verzeichnis über alle erschienenen Otto Reutter-Vorträge (Nr. 1 bis 200) steht Interessenten kostenlos zur Verfügung.

160

Ein Kabarettist? Der Direktor, dem er Proben seiner Reimkunst auf den Tisch legt, streicht ihm erst mal was: die Pfütze. Dafür bekommt er ein t geschenkt. Bald wird der neue Name zum Begriff – Otto Reutter. Er schreibt sich seine Couplets selber, den Stoff dazu findet er im Alltag der wilhelminischen Ära, in seiner Umgebung. Die Musik ist einfach, sie lädt zum Mitsummen ein. Oft hat so ein Couplet zwanzig und mehr Strophen, und jede von ihnen ist auf die kabarettistische Pointe hin geschrieben. Und Schriftdeutsch kennt er nicht. Er weiß, daß eine Schreibe keine Rede ist. Er bringt gleich Vortragsfertiges zu Papier, man muß seine Texte mit den Ohren lesen. Wie seinen ersten, großen Hit, den »Onkel Fritz aus Neu-Ruppin«. 1898, kurz nach Reutters Debüt im Apollo-Theater, kennt ihn bereits ganz Berlin:

Ich habe einen Onkel, der wohnt in Neu-Ruppin.
Der war nie in seinem Leben noch niemals in Berlin.
Drum schrieb ich ihm: »s'ist ganz egal,
Du kommst jetzt und besuchst mich mal.«
Da fuhr der gute Alte hinaus aus Neu-Ruppin.
Nun sah mein lieber Onkel Fritz zum erstenmal Berlin.

Er ging durch alle Straßen und sah sich alles an.
Er blieb auch manchmal stehen, da kam ein Schutzmann ran.
Der sagte: »Bleib'n Sie hier nicht stehn,
Sie müssen auseinandergehn!«
Da sprach mein lieber Onkel: »s'herrscht Ordnung in Berlin.
Wir machen auf der Straße was wir woll'n in Neu-Ruppin.«

Nun ging mein lieber Onkel zur Siegesallee hinaus.
Da ward ihm etwas übel, drum spuckte er mal aus.
Ein Schutzmann sprach: »Ich hab geguckt,
Sie hab'n ein Denkmal angespuckt!«
»Ich konnt ja gar nicht anders«, hat der Onkel da geschrien,
»Denn wo der Mensch auch hinspuckt, steht'n Denkmal in Berlin.«

Ein Jahr später tritt er zum erstenmal im berühmten »Wintergarten« auf, das ist der Beginn einer Auftrittsserie, die sich über drei Jahrzehnte erstreckt. Kassenmagnet Reutter, der zu Anfang seiner Blitzkarriere 6000 Mark Monatsgage bekommt, läßt sich am Gewinn beteiligen und steigert sie bald auf 20000 Goldmark. Er ist der unumstrittene Star der deutschen Varietébühnen.

Von dort aus führt er manchen Seitenhieb gegen das spießige Muckertum, den beflissenen Kleinbürger, die doppelzüngige Moral. Ein Hauch von Bierdunst und Wohnküche schwingt in den Couplet-Strophen mit, die seine Lebensphilosophie enthalten: Freut euch des Lebens so lange es noch geht, es ist so schnell vorbei. Optimismus in schneller Zeit, Lebenshilfe für den Freund der einfachen Wahrheiten. Die Themen seiner Lieder liegen auf der Straße, er braucht sich nur zu bücken. Er schaut sich um, nimmt wahr, was um ihn herum geschieht, und macht

Onkel Fritz aus Neu-Ruppin
Original-Couplet
OTTO REUTTER.

Der Räuberhauptmann von Köpenick

Ihr Leute höret die Geschicht',
Die ich aus Köpenick bericht',
Sehr kluge Leute wohn'n darin,
Denn Köpenick liegt bei Berlin.
Was dort vor kurzem ist gescheh'n,
Das hat die Welt noch nicht gesehn.
Was rennt das Volk, was wälzt sich dort
Die langen Gassen brausend fort?
Voran die Grenadiere.
Des Königs Grenadiere,
Auf jeder Seite viere
Und der Gefreite vorn.

Ja, zeigt sich wo ein blanker Knopp,
Nickt man vor Ehrfurcht mit dem Kopp.
Das Köppenicken, das bringt Glück.
Daher der Name Köpenick . . .
Die Grenadiere stellten sich
Vor's Rathaus – es war färchterlich –
Die Leute standen auf dem Damm –
Die Grenadiere standen stramm.
Dann kam der Herre Hauptmann,
Der Hauptmann, der Hauptmann.
Ja, was der sagt, das glaubt man.
»Der Hauptmann hat's gesagt!«

Der Hauptmann zog in's Rathaus ein,
Und dort gehorcht ihm groß und klein.
Die Polizei von Köpenick
Hielt selbst das Publikum zurück.
Der Hauptmann zählt den ganzen Kitt.
Er nahm sogar die Pfenn'ge mit.
Doch vorher wurde der Rendant
Zur neuen Wache hingesandt –
Und dann der Bürgermeister,
Der Meister, der Meister –
Der klügste aller Geister,
Ein kluger Langerhans.

was draus. Otto Reutter ist der kleine Mann, der sich nur wundern kann: »Ick wundere mir über jarnischt mehr!« Er verfaßt ein Streik-Couplet, äußert sich über die Sittlichkeitsfanatiker der Lex Heinze, gibt den Deutschen den wohlgemeinten Rat: »Nicht so laut!«, und er legt sich mit der Obrigkeit an, wo immer es geht. Mit der Zensur führt er über Jahre einen zähen Kampf, und das Ende vom Lied ist dann meistens ein neues Couplet. Im »Ordensspender« zieht er gegen den wilhelminischen Muff zu Felde, er besingt »Die echte deutsche Gründlichkeit«, und sein »General-Kunstmarschall« geißelt die Borniertheit der Militärs und den kaiserlichen Geschmack, der nur zwischen »Hehrem« und »Rinnsteinkunst« zu unterscheiden weiß: »Malt doch mich einmal«, heißt es da, »Zivil zu malen ist nicht schwer – die Kunst beginnt beim Militär!«

Die Zeit klingt mit in all diesen volkstümlichen Versen, die jeder versteht; oft genug wird Zeitsatire daraus, Kabarett at it's best; erdacht, notiert und vorgetragen von einem Künstler, der nie ein Kabarett betreten hat. Als im Oktober 1906 der Schuster Wilhelm Voigt in einer beim Trödler erstandenen Hauptmannsuniform zehn Soldaten auf sein Kommando hören läßt und die Stadtkasse im Rathaus Köpenick beschlagnahmt, ist Reutter dabei. Mit seiner »aktuellen Schauerballade«, die noch dazu eine Liliencron-Verlade ist.

In wenigen Jahren ist Reutter so populär, daß ihm auch trotz solcher Verse allerhöchste Ehrungen zuteil werden. In großformatigen Anzeigen wirbt sein Musikverlag mit derlei Anerkennung: *Welche Bedeutung Meister Otto Reutters Vorträge haben und in welch hoher Gunst er mit seinen Werken steht, beweist die Tatsache, daß er zur Geburtstagsfeier des Kronprinzen Wilhelm von Preußen Einladung erhielt. Auf besonderen Wunsch der hohen Herrschaften mußte Reutter u. a. seine Couplets Nr. 190, 194 und 195 vortragen. Damit entfesselte der gefeierte Künstler große Heiterkeit und erntete neben lebhaftem Beifall eine kostbare Busennadel vom Kronprinzen.* Begleitet wurde der Meister bei dieser Gelegenheit von Paul Lincke, der im nachtblauen Frack erschienen war und, wie gewöhnlich, in Glacés spielen wollte. Reutter unterbrach nach einer Strophe und rief dem Mann am Klavier zu: »Paule, zieh die Handschuh aus!« S. M. hielt das für eine Pointe und klatschte Beifall. Otto Reutter kommt auch mit solchen Ehrungen zurecht. Er setzt sich hin und reimt:

Wenn du einen Orden willst,
mußt du dich hübsch bücken.
Was du auf die Brust bekommst,
verdienst du mit dem Rücken.

Auch für den Erfolg hat er eine plausible Erklärung. Nach den ersten zehn Jahren »Wintergarten« zieht er Bilanz:

Singe nichts Gemütvolles – und auch nichts Geistreiches. Das liebt man nicht. Gehe auch dem echten Humor möglichst aus dem Wege und halte es mit der platten Komik. Die Leute wollen lachen, nicht lächeln. Siehst du, ich könnte vielleicht auch Couplets schreiben, die weniger auf der Oberfläche schwimmen; aber die Mehrzahl des Publikums mag das nicht. Darum unterlasse ich es. Ich glaube, meine besten Couplets sind die, die ich nicht geschrieben habe. – Suche daher vor allem einen recht großen Lacherfolg zu erzielen und sei nicht zaghaft in der Auswahl deiner Mittel. Siehst du, ich hänge jetzt jeden Abend am Schluß meiner Vorträge, zum Zeichen, daß ich nichts mehr singen mag und bereits umgezogen bin, meine schwarzen Hosen aus der linken Kulisse – und die Leute lachen darüber mehr als bei meinen sämtlichen Vorträgen. Ich wollte diesen grandiosen Witz bereits vor Jahren machen, aber man braucht dazu zwei Hosen, und die hatte ich früher nicht.

Auch das Kabarett der frühen Jahre war auf das zweite Paar Hosen aus. Egal, woher.

Als alles nun geschehen dort
Und als der Hauptmann lange fort,
Da wurde erst den Leuten klar,
Daß er ein Räuber-Hauptmann war.
Jetzt sucht man, wo der Schwindler steckt.
Die Mütze hat man schon entdeckt.
Den Säbel bracht' man auch herbei,
Die Hose fand die Polizei:
Jetzt hab'n sie auch den Hauptmann,
Den Hauptmann, den Hauptmann,
Den großen Räuber-Hauptmann
Aus Köp'nick bei Berlin.

Und die Moral von der Geschicht':
Die Hauptsach' ist der Hauptmann nicht.
Die Uniform verschafft Respekt,
Ganz gleich, wer auch darinnen steckt.
Wo eine Uniform sich zeigt,
Da wird man ängstlich, und man schweigt,
Da wird nur noch »Hurrah!« geschrie'n.
Ja, eine solche Disziplin,
Die hab'n wir nur in Preußen,
In Preußen, in Preußen,
Wenn alle Stränge reißen –
Stramm hält die Disziplin!

Otto Reutter

Hallo – die große Revue!

Als am 18. Januar 1901 in der Berliner Alexanderstraße der Start-schuß gegeben wird, durch den die gewaltige Überbrettelei in Gang gesetzt wird, glauben die Literaten um Ernst von Wolzogen zu wissen, wohin der Zug der Zeit abfährt. Bierbaum spricht von den »Varieténer-ven« der Stadtmenschen, und Richard Dehmel schreibt an seinen Freund Liliencron: »Vorläufig jedenfalls ist gegen diese Tändelkunst kein Kraut gewachsen, das Publikum hat die Varietémanie . . .« In der Tat: das Publikum verlangt zu Beginn des neuen Jahrhunderts mehr und mehr nach leichter Kost. Victor Ottmann, ein Beobachter der Szene, schreibt: *Wer vom frühen Morgen bis zum späten Abend Kopf und Hand anzustrengen hat, der besitzt abends weder Sammlung noch Aufnahmefä-higkeit für solche geistigen Genüsse, die eine straffe Konzentration verlan-gen. Der gequälte Geist drängt nach Abspannung und der leichtesten Form der Zerstreuung; es ist deshalb wirklich kein Wunder, wenn im Theater die seichten Schwänke den meisten Zulauf finden und wenn der große Haufen lieber die Varietés aufsucht, die ihm eine erstaunliche Menge von Produktionen zu einem viel billigeren Preise liefern, als die Theatervorstellung kostet, und ihm außerdem noch behagliches Sitzen an Tischen und den von uns Deutschen anscheinend unentbehrlichen Genuß von Bier und Tabak gestattet.*

Ins Kleinkunstgewerbe ist Bewegung geraten. Aber den Reibach machen nicht die ambitionierten Brettl-Barone, sondern die kleveren, alten Theaterhasen: Richard Schultz zum Beispiel, der, angespornt von den Erfolgen des »Apollo« und des »Wintergarten«, nun das »Metropol-Theater« an der Behrenstraße zu einem gigantischen Kleinkunst-gewerbe-Zentrum ausbauen läßt. Mit Klingklanggloribusch-Getändel hält er sich nicht auf. Er will den ganz großen Wurf. Jahr für Jahr gehen jetzt die großen Metropol-Ausstattungsrevuen über die Bühne, die alles in den Schatten stellen, was es bisher auf diesem Gebiet gegeben hat. Die sogenannten »Jahresrevuen« – eine Art kabarettistische Zwölfmo-

Das Metropol

natsbilanz mit Stars, Pomp, Prunk, Girls und Gloria – werden zum großen Renner. Sie kommen im Schnitt pro Inszenierung auf 300 Vorstellungen, und das über ein ganzes Jahrzehnt. Es beginnt 1903 mit einer »großen satyrisch-parodistischen Revue in fünf Bildern« und dem anreißerischen Titel »Neuestes!! Allerneuestes!!« Das Buch stammt von Julius Freund, dem kabarettversierten Theaterautor, die Musik ist von Victor Hollaender, der bereits fürs »Überbrettl« komponiert hatte. Da wird gleich zu Beginn die von Kabaretts wie Ulk-Blättern vielzitierte Witz-Figur des Duodezfürsten eingeführt, die nach dreifachem »Hurrah« zu folgendem Solo ansetzt:

Man kennt mich aus dem Simplizissimus –
Ich bin der sel'ge Serenissimus,
Das Urbild eines Herrschers comme il faut,
Fast jedes Wort von mir ist ein bon mot!
In allem – Politik und Kunst und Wissen –
Fühl ich mich landesväterlich beflissen,
Als Fingerzeig fürs öffentliche Leben
Ein wohlbedachtes Wort dazu zu geben . . .
In diesem Drama sicher sehen Sie
In nie geahnter fleckenloser Blüte
Den Herrschersinn, die echte Fürstengüte.
Ich gehe mit Beruhigung hinein,
Denn dieses Stück muß äußerst vornehm sein.
Was, Kindermann? Klappt alles hübsch zusamm',
Dann senden wir dem Autor Telegramm.
Somit betret' ich des Theaters Stufen,
Das Publikum darf nochmal Hurra rufen!

Und das tun sie dann auch. Und mehr: Die Musik der Gardekürassiere kommt, zu Pferde begleitet, und in der Bühnenmitte nimmt die Fahnenkompanie Aufstellung. Während des Aufmarsches singt der »allgemeine Chor«:

Jedem, der im Felde sein Panier
Verteidigt hat mit Blut und Leben,
Dem drücken brüderlich die Hände wir
In treuer Freundschaft hingegeben!
Unsre Fahnen wehen immerdar
Wir schützen kühn mit blanker Wehre
Und sterben gern zur Stunde der Gefahr
Für Deutschlands Macht und Deutschlands Ehre!

Texter Freund ist, so scheint es, seiner Zeit um ein ganzes Jahrzehnt voraus, noch liegen elf lange Friedensjahre vor Kaiser, Volk und Vaterland. Was hier »satyrisch« aufgespießt, was parodistisch abgehandelt

werden soll, bleibt bei so viel strammer Gesinnung im Dunkel: Die hohen Militärs, die Herrschaften von Hofe und die feinen Reichen im teuren Langen zeigen sich amüsiert und klatschen begeistert Beifall. Die Jahresrevuen werden zu einem Sensationserfolg, zu einem Magnet für den Fremdenverkehr: »Kaiser jesehn – Metropol aufgesucht«, das ist das Aha-Erlebnis, von dem der Berlin-Besucher noch jahrelang in der Provinz zehren kann. Wer ins »Metropol« kommt, wird außerdem rundum über alles informiert, was zur Zeit »aktuell« ist, die Revue ist ein einziges, ins farbenprächtige Bühnenlicht gerücktes Witzblatt: Da wird die Berliner Bauwut glossiert, die Damenmode durch den Kakao gezogen, über die Droschkenpreise gelästert, die Grunewald-Bebauung bespöttelt, da werden Stars und Sternchen auf die Schippe genommen.

Zum Beispiel wird wie wild beklatscht, wenn Wolzogen zum »Five o'clock« bei Sarah Bernhardt erscheint und als Vater des Vorüberbrettl angesprochen wird, oder wenn Serenissimus auf das Stichwort »Kurzschluß« antwortet: »Ich glaube, mit dem ganzen Überbrettl wird bald kurz Schluß gemacht.« Die Texte, die mit gängiger Unterhaltungsmusikware unterlegt sind, arbeiten mit kabarettistischen Mitteln Zeitereignisse auf, stellen aktuelle Bezüge her; Zeitsatire entsteht dabei kaum.

Vor Journalisten hat Julius Freund, der Vielschreiber und Schnelldichter dieser aktuellen Schaubude, einmal ausgeplaudert, nach welchem Schema F die Revuen zusammengenietet werden: *Nachdem in eingehenden Konferenzen zwischen Autor und Direktor festgestellt worden ist, welche Ereignisse und Figuren des abgelaufenen Jahres noch genug im Gedächtnis haften, damit sie auch noch nach dem halben Jahr, das bis zur Erstaufführung verstreicht, verständlich und interessant sind, wird versucht, Personen und Vorgänge in zusammengehörige Gruppen zu gliedern und Milieus zu finden, die geeignet scheinen, den Rahmen zu bilden. Während sich der Autor in die stille Schreibstube vergräbt, verwandeln sich die Büros in eine Art Bildergalerie, sammeln sich Hunderte von bunten Figurinen. Überall stehen kleine Puppenbühnen, auf denen die Dekorationen aufgebaut sind. Wenn die Arbeit des Autors und des Direktors so weit vorgeschritten ist, daß die Form des Abends als festgelegt gelten kann, kommt als dritter der Komponist hinzu.*

Nichtsdestotrotz, oder vielleicht gerade deshalb: die Metropolrevuen werden ein Supergeschäft. Und Direktor Schultz hat riesige Summen zur Verfügung. Pro Inszenierung stehen ihm 200 000 Goldmark zur Verfügung, das sind siebenmal mehr als die Königliche Oper im Etat hat. Auch die Gagen sind fürstlich: Schultz hat ein Jahreseinkommen von 50 000 Mark plus 1 000 Mark Repräsentationskosten sowie schließlich eine 15prozentige Beteiligung am Reingewinn im Vertrag.

Und er arbeitet mit allen Mitteln. Eine Stunde nach Vorstellungsbeginn haben Damen des Gunstgewerbes gegen eine Schutzgebühr von nur einer Mark freien Eintritt und die Möglichkeit, während der Kontaktgespräche im ersten Rang den Sektumsatz zu steigern. Die Eintrittskarten werden von der Direktion künstlich knapp kontingentiert, um sie auf dem schwarzen Markt teurer verhökern zu können. Und dann kommen die großen Stars, die für volle Häuser sorgen: Fritzi Massary, ab 1904 Jahr für Jahr dabei, die kapriziöse Kokotte, der Inbegriff des Luxusweibchens. Die Damen der Gesellschaft hängen ihr an den Lippen, wenn sie singt, und die Herren liegen ihr derweil zu Füßen. Wenn die Massary mal für einen guten, wohltätigen Zweck auftritt, fliegen die prall gefüllten Brieftaschen auf die Bühne.

Aus Wien wird Josef Giampietro engagiert, ein Garde-Typ, wie er im »Simplicissimus«-Buche steht: mit Monokel und Stöckchen, die schnarrende Knallcharge mit dem versnobten Etwas. Und schließlich Guido Thielscher, der kurze, kauzige Krawallkomiker, der auch den letzten Besucher vom Sessel reißt.

Im tollen Jahr 1904 gibt es nach den neuesten, allerneuesten Revuefiguren Wolzogen, Sarah Bernhardt, Oscar Straus, Goethe, Schiller und Heine wieder einen Zeitgenossen auf der »weltstadtmäßig ausgestatteten« Metropol-Bühne. Es ist diesmal Reichstags-Sozi August Bebel. Sein Auftritt erfolgt im karierten Abgeordneten-Look:

Ich bin der Bebel, der Bebel, der Bebel,
August der Erste, der König vom Proletariat!
– Die Freiheit jedem Menschen garantier' ich,
Doch wer nicht will wie ich, den massakrier' ich!

So geht das Schlag auf Schlag, Jahr für Jahr. Den Titeln ist eins gemeinsam: Das Ausrufezeichen. Da heißt es 1904 »Ein tolles Jahr!«, 1905 »Auf ins Metropol!«, 1906 »Der Teufel lacht dazu!« Wie das da mit dem Teufel zugeht, veranschaulicht der Bericht eines Zeitzeugen. Da heißt es: *Eines von den Ereignissen, die man in Berlin mitmachen muß. Eine von den Sensationen, über die man in jedem Salon sprechen muß. Was Wunder, daß um die Karten zur Premiere schon Wochen vorher ein stiller, aber um so erbitterter Kampf ausgefochten wird. Es ist wie ein Ringen an der Börse, die Karten steigen und fallen im Kurs, der in den letzten Stunden, bevor der Vorhang sich hebt, schwindelerregend in die Höhe geschraubt wird. Hundert Mark ist kein zu geringer Preis für einen Fauteuil. Er wurde bei der letzten Premiere mehr als einmal bezahlt.*

Nun beginnt der Spektakel. Automobile, Privat-Equipagen etc. drängen sich in fast unabsehbarer Reihe vor das Tor. Heraus steigt, was Berlin an Eleganz und Schönheit besitzt. Eine Premiere in der Großen Oper oder eine Burgtheater-Premiere sind Arme-Leute-Bälle dagegen.

Das erste Bild: Die Hölle, eine lustige, urfidele Hölle mit Teufelinnen in verdammt lüsternen Seidentrikots, eine Hölle, in der unaufhörlich gesungen, getanzt und gewitzelt wird. Man erfährt auch gleich, um was es sich handelt. Seine höllische Majestät, die den Ehrentitel ›Ihre Pestilenz‹ führt, hat eine große Audienz gegeben für alle Sünden-Gesandtinnen, die der Teufel in den großen Städten unterhält. Die Sünde von Berlin machte ihre Reverenz. Er ist mit ihren Leistungen nicht zufrieden. In Berlin wird ihm

Josef Giampietro als Teufel

Fritzi Massary

nicht genug gesündigt. Satan beschließt, in höchst eigener Person nach dem Rechten zu sehen und selbst nach Berlin zu fahren.

Nun sehen wir im zweiten Bild Satan mit der Sünde von Berlin auf seiner Teufelsfahrt. Aus dem rauchenden Vesuv heraus schießt weit in die Höhe das rote Automobil und rollt dann den Abhang hinunter. Die im Parkett folgen mit Staunen diesem wunderbaren Kinematographen-Kunststückchen. Unter Hussa und Hallo geht die Jagd weiter, bis sie vor dem Passage-Eingang in der Friedrichstraße in Berlin ihr Ende erreicht.

Das fünfte Bild ist des jungen Hohenzollern Bilderbuch genannt. Da sieht man zunächst ein sehr gut gestelltes Bild nach dem Wernerschen Gemälde: Die Kaiserproklamation in Versailles, das natürlich, wie üblich, große Beifallssalven auslöste. Diese Abteilung ist überhaupt dem patriotischen Gefühl gewidmet. In historischen Uniformen ziehen die alten preußischen Regimenter zum Großen Zapfenstreich auf, mit kriegerischen Trommeln und Fanfaren, eine hübsche Parade, die mancher einer wirklichen auf dem Tempelhofer Felde vorziehen wird. Denn was hier paradiert, sind die tadellosen Beine des weiblichen Chorpersonals.

Im sechsten Bild macht der Teufel einen Sprung auf das Gebiet der auswärtigen Politik. Die Marokko-Konferenz ist es, über die er sich lustig macht. Dabei kriegen auch die anderen Mächte ihren Klaps ab, nur Österreich wird für seine Sekundantendienste belohnt. Zum Schlusse folgt dann das übliche Ballett.

Man hat allen Grund dankbar zu sein, denn es wird des Schönen in Hülle und Fülle gegeben. Das kann man ruhig sagen, daß mit diesem neuesten Stück des Metropol-Theaters nicht nur der Teufel, sondern auch der Kassierer lachen wird!

In das Gelächter der beiden stimmt ein ganzer Chor mit ein. Außer Direktor Schultz, dem lachenden Dritten, haben auch die Stars des Ensembles Anlaß zu guter Miene. Fritzi Massary, die bald so populär ist, daß man eine Zigarettenmarke nach ihr benennt, kommt im Jahre 1909 auf eine Gage von 24 000 Goldmark, Josef Giampietro ist mit 35 000 Mark dabei, und Guido Thielscher sahnt mit sage und schreibe 40 000 Mark das Spitzenhonorar ab.

1907 heißt die Devise »Das muß man sehen!« Es ist klar, warum. Ein Jahr später steigt Victor Hollaender als Komponist aus, nun schreibt Julius Freund die Jahresrevue mit Paul Lincke. »Donnerwetter – tadellos!« ist der Titel, er lehnt sich an eine ständige Redensart Seiner Majestät persönlich an. Der Kaiser nimmt es gelassen hin, auch wenn er seinem erwachsenen Sohn, dem Kronprinz, vier Wochen Stubenarrest aufgebrummt haben soll, weil dieser ohne Wilhelms Genehmigung im Metropol aufgetaucht ist. Der Titelsong dieser Revue wird zum Schlager aller Metropol-Schlager überhaupt. Josef Giampietro, die »Jardefijur« in Person, hat ihn mit preußisch-prononcierter Knappheit über die Rampe gebracht:

Garde meist sehr exklusiv,
Von feudalem Geist,
Sieht auf Bürgerpack nur schief,
Weil der Grundsatz heißt:
»Adelsprädikat bezweckt,
Daß kein Plebs uns naht,
Völlig wertlos so'n Subjekt
Ohne Prädikat!«

Besteigen wir keck die Schabracken,
Da geben wir allen was vor –
Man kennt die Manöverattacken
Der Jungens vom Garde du Corps!
Donnerwetter, Donnerwetter, wir sind Kerle!
Bei Kritik sagt Majestät: Famos, famos!
Donnerwetter, jeder einzelne 'ne Perle!
Also wirklich: Donnerwetter, tadellos!

Hoppegarten! Die Armee!
Kurzes Stoßgebet –
Weil für Ruhm und Portemonnaie
Viel am Spiele steht!
Nervige Hand den Gaul verhält –
Leistung kolossal!
Bis das ganze andere Feld
Ausgepumpt total!

Dann geben wir plötzlich die Hacken
Und gehn wie der Wirbelwind vor –
Man kennt die Rennplatzattacken
Der Jungens vom Garde du Corps!
Donnerwetter, Donnerwetter, wir sind Kerle!
Holen uns im Sattel Renommee und Moos!
Donnerwetter, jeder einzelne 'ne Perle!
Also wirklich: Donnerwetter, tadellos!

In der schneid'gen Uniform
Knappheit prononciert!
In der Haltung, in der Form
Schlappheit zart markiert!
Schultern etwas vorgehängt,
Ein Parfum am Leib,
Das pikant zusammendrängt
Stall und Sekt und Weib!

Der Teufel sitzt uns im Nacken,
Die Weiber leihn uns ihr Ohr –
Man kennt die Liebesattacken
Der Jungens vom Garde du Corps!
Donnerwetter, Donnerwetter, wir sind Kerle!
Frauenandrang manchmal geradezu grandios!
Donnerwetter, jeder einzelne 'ne Perle!
Also wirklich: Donnerwetter, tadellos!

Wie immer das nun gemeint war, als bissige Satire auf die versnobte kaiserliche Militärclique mit ihrem überheblich-dümmlichen Säbelgerassel oder doch wohl eher als heimlich-bewundernde Hommage an die Thronstütze der Kaiserkrone, die »herrliche Zeiten« verhieß – jeder konnte sich das heraussuchen, was ihm lieb und teuer war: »Kabarett« total. Erwünschte, weil systemerhaltende Kritik, »Dynamit in Watte«, wie Karl Kraus das nennt. Wilhelm II. zeigt wenig Vertrauen in die Moral der Truppe: Er verbietet kurzerhand seinem Offizierskorps, die Revue zu besuchen; eine Maßnahme, die für das »Metropol« den gleichen Werbeffekt hat wie ein Hohenzollern-Dankschreiben.

Josef Giampietro

170

Die Titel der folgenden Metropolrevuen bleiben, was sie sind, und sie halten was sie versprechen: »Die oberen Zehntausend«, »Hallo, die große Revue!«, »Hurra! Wir leben noch!«, »Hoheit amüsiert sich«, »Die Nacht von Berlin«, »Chauffeur! Ins Metropol!«

Nach Paul Lincke und »Chat noir«-Chef Rudolf Nelson hat auch Jean Gilbert inzwischen bei der Metropol-Direktion Musik-Noten gegen Bank-Noten gewechselt. Gilbert sagt man auf diesem Gebiet besondere Fähigkeiten nach. Im Verlauf eines Tantiemen-Prozesses, in dem über Prozente gestritten wird, kommt zur Sprache, daß der »Kinokönigin«- und »Puppchen-du-bist-mein-Augenstern«-Komponist in wenigen Jahren zum Millionär wurde und in der Zeit seines Aufstiegs allein 60 000 Mark dafür aufgewendet hatte, um die Presse bei Laune zu halten. Und in der Tat gibt es unzählige Jubelkritiken über Gilbert-Werke aus diesen Jahren...

Hoheit amüsiert sich: Wilhelm II.

Die Unterhaltung ist als Warenprodukt entdeckt worden, und verhökert wird es nach dem Prinzip von Angebot und Nachfrage. Auch Texter, die wie Julius Freund den kabarettistischen Gestus zum reinen kunstgewerblichen Handwerk zweckentfremden und die Pointe nach den Gesetzen des harten Musikgeschäfts dem Schlagerfreund als zuckriges Bonbon ans Verbraucherhemd kleben, sind nur noch auf Umsatzsteigerungsraten aus. Die Stargagen schnellen im Zuge der Konjunktur in die Höhe. Als Josef Giampietro, der 1913 in Gilberts »Kinokönigin« als stotternder Filmregisseur noch einmal Wiener Chuzpe mit preußischem Kasinoton auf einen publikumswirksamen Nenner gebracht hatte, am 29. Dezember des gleichen Jahres tot in seinem Bett aufgefunden wird, liegt der gefeierte Metropol-Mime unter einem Schild mit der Aufschrift »40 000!« Es ist die Höhe seiner Jahresgage. Der an Depressionen leidende Giampietro hatte offensichtlich ohne Erfolg versucht, die dunklen Mächte mit der magischen Zahl zu bannen.

Zwischen Hurrah- und Todestaumel

Die Operetten-Einsicht, daß Geld allein nicht glücklich macht, vermag Siegfried Jacobsohn, den renommierten Publizisten, nicht zu trösten. Er wettert seit Jahren gegen dieses »ganze Theater«, dessen »einziger Zweck es ist, ein denkfaules Publikum über einen Abend hinwegzubringen.« Zu wessen Nutz und Frommen das geschieht, ist auch ihm klar: *Verdienen sollst du, sollst verdienen, das ist der ewige Gesang, mit dem unsere Direktoren sich, frei nach Goethe, frei von Goethe singen. Sie belächeln jeden, der altmodisch genug ist, von der Schaubühne zu verlangen, daß sie sich als eine moralische Anstalt, als ein Erziehungsinstitut für das Volk, als eine Pflegestätte der Kultur empfinde. Für sie ist sie ein Geschäft, das, wie jedes Geschäft, den Zweck verfolgt: eine angemessene Verzinsung des Anlagekapitals und einen beträchtlichen Reingewinn zu erzielen.*

Mit Kabarett hat das alles nichts mehr zu tun. Die spärlichen Versuche, der zehnten Muse in dieser Zeit auf die Beine zu helfen, in der sich Wolzogens Anregungen im Feudal-Cabaret Nelsons und in der großen »satirisch-parodistischen« Metropolrevue totlaufen, bleiben Versuche. Gescheitert ist auch der Überbrettl-Musiker Oscar Straus mit seinem Vorhaben, kabarettistischen Ulk und literarische Parodie ins operettige Klamottenkostüm zu stecken. 1904 kommen in Wien seine »lustigen Nibelungen« auf die Bühne, eine musikalische Burleske, in der aus dem Drachentöter Siegfried ein preußischer Junker geworden ist, der es »auf dem Gymnasium mit Not zur Obertertia« gebracht hat. Sein Geld liegt nicht auf einer Sandbank des Rheins, sondern auf der rheinischen Bank und bringt sechs Prozent Zinsen. Wenn Siegfried auf seine Krimhild trifft, sprühen die ironischen Funken so hell, daß die sagenhaften Figuren aus den Schatten der Vergangenheit treten und klar wird, wes Geistes Kind sie sind. Da wagnert es, daß dem deutschen Oberlehrer der gestärkte Kragen platzt und die Hemdbrust kracht. Da feiert literarischer Unsinn Triumphe. Und die Magen, die ganze blondschöpfige Verwandtschaftsblase, kommentieren das Ganze in der Art des antiken Trauerchors.

DIE MAGEN: Schau, wie die Schelme
             schäkern und scherzen!
             Wild vor Erwartung
             hüpft mir das Herz!
SIEGFRIED: Gnädiges Fräulein,
             stimmt Sie der Maimond
             auch so poetisch
             und so zur Minne
             mächtig wie mich?
KRIMHILD: Offen gestanden
             stimmt mich der Maimond
             äußerst poetisch
             mehrt mir die Minne,
             süßer Herr Siegfried,
             aber die anderen
             Monate auch!
DIE MAGEN: Lausch, wie der Lose
             listig das Wort lenkt!
             Schlau ist der Schlankel,
             schau doch, der Schalk!
SIEGFRIED: Gnädiges Fräulein,
             einfach entzückend!
KRIMHILD: Schlimmer, Sie schmeicheln!
SIEGFRIED: Keine Idee!
KRIMHILD: Sie auch, Herr Siegfried,
             sind mir sympathisch.

SIEGFRIED:	Chickes Geschöpfchen!
KRIMHILD:	Schneidiger Scheck!
DIE MAGEN:	Lodernde Liebe
	liegt in den Lüften!
	Mächtige Minne
	saust durch den Saal.
KRIMHILD:	Zehrende Sehnsucht!
SIEGFRIED:	Reichliche Rente!
KRIMHILD:	Mächtige Mitgift!
SIEGFRIED:	Brüllende Brunst!
KRIMHILD:	Heia, Geliebter,
	zähme die Gluten!
SIEGFRIED:	Etepetete?
KRIMHILD:	Hüpfendes Herz!
SIEGFRIED:	Brausende Brust!
KRIMHILD:	Voll und ganz!
SIEGFRIED:	Jederzeit!
KRIMHILD:	Unentwegt!
SIEGFRIED:	Lieb ich dich!
KRIMHILD:	Du mich!
SIEGFRIED:	Ich dich!
UTE:	Er sie!
DANKWART:	Sie ihn!
HAGEN:	Ihr euch!
SIEGFRIED,	
KRIMHILD:	Wir uns!
DIE MAGEN:	Sie sich!
	All Heil!
	Hurrah!!

Der schwülstig schwappenden Gefühlswelle macht Hagen dann brüsk ein Ende. Er röhrt, was die Nibelungen halten, seine Kommandos: *Schluß! – Kuß!! – Tusch!!!*

Das witzige Textbuch hat der Berliner Rechtsanwalt Dr. Fritz Oliven geliefert, ein erfolgreicher Bühnenautor, der unter seinem Pseudonym Rideamus »Humor für den Hausgebrauch« am laufenden Band produziert. Seine zahlreichen Bücher erreichten schnell Auflagen von mehr als 600 000 Exemplaren. Aber die »Nibelungen« werden trotzdem ein Flop. Zwar bestätigt die Presse einhellig den beiden Autoren manch witzigen Einfall, den Reinfall konnte das nicht aufhalten. Die Theater bleiben leer. Das Publikum liebt derartige Scherze nicht; in einer Hoch-Zeit vaterländischer Gesinnung, da am Deutschen Eck wie Donnerhall der Ruf vom »Rhein, vom deutschen Rhein« erschallt, wo man am Hermannsdenkmal die frech gewordenen Römer besingt, läßt man sich nicht auf dem Theater den Parade-Germanen Siegfried in die satirische Pfanne hauen. In Leipzig, München, Berlin – überall das gleiche Bild:

Festspiele für Kaisers Geburtstag

und den des Landesfürsten,

sowie zu andern patriotischen u. militär. Fest- u. Gedenktagen.

===== Preis für jede Nummer Mk. 1.50. =====

1. **Ein fideler Kaisertag.** Soldatenschwank in 1 Akt von Edm. Braune (6 Herren).
2. **An Kaisers Geburtstag** oder: **Im bunten Rock.** Kaisergeburtstagsschwank in 1 Akt von Edm. Braune (5 Herren, 2 Damen).
6. **Kaiser-Sekt.** Kaisergeburtstagsschwank in 1 Akt von P. Meinhold (3 Herr., 2 Dam.).
7. **Riekes Wachtparade.** Kaisergeburtstagsschwank in 1 Akt von Edm. Braune (6 Herren, 1 Dame).
8. **Alles für unsern Kaiser!** Schwank in 1 Akt.
10. **Huldigung der Stände.** Festspiel zu Kais. Geburtstag von M. Volkart (7 Hrn., 1 Kind).
11. **Der schönste Tag im Jahr.** Kaisergeburtstagsschwank in 1 Akt von P. R. Lehnhard (5 Herren).
12. **Die Kaisers-Geburtstags-Bowle.** Lustspiel in 1 Akt von Alb. Ritter (7 Hrn, 2 D.).
13. **Seine Majestät — Hurra!** Soldatenschwank in 1 Akt von E. Braune (5 Hrn., 1 Dame).
14. **Auf Nachtwache an Kaisers Geburtstag.** Schwank in 1 Akt von P. R. Lehnhard (6 Herren).
15. **Die Regiments-Trude.** Schwank in 1 Akt von Edm. Braune (4 Herren, 2 Damen).
16. **Durch des Kaisers Ehrenkleid.** Patriot. Lebensbild in 2 Akten von Paul R. Lehnhard (3 Herren, 2 Damen).
17. **Hurra, der neunte Junge.** Schwank in 1 Akt von P. Meinhold (4 Hrn., 2 D.).
18. **Meyer in Zivil.** Schwank in 1 Akt von E. Braune (7 Herren).
19. **Das Kaisersgeburtstagsschläfchen.** Schwank in 1 Akt von Siegfried Philippi (5 Herren, 3 Damen).

Patriotische Fest-Aufführungen.

Aus Herzeleid zur Siegesfreud. Vaterländisch. Schauspiel aus der Zeit des großen Krieges 1870/71 in vier Akten von H. Wünscher (Mehrakter 15)   2.—

Deutsche Treue. Volksstück in 2 Akten für 6 Herr., 2 Dam. von A. v. Liliencron (Mehrakter 1)   2.—

Getreu bis in den Tod. Patriotisches Stimmungsbild in 2 Akten für 9 Hrn., 3 Dam. v. E. v. Jagow (Mehrakter 11)   2.—

Der Deserteur oder: **Das Urteil unsres Kaisers.** Patriotisches Charakterbild in 2 Akten für 5 Herren, 2 Damen von Otto Trendies (Thalia 18)   2.—

Rückkehr an Kaisers Geburtstag oder: **Der Marinematrose.** Patriot. Familienbild in 1 Akt für 5 Herren, 2 Dam. von Otto Trendies (Vereinstheater 69)   1.—

Ein Kaiserwort. Patriotisch. Festspiel in 1 Akt für 5 Herren von P. R. Lehnhard (Thalia 7)   2.—

Hoch unser Landesherr! Hum.-patriot. Festspiel in 1 Akt für 5 Herren von P. R. Lehnhard (Herrenbühne 7)   1.50

Kaisers Geburtstag in der Mühle. Hum.-patriot. Festspiel für 5 Herr., 1 D. von P. R. Lehnhard (Vereinstheat. 68)   1.—

Bei der Schutztruppe. Kriegsbild aus Südwestafrika in 1 Akt für 11 Hrn., 1 D. v. A. Liliencron (Vereinsth. 154)   1.—

Vom Friedenskaiser. Kinderkomödie in 1 Akt von P. R. Lehnhard für 6 Knaben (Jugendbühne 25)   —.60

Kaisers Geburtstag in Südwestafrika. Patriot. Scene von Hugo Fründ für 4 Herren   1.—

gähnend leere Häuser. Einem zweiten Versuch des Autorenteams, »Hugdietrichs Brautfahrt«, ist das gleiche Schicksal beschieden. Mag das Überbrettl noch so fröhlich grüßen und bei Oscar Straus »sogar die Notenköpfe lachen« – es hilft nichts.

Der Komponist mit Anspruch, der einst auf den Einwand, er habe fürs Kabarett der frühen Jahre Gassenhauer geschrieben, gekontert hatte: »Ja, aber was für welche. Für die allerfeinsten Gassen!« – jetzt will er nicht mehr. Als er erleben muß, wie Lehars »Lustige Witwe« von Wien aus in einem einzigartigen Triumphzug die Bühnen erobert, gibt er sich geschlagen. Er setzt sich hin, schreibt den »Walzertraum«, ein Gefühlsmischmasch aus Wiener Madlromantik, Praterseligkeit, Fürstenfez und monarchistischem Bürgermief. Über Nacht ist er ein gemachter Mann. Ein Jahr später schreibt er eine Operette, die sich »Der tapfere Soldat« nennt. Und er läßt nun nicht mehr Rideamus, sondern den vormals »bösen Buben« Rudolf Bernauer reimen:

Ein Leutnant muß flott sein!
Das bin ich.
Muß kühn wie ein Gott sein!
Das bin ich.
Im Kampf nicht entrinnen,
die Frauen gewinnen!
Gewinn ich, gewinn ich.

Ein Leutnant muß stark sein!
Das bin ich.
Voll Kraft, voller Mark sein!
Das bin ich.
Der Kühnste im Feld sein,
kurzum ein Held sein!
Das bin ich, das bin ich.

Ein Krieger bin ich, ein Soldat.
Jawohl, ein Pralinésoldat!

Andere begreifen schneller als Oscar Straus. Kollege Victor Hollaender hatte bereits 1904, zehn Jahre vor Ausbruch des ersten Weltkrieges, die Regimentsmusike fürs »Metropol« intoniert. Und Julius Freund hatte dazu im »Annemarie«-Schlager festgestellt, man müsse als Soldat »mit der Feinde Pack gar wilde Schlachten schlagen«.

Aus dem wilhelminischen Säbelgerassel, zu dem die großen Ausstattungsrevuen die schmissigen Märsche liefern, wird bald blutiger Ernst, ein massenmordendes Kriegsspiel, das achteinhalb Millionen Menschen mit dem Leben bezahlen. Und die schönen Künste spielen mut- und muntermachend mit. Über die Theaterbühnen schwappt die nationalistische Kriegswelle: »Vorwärts mit Gott«, »Nun aber wollen wir sie

Annemarie

Im Feldquartier auf hartem Stein
streck ich die müden Füße
und sende in die Nacht hinein
dem Liebchen tausend Grüße.
Nicht ich allein hab's so gemacht,
Annemarie!
Von ihren Mädeln träumt bei Nacht
die ganze Kompanie,
die ganze Kompanie.

Wir müssen mit der Feinde Pack
gar wilde Schlachten schlagen.
Von einem Wiedersehenstag
kann ich dir noch nichts sagen.
Vielleicht werd' ich bald bei dir sein,
Annemarie!
Vielleicht scharrt man schon morgen ein
die ganze Kompanie,
die ganze Kompanie.

Und schießt mich eine Kugel tot,
kann ich nicht heimwärts wandern,
so wein dir nicht die Äuglein rot,
so nimm dir einen andern!
Nimm einen Burschen jung und fein,
Annemarie!
Es muß ja nicht grad einer sein
von meiner Kompanie,
von meiner Kompanie!

Julius Freund

dreschen«, »Lieb Vaterland, magst ruhig sein«, »Infanterist Pflaume«. Vier Monate nach den denkwürdigen Schüssen von Sarajewo, die zum Weltkrieg führen, bringt das Metropol-Theater eine »Kriegsrevue« mit dem Titel »Woran wir denken – Bilder aus großer Zeit« heraus. Die Musik stammt von Jean Gilbert, der sich jetzt wieder, gut deutsch, wie er sich fühlt, Max Winterfeld nennt. Mit Pappe, Leim und Leinwand werden nun Feldlager und Schützengräben als Dekoration für die vaterländischen Gesänge gezaubert, zu denen Rudolf Presber vaterländisch reimt:

Umdräun uns auch Gefahren
von Nord und Ost und West:
Mein Deutschland, teures Vaterland,
wir halten treu und fest!
Hoch soll die Fahne schweben,
die Fahne schwarz-weiß-rot!
Wir geben Gut und Leben,
wir fürchten nicht den Tod!

Im allgemeinen Hurrah- und Todestaumel ziehen auch die Kabarettisten blank. Sie sind gewohnt, spontan auf Tagesaktualitäten zu reagieren, sich auf neue Situationen einzustellen, rasch zu assoziieren. Den nationalen Haßgesang gegen den Rest der Welt in Worte und Musik zu bringen, geht ihnen fix von der Hand: »Wir halten durch, wir halten durch, für Kaiser und für Hindenburg« heißt es da, und Rudolf Bernauer bringt in die Kollo-Operette »Extrablätter«, die im Oktober 1914 im Berliner Theater Premiere hat, einen gesinnungsfreudigen Vierzeiler ein, der die deutsch-österreichische Waffenbrüderschaft hochleben läßt:

Von der Donau bis zur Panke
tönt es hell mit lautem Schall:
Zwei Länder – ein Gedanke,
zwei Schüsse und ein Knall!

Im Finale dann finden sich der einstige Chef der »Bösen Buben« und der Ex-»Chat noir«-Pianist zu folgendem Mars-Gesang zusammen:

Solang der Storch den deutschen Müttern
noch immer stramme Jungens bringt,
braucht unser Volk noch nicht zu zittern,
wenn es der Feind voll List umringt.

Auch Willi Wolff, der einst bei Nelson das »Ladenmädel« entkleidete, rüstet jetzt daheim am Schreibtisch auf. Für Walter Kollos »vaterländisches Volksstück«, dessen Titel »Immer feste druff!« auf einen Ausspruch des Kronprinzen zurückgeht, kommt er mit diesen Versen zum Schuß:

Wir Deutschen lieben unsern Kaiser
und fürchten niemand auf der Welt.
Am Helm die deutschen Eichenreiser,
ziehn wir begeistert in das Feld!

Auch wozu das gut sein soll, verrät Kollo-Texter Wolff: um dem »Englischmann mächtig die Jacke vollzuhauen«, dem Franzosen eins auf den Hut zu geben und dem Russen das Fell »abzuziehen«. Auf dem Bühnen-Schlachtfeld des Theaters am Nollendorfplatz, das sich auf Durchhaltestücke spezialisiert hat, steht Claire Waldoff und macht Mut, wo's ans Sterben geht.

Im Wettlauf um die erste Kriegsklamotte belegt Rudolf Nelson den traurigen ersten Platz. Schon am 3. September 1914, fünf Wochen nach Ausbruch des Weltkrieges, ist seine »patriotische Revue« premieren-reif: »Der Kaiser rief«. Nun geht es Schlag auf Schlag an der Heimat-front: einen Monat danach ist »Krümel vor Paris« dran, ein Vierteljahr später Nelsons »Neueste Nachrichten«, im September 1916 reitet er schließlich mit »Blaue Jungs« auf der militärischen Durchhaltewelle. Den Höhepunkt bildet die »Torpedierung auf hoher See« eines engli-schen Handelsdampfers, der auf offener Szene in den Fluten versinkt – der Krieg findet vor der Operettenkulisse im Saale statt. Willy Prager, einst Star im »Chat noir«, gibt die Parole aus: »Wir reden deutsch und wollen Deutsche sein.« Folgerichtig benennt Nelson den »Chat noir« in »Schwarzer Kater« um, und macht zu folgenden Prager-Patriotika die rechte Stimmungsmusik:

Alles kommt einmal wieder
wie es vor Jahren war.
Singt man erst Friedenslieder
herrlich und wunderbar,
dann wird sich alles zeigen
in einem duft'gen Kleid,
anstatt der Trommel verkünden
die Geigen das Nahen der neuen Zeit.
Nicht alle kommen wieder,
nicht alle kommen zurück.
Oft singt in Siegesliedern
man von verlorenem Glück.
Deckt auch der grüne Rasen
manchen so tapferen Held,
bald werden jubelnd Fanfaren
blasen: Deutschland voran in der Welt.

Der Soldate

Der Soldat, det is een Mann,
der sich sehen lassen kann.
Durch die graue Uniform
imponiert er enorm.
Wenn wir durch die Straßen ziehn,
alle Herzen für uns glühn!
Frieda, Emma und Marie
schwärmt für Infanterie!

Eine gute Leberwurst
stärkt des Kriegers Tatendurst.
Liebesgaben allerhand
kriegt er von zarter Hand.
Stramm gestanden! Brust heraus,
nach Paris geht's gradeaus.
Denn der brave Landwehrmann,
zeigt jetzt, was er kann.

Tä-tä-re-tä-tä-tä-tä!

Der Soldate, der Soldate
ist der schönste Mann bei uns im Staate.
Drum schwärmen auch die Mädchen sehr
für das liebe, liebe, liebe Militär.

Ist der große Krieg dann aus,
ziehn als Sieger wir nach Haus.
Dann winkt auch manch' offner Arm,
mollig rund, weich und warm.
Froh zieht dann der Grenadier
wieder heim in sein Quartier.
Und sein Kuß knallt grad' so sehr
wie sein Schießgewehr!

Tä-tä-re-tä-tä-tä-tä!

Der Soldate, der Soldate
ist der schönste Mann bei uns im Staate.
Darum schwärmen auch die Mädchen sehr
für das liebe, liebe, liebe Militär.
Siehste wohl!

H. Haller/W. Wolff

(aus dem vaterländischen Volksstück »Immer feste druff!«)

U-Boot heraus!

Für der Deutschen Heimat Ehre
kämpft die todesmut'ge Schar.
Für die Freiheit deutscher Meere
hebt die Schwingen Preußens Aar...
Und wenn die Besten finden
ein nasses Wellengrab,
laßt doch den Mut nicht schwinden.
Gebet! Die Mützen ab!
Dann aber stoßt das Eisen
ins Herz dem Briten-Leun,
um würdig euch zu weisen
Den Helden von U 9.

Otto Reutter
(aus der Revue »Berlin im Krieg«, 1917)

O Hindenburg, o Hindenburg,
wann kommst du Unter'n Linden durch
beim Brandenburger Tor?
Dann stehn wir alle stramm
Vom Dach bis auf den Damm
und rufen Heil und Gloria,
an der Ecke vom Café Victoria!

Rudolf Bernauer/Rudolph Schanzer
(aus »Wenn zwei Hochzeit machen«, 1915)

Das Hurrah, Vaterland und In-Treue-fest werden zum beliebtesten Couplet-Refrain. Otto Reutter, auch er vom Todessog ergriffen, macht sich seinen Reim darauf:

Zur Zeit gibt's nur einen Reim,
und dieser Reim –
der reimt sich auf Krieg;
das ist ein Wort –
es lautet Sieg!

Aber das kabarettistische Handwerk verkommt ihm, wie zahllosen andern auch, zu Dichtkunststückchen, die, wie in seiner Revue »Berlin im Krieg« (1917), das Sterben verherrlichen und zur Rache für das versenkte deutsche Unterseeboot »U 9« des Kriegshelden Otto Weddigen auffordern. In den größeren Cafés finden landauf, landab kabarettistische Erbauungsveranstaltungen statt. Eine Pressestimme schildert, worum es da geht:

Die Künstlerin Fröhlich hat eben ein schwungvolles Chanson von der Jungfer mit's Kind vorgetragen. Hernach wird's Licht violett, die Musik sehr laut, und zwischen die Scheinwerfer-Reklamen: Zeichnet die vierte Kriegsanleihe! – Etelkas Florstrümpfe sind die besten! – tritt der von der Direktion reklamierte humoristische Vortragskünstler in schlechtsitzendem Frack mit untermalten Augenbrauen vor den Biergläserwald der Heimatkriegerschaft und schmettert nach der Melodie ›Ich bin ein Preuße‹:

Ob unsere Feinde noch so niederträchtig
uns als Barbaren täglich hab'n verschrien –
s' nicht so schlimm, wie es zuerst erschien.
Ob sechse oder sieben,
wir werden sie schon kriegen!
Wir woll'n sie dreschen
alle Mann für Mann.
Nur keine Angst nicht,
s' kommt ein jeder dran!

Auch satirische Blätter lassen sich nicht lumpen. Selbst der »Simplicissimus« marschiert nun stramm den nationalen Kurs und macht sich wie der »Wahre Jacob« zum Sprachrohr der kaiserlichen Kriegspropaganda. Fronttheater überall, auch in der Heimat. Auf sogenannten »patriotischen Künstlernachmittagen« und »Vaterländischen Abenden« macht sich Marcell Salzer, ein Kabarettist der ersten Stunde, der bereits beim Überbrettl dabei war, nun auch daheim fürs hurrah-patriotische Geschrei stark: »Nicht nur da draußen unsere Söhne – wir brauchen auch mal solche Töne!« Die Texte, mit denen er nach solchem Eingangs-Salut mobil macht, lesen sich so:

Warum unsere Truppen, höre ich fragen,
im Krieg ungewichste Stiefel tragen?
Die Wichse ist für den russischen Zaren,
drum müssen sie hier ihm Wichse sparen.
Die Wichse ist für die Herren Franzosen
und soll ihnen schwärzen die roten Hosen.
Die Wichse ist für John Bulls Infamie,
die beste, die's gibt: Made in Germany.
Die Wichse ist für – wer kann alle wissen!
Es sind ja zu viel, die gewichst werden müssen.
Geht, Stiefel, denn. Tretet Feinde nieder!
Und, wenn sie gewichst sind, kehrt glänzend wieder!

Mit dem, was da aus dem Tritt geraten ist und sich dazu hergab, das Hohelied des Stiefelabsatzes zu singen, ging mehr vor die Hunde als die Illusion, »Kunst ins Tingeltangel« bringen zu können. Mit den Knüppelversen, wie sie jetzt in der kabarettistischen Handwerkskammer geschmiedet wurden, prostituierte sich eine ganze Zunft, wurde ein schöner Traum begraben. Ein Kabarett, mit dem sich Staat machen läßt, ist keins mehr. Wer sich vom Biedersinn an die Brust nehmen läßt, dem geht die Luft aus, die er fürs Neinsagen braucht. Erich Mühsam hat das auf eine kurze Formel gebracht: Sich fügen, heißt lügen.

Was mit dem Überbrettl-Kotau vor der kaiserlichen Obrigkeit begann, mußte folgerichtig in jener rasenden Maulhurerei enden, die das Chaos vorbereiten half und aus dem es ein jähes Erwachen gab. Mit dem Ende einer Epoche, das den Tod von Millionen besiegelte, starb auch das Cabaret, das mit dem großen C, jene richtungslose, unverbindliche Tändelkunst, die mithielt, wohin die Reise auch immer ging.

Neu geboren wurde es aus der Not der Jahre, die dann folgten: in der Weimarer Republik. Um eine bittere Erfahrung reicher, definierte es sich neu, wurde mündig, politisierte sich, nahm Partei, sagte Nein, lebte Opposition. Tucholsky ist einer ihrer Väter, er hat dem Cabaret zum harten K verholfen: Kabarett.

Neue Möglichkeiten wuchsen ihm zu, das Verseschmieden und ironische Augenzwinkern sind nur zwei von vielen; das Pamphlet, die Agitation sind andere. Das Kabarett unserer Jahre, wie wir es kennen, schätzen, lieben und fürchten – hier hat es seine Wurzeln. Am frechen Musenkind, das da vor mehr als 80 Jahren erste Schritte machte, allmählich laufen lernte und schließlich ins Straucheln kam, wird es sich täglich messen müssen. Um bleiben zu können, was es sein sollte: Botschaften von unten, die sich an der Zeit entzünden, die Stellung beziehen, Betroffenheit artikulieren, Engagement zeigen, Notwendigkeiten fordern, Wut verbalisieren, Mißstände geißeln, Kritisches anmerken, Unausgewogenes formulieren, auf Veränderungen drängen... und...und...und...

Register

Volker Kühn

Autor und Regisseur, kam über den Journalismus zu Funk- und Fernseharbeit: Hörspiele, Feature, Satire. Von 1965–1978 eigene Funk-Kabarett-Sendereihe »Bis zur letzten Frequenz«, startete zusammen mit Dieter Hildebrandt die ZDF-»Notizen aus der Provinz«. Mitarbeit am »Scheibenwischer«. Texter und Regisseur verschiedener Programme bei den Berliner Kabaretts »Reichskabarett« und »Wühlmäuse«. Zahlreiche Fernsehsendungen, darunter die TV-Groteske »Die halbe Eva« (ARD, 1975) sowie die Film-Satiren »Euer Clown kann ich nicht sein« (ZDF, 1980), »Hochkant« (ARD, 1982), »Der Eremit« (ARD, 1984). Veröffentlichungen in div. Satire-Anthologien. Autor vom »Wolfgang Neuss Buch«, 1981. LP-Produktionen mit Hanns Dieter Hüsch, Wolfgang Neuss, Dieter Süverkrüp u. a. Ab 1969 eigene Polit-Satire auf Schallplatten: »Pol(h)it-parade«, »Musik aus Studio Bonn«, »Die Bonner Hitparade – Das Duell«. Inszenierte für die Berliner Festwochen 1984 die Reihe »Kabarett um die Jahrhundertwende«.

Zeichnungen von: Abeking (140), Bilek (155), Dolbin (130, 131), Edel (26, 86), Engert (116, 117, 132), Gulbransson (15, 17, 25, 101, 103, 107, 114, 135, 162, 163, 173), Haase (18, 71, 79), Heidbrinck (14), Heine (90, 94, 106, 109, 117), Hollitzer (91, 118), Janco (136), Jüttner (69), Jung (Umschlag), Klinger (66), Kokoschka (128, 129), Lasker-Schüler (87), Léandre (14), Le Petit (10), Meidner (125, 126, 133), Mühsam (121), Neumann (93), Oppenheimer (127, 135), Orlik (46), Paul (143), Schliessmann (119), Schmidt-Rottluff (124), Steiner (153), Steinlen (12, 22), Stern (88, 104, 121), Telemann (26), Thöny (111), Tilke (72, 73, 77), Toulouse-Lautrec (12, 13), Vrieslander (24), Walser (51), Wilke (28, 41), Weber (32, 180), Zille (144, 146)

Bildnachweis: Ullstein Bilderdienst (44/45, 54/55), Photographica-Sammlung Kaiser-Panorama-Berlin, Erhard Senf (156/57) sowie Deutsches Kabarettarchiv, Mainz und Archiv Volker Kühn. Weitere Aufnahmen und Textdokumente wurden dankenswerterweise zur Verfügung gestellt aus der Sammlung Uschi Flacke, Arnoldshain.

p. 15, bot. 16-17, pp. 18-19